U0454733

战略人力资源管理架构

张小峰　吴婷婷 —— 著

STRATEGIC HUMAN RESOURCE
MANAGEMENT
ARCHITECTURE

中国人民大学出版社

·北京·

我们谈了很多年的战略人力资源管理，几乎所有人都认可人力资源管理不直接创造价值，战略人力资源管理才是实践的必由之路，但是现实如何呢？

从理论和实践角度看，全球人力资源管理经历了人事管理、人力资源管理、战略人力资源管理和人力资本管理四个阶段。20世纪80年代，美国学者戴瓦纳等人提出并深刻分析了企业战略和人力资源的关系，这标志着战略人力资源管理的产生。理论界与实务界逐渐认识到追求单一目标或局部职能的专业化并不能带来整体价值的提升，人力资源管理从追求专业化转变为追求系统化，针对战略提出整体性解决方案，关注人力资源与战略的互动性、人力资源管理与业务的耦合性。

随着市场经济的快速发展，我国人力资源管理也开始不再局限于专业职能的模块管理，而是追求成为企业的战略及业务合作伙伴，希望通过人力资源的战略支撑作用，推动企业整体战略目标的实现，传统的六大模块逐步升级，融入了工资总额、组织绩效、效能管理、组织发展、人才发展等战略人力资源管理工作。1999年，华润集团创立6S管理体系，即利润中心业务战略体系、利润中心全面预算体系、利润中心管理报告体系、利润中心内部审计体系、利润中心业绩评价体系、利润中心经理人考核体系，将多重管理职能统建为一个整体，将人力资源管理职能融入企业战略。2006年，华为公司BLM模型落地，将组织、文化、人才融入战略规划，搭建了BLM（business leadership model，业务领先模型）–BEM（business strategy execution model，业务战略执行力模型）– PBC（personal business commitment，个人业绩承诺）的战略执行体系。

这些领先企业为战略人力资源管理的实践开了个好头，但是20年过去了，战略人力资源管理仍然多数停留在口号和理念上，实践不多。究其根本，还是人力资源管理者的认知和能力出了问题。

在认知层面，人力资源管理者无法走出系统与模块的矛盾，埋头于薪酬管理、绩效管理、培训与开发、人才发展、干部管理、任职资格等管理活动。但任何模块都不是封闭的，脱离整体视角看局部，模块做得再好，也很难产生系统价值。

人力资源管理者容易陷入"专业陷阱"，为了薪酬而薪酬，为了绩效而绩效，为了管理而管理，为了改革而改革，把方案和文本做得妙笔生花，结果忽略了目的与手段的本质关系。人力资源管理是手段，不是目的，人力资源管理要为企业服务，就要真正地从战略视角出发，以业务为抓手，要回归原点，让目的是目的、手段是手段，让手段服务于目的，只有这样才能真正实现从人力资源管理走向战略人力资源管理。

人力资源管理者还普遍存在"惰性心态"，将一套知识、经验、技能和模式，生搬硬套到所有企业里面。不同的企业，其管理场景是不同的，要开发差异化、场景化、精准化的管理模式，深度理解不同业务模式、不同发展周期、不同经营质量、不同战略定位、不同地域、不同年龄结构、不同知识结构、不同管理成熟度下的二级企业或部门，需要配套何种人力资源管理措施，要在共性指导原则的基础上，采取个性化管理措施。

在认知层面，人力资源管理者还要走出激励与约束的困局、管控与赋能的矛盾，关注静态与动态的区别，整合科学与艺术的差异，真正厘清专业与业务的矛盾，分清主观与客观以及首要与次要，这样才能真正实现理想和现实之间的同频共振。

走出认知困境后，人力资源管理专业能力也要提升，才能解决理念落地问题。本书的主要目的就是解决战略人力资源管理专业能力提升的问题，从系统的视角，将企业战略目标实现纵向分解为责任线、能力线、目标线、资源线和改进线，将组织层面战略目标对应的日常要求落实到日常人力资源管理的部门、岗位、薪酬、绩效、招募、培养等具体动作层面。横向以人力资源管理专业职能为牵引，通过组织发展、人才发展、文化发展三条主线，将散落的人力资源管理职能耦合为战略人力资源管理子系统，以矩阵式人力资源管理模式承接战略目标的实现，提高各模块的专业价值。

从战略人力资源管理架构的视角，人力资源管理传统的六大模块被细分为组织架构、流程权责、岗位体系、关键职责、胜任力模型、任职资格标准、战略解码、组织绩效、工资包、高管薪酬、人才盘点、人力资源规划、人才供应链、职业生涯规划、学习地图、企业大学、个人绩效、薪酬内部分配、中长期激励、福利计划、文化理念、奋斗者机制、价值观评价、荣誉体系等具体子模块，各个模块之间相互耦合、目标一致，才能形成管理合力。

系统思考、整体视角、分步实施、点状发力一直是我们倡导的理念，希望本书能够推动人力资源管理快速迈入战略人力资源管理阶段。

第六章
文化力：培育战略核心竞争力

第七章
两张关键的组织能力建设地图

第八章
人才发展与组织发展同频共进

第九章
奋斗者机制：树立最美榜样

第十章
组织绩效：关注战略解码后的关键控制点

第十一章
个人绩效：从绩效考核到全面绩效提升

第十二章
价值观考核决定人才长期发展机会

第十三章
一级激励机制：导向冲锋，激励价值增值

第十四章
薪酬内部分配：持续关注公平感

第十五章

中长期激励：企业和个人命运与共

第十六章

荣誉体系：榜样的力量是无穷的

第一章

人力资源管理未来走向

人力资源数字化是当下非常热门的一个概念，其大致逻辑是从人力资源效能出发，依据数字化技术，将不同模块的评价指标体系在数据统计分析方法下，实现人力资源管理状态的全面感知和提前预判。从数字化到数智化，业内有很多专家提了很多观点，也有很多实践的案例，人力资源数字化俨然掀起了行业技术变革的新高潮。

但只有数字化就够了么？显然是不够的，数字化作为一种技术，有其独特的适用场景，而且成本较高，即便是阿里巴巴、腾讯、华为的人力资源数字化建设，也仅是实现了部分共享职能数字化，架构性、系统性人力资源数字化的成功案例并不多。

大多数企业连生产管理和经营活动都未能实现数字化，拿什么来实现人力资源管理数字化？所以，数字化可以是方向，但一定不是所有企业的人力资源管理方向。

那未来的人力资源管理方向是什么？有几个趋势可以关注。

一、业务需求是人力资源管理第一需求

职能部门作为管理体系的建设者和职责履行者，有多重角色。是确定规则和制度、负责监督和落实的"裁判员"，也是总结最优实践、赋能组织和人才的"教练员"，必要时，还得亲自上阵，做好日常服务的"运动员"。

很多人力资源从业人员（HR）找不准自己的定位，在"管控 – 赋能 – 服务"多重角色中迷失了自我。业务需求才是人力资源管理的第一需求，在企业实践中，HR 的第一要务是应对并满足业务部门提出的组织需求、机制需求、人才需求和文化需求。

三支柱管理架构，就是人力资源管理满足业务需求的典范。在华为，三支柱就是铁三角，BP 是业务伙伴，同时也是内部客户经理，主要职责是深入客户一线，挖掘客户需求，并根据客户需求整合资源，形成针对性解决方案。

业务场景中的人力资源管理问题较为复杂时，BP 技术实力不足，就要向后方寻求炮火支持，请求 COE 给予技术支援。COE 是领域专家，要利用自身的专业能力，解决业务前端遇到的各类人力资源管理难题，所以 COE 一定要专业，作为内部专家，能解决 BP 多数技术难题，让 BP 为业务客户服务时没有后顾之忧。

除了应对突发性、临时性任务以外，COE 还应定期优化薪酬、绩效、招聘（或称招募）、培训等管理模块，通过系统化思考，提升人力资源管理体系的科学性和有效性，通过模块化和标准化，提高人力资源管理的落地性和操作性。

SSC 是共享服务中心，从内部客户视角看就是交付经理。BP 提出前线业务人员薪酬水平低，招不来、留不住时，COE 负责开展市场薪酬水平对标，进行薪酬模式优化和升级，并将有限的薪酬资源投放在高价值领域，而方案设计完毕以后，日常薪酬的计算和发放就由 SSC 负责落实。其他模块也一样，比如，BP 提出业务管理者招聘时，不懂得如何识别人才，COE 培训专家要基于管理者自身特点，量身定制，设计识人能力专项提升课程，具体师资联络、培训组织还是由 SSC 负责。

三支柱模式其实就是以业务需求为导向的人力资源管理模式。可惜很多企业在落实三支柱时，COE 上不去，BP 下不来，SSC 散落各地，最后形似"三支柱"，实则无价值。

要实现以业务为导向的人力资源管理体系，首先 HR 要转变视角，俯下身来，站在业务场景中看问题。其次最重要的不是 BP 队伍的建设，而是 COE 体系的建设，先有专家，才能真正实现 BP 的价值。没有 COE 支撑的 BP，注定是伪 BP。

当然，SSC 是有价值的，但如果只关注 SSC，看似提升了人力资源日常工作的效率，实际上失去了人力资源管理整体价值的体现，得不偿失，毕竟要先有专业能力，再有客户需求，最后才是交付。

三支柱的模式是没问题的，也是有效的，但很多企业学着学着就走了样，背离了三支柱的真谛。

所以，我们要的是真正实现业务导向的人力资源管理体系，而非简单的人员划转和职能共享，想做好，先从提升 HR 的专业水平开始。

二、"人才客户化"不再是空谈

人力资源管理的一个趋势，就是"人才客户化"。中国人民大学文跃然教授研究了 500 多篇关于激励的文献，整理出 285 篇，按照每 5 年的关键词来描述激励的轨迹。

25 年前，也就是 1995 年左右，薪酬增长、激励、收益分享备受关注，2000 年，一揽子薪酬即能力薪酬成为主流，2005 年，"认可"出现了，核心思想就是只要人才对企业付出，企业就会认可他。随后员工参与、工作生活、员工价值主张各自引领过潮流。

不难看出，人力资源越来越重视对员工的激励价值。尤其随着知识型员工走上舞台，人才成为价值创造的核心要素，人才制胜未来将成为行业共识，人才客户化也就成为人力资源管理的必然趋势。

华为"以客户为中心，以奋斗者为本"的价值观传承了很多年，越来越多的企业接受并践行。以客户为中心，要做到以人才为中心，要改变过去管控式的管理模式，改变权威型的管理者惰性，让越来越多的管理者成为服务型 – 赋能型领导，让每一位管理者，不单单是客户的首席服务官和首席体验官，还是员工的首席服务官、体验官、惊喜官和成长官。

"人才客户化"，先要有爱，发自内心地欣赏和关爱人才，把企业中的每一位员工当作自己的兄弟姐妹，让人才在企业中感受到满满的正能量。

要像关心客户一样去关心人才，真正把握人才的需求，从人才的视角思考问题。对于成就动机的个体，要给予其充分的机会，让他能够在企业的平台上充分释放个性和才华，赢得鲜花和掌声。对于权力动机的个体，要历练他、培养他，不断把他放在更高的管理岗位上，给予他更重要的责任，授权赋能。总之，满足不同人才不同层次的需求，就对了。

还要有认可的思维，要有正向的激励，要认可、要点赞，还要贴上标签，让更多的人尊重和认可员工，从而鼓励员工产生自我实现的需求。

重视娱乐，在实现组织目标的基础上，最大限度地追求工作生活的平衡，让人才真正有参与感、兴奋感和体验感。在工作场景中，设计一些让员工开心的意外之喜。

这些"人才客户化"的措施，都需要 HR 用心才行。你把人才当客户，你设计的机制才有真正的价值。

最怕企业 HR 把"人才客户化"挂在嘴上，而不是放在心里，嘴上口口声声讲"我们是珍惜人才的，让越来越多的人才加入我们的企业吧"，但实际上，分钱的时候不想分，授权的时候不敢授，最后人才在企业里既没有面子也没有里子，不走才怪。

当然，也不应盲目地"唯人才需求是瞻"。欲望是无限的，人性是复杂的。"人才客户化"落实到机制层面，要尊重人性，弘扬人性的善，遏制人性的恶，让能干的人、想干的人、干得多的人，享受企业发展红利。把那些"搭便车""混饭吃"的人踢出队伍。

HR 要做好"人才客户化"，打造客户导向的人力资源管理体系，先要走进员工群体，静静地倾听员工心声，不要反驳，也不要情绪反弹，静静地听，默默地想，多问自己几个为什么，打破管理惰性和专业自大，真正做一些满足人才需求的人力资源管理活动。

客户导向很简单也很难，需要的是 HR 真正放下自我。

三、新技术提高人力资源管理效率

数字化确实是一个趋势，因为它改变了管理决策的链条、质量和效率。过去的管理决策，一线人才先把信息反馈至高级别专家或管理者，由管理者根据自身经验和认知，在有限理性范围内，提出最佳决策，继而反馈给员工执行。几上几下的决策链条不单单影响效率，很多时候还会由于沟通不畅造成信息失真，带来决策失误。

所以为了保证组织内部信息的快速流动，提高决策质量和效率，要设置管理层，并层层落实权责，缩短决策链条，提高决策效率。

数字化带来了两大全新的变化。第一个是信息的快速流动，通过数字化手段，信息的编码—传递—解码速率大大提升，而且信息收集的范围也愈加广泛，从显性的信息到隐性的信息，从组织的信息到人才的信息，从滞后的信息到实时的信息，这些信息以数据的形式畅游在组织中，收集起来就是大数据，就能带来价值。

第二个是深度学习后的智能决策，数据本身没有价值，数据背后的数字孪生和人工智能才有价值。有了数字孪生，我不在你身边，我也知道你现在的心理状态、情绪感知、生理状态、能力级别和绩效潜力，还可以根据你的能力特点，配套相应的工作任务，绝不产生任何能力溢出。人工智能则从海量的数据中直接找到最佳路径，告诉员工在当下的数字场景中应该如何开展下一步工作，员工执行就可以了。

当然，以上的人力资源数字化畅想在短期之内因为技术手段的限制还无法实现。

美团和饿了么配送外卖时，会实时判断每一位外卖员的活动轨迹，并根据活动轨迹给出明确的时间考核要求。路线 A 需要 10 分钟，路线 B 需要 8 分钟，外卖员按照导航，就必须在 8 分钟之内将外卖送达客户。有些外卖员发挥自己的聪明才智，寻找"小门"，提高送餐效率，看似是人的主观能动性战胜了数据算法，但不超过 10 次，算法就能从外卖员的活动轨迹中继续给出路线 C（需要 5 分钟），继而调整时长考核要求。这是数据的力量，也是数据的可怕之处。

所有的行业都会被数字化重构，人力资源管理也不例外。中国平安现在的 HR-X 平台已经能够根据企业的业务模式和发展路径，寻找商业成功的关键控制点，找到动因指标，以关键绩效发生点作为过程指标，同时明确结果指标，推演出整个企业的绩效管理体系，非常有效。

另外一些企业基于人工智能提前储备人才。人工智能帮助企业建立明确的任职标准，并根据任职标准建立结构化招聘和甄选体系，自动筛选简历，自动发送职位信息邮件，使候选人自行开展职业性格测试、管理风格测试、专业能力测试、情境模拟测试，通过多维度的测评数据直接匹配最优候选人，不漏项，也不浪费。

薪酬也在数字化。例如，海尔砍掉管理层之后，将人单合一模式用数字化系统固化，生产一线的每一个工人面前都有一个小屏幕，实时显示的内容包括：你现在正在开展的生产活动是为哪个客户订单服务的，你的动作能够创造多少价值，今天你创造了多少价值，自己能有多少薪酬回报，本周你有多少薪酬回报，本月你有多少薪酬回报。薪酬数据小屏实时展示，即时反馈。

绩效也一样。过去的公共交通行业为了防止司机偷油，会根据路线设置正常行进时间，超时要追责，超出标准油耗也要追责。有了数字化手段，所有的车辆信息可以实现实时状态感知，某辆车在非站点区域停留时间超过一定期限，调度可以直接关注，而且车身周围布满摄像头，司机是否在车上，是否有违规动作，一目了然，一旦违规，通信设置可以直接联系司机进行提醒。

这些场景只是简单的数字化人力资源应用场景，未来每一个管理模块都会被数字化重构。对于一般的 HR 来讲，工作空间和机会确实越来越少，不过对于高水平的 HR 来说，这是福音。数字化＋人力资源，过去最难的是数字化，未来最难的是人力资源，只有真正懂人力资源管理的专家，才能写出最好的数字化模型和算法。

所以，做好人力资源数字化，要靠专业，成为更牛的 HR，也要靠专业。

四、"对"的人才是"好人才"

数字化时代，算法是理性的且冷冰冰的，组织和人的关系重新回到了利用和被利用的关系，任何人在数据和算法面前都显得格外渺小。

当数字化真正成为数智化之后，人力资源管理是否会消亡？不会的，人力资源管理的工作可以被替代，但是同人打交道的工作，机器永远无法替代。情感导向和文化导向是人力资源需要关注的重点。

情感导向要求 HR 能够真正地"视人为人"，关注人的七情六欲和喜怒哀乐，洞察人性，尊重人性，在设计管理要素时，真正把握人性的需求，实现人性与组织理性的良好互动。

文化导向更重要，要找到和组织价值观契合的人，"对"的人才是"好人才"。

HR 做好情感安抚，要有情绪引导，让员工对工作有赚钱之外的更高的价值感和意义感，要让员工对企业有饱满的认可度和荣誉感。

HR 也要做一些基础设施建设，包括"情绪引导师""心理安抚师""情绪宣泄馆""静谧空间""吐槽热线""网络社区"等管理要素。针对不同类型的情感需求，配套相应的管理手段。腾讯为了缓解程序员工作的高压环境，招人做"情绪引导师"，其每天的工作就是持续不断地给程序员打气，鼓励他们持续激发潜能。

"情绪宣泄馆"也是很好的选择，在密闭的空间，一切皆可破坏，隔光、隔音、避震，员工进去后，不需要担心被发现，也不会被追责，打砸一通，神清气爽。

"网络社区"不必担心负面的声音，吐槽是永远存在的，压抑只会迎来更大的爆发，企业需要做的就是充分尊重，不上纲上线、小题大做，同时做好舆论引导。企业要占领的，不是线下和网络的舆论高地，而是员工心理上的舆论阵地。"攻心"要抓本质，不要只做表面工作，流于形式。

文化导向就是要找到志同道合的人，华为"奋斗者"虽然也喊累、喊苦，但那是人才自己的选择，他们是能自我调适、找到内心的自我价值认同的。阿里巴巴有"阿里味"，字节跳动也有自己的人才导向，很多时候，选择比培养更重要，找到合适的人，事半功倍。

当然，文化也要引导，要通过一系列文化管理措施确保核心价值观、主流价值观不动摇，不受到侵蚀。

五、人力资源管理要真正创造价值

人事管理、人力资源管理、战略人力资源管理、人力资本管理、人力资源服务化 / 产品化 / 产业化，这些专业名词大多数 HR 能说出几个，战略导向的人力资源管理体系已成为老生常谈，可是又有多少家企业敢说，自己的人力资源管理体系已经充分体现战略导向了呢？战略导向不应该成为一句口号，而应成为实打实的人力资源管理措施。

人力资源管理如何体现战略导向？要从两个方面入手，首先，要真正把人力资源管理提升到企业战略的地位，人力资源投入优先于业务投入，人力资本的增值优先于财务资本的增值。其次，要构建基于战略导向的人力资源管理体系。

过去的管理模块和系统都是从管理视角出发，细化并完善的，时常出现动态和静态、系统和模块的矛盾，未来就要抛开专业偏见和认知偏差，回到战略原点，重构人力资源管理体系。

第一步，把战略责任压实，把战略目标层层压实，落实到组织岗位和职责、人才队伍建设和文化建设层面。

第二步，明确与实现战略目标配套的组织能力。在组织端，构建组织能力，在个人端，依据组织能力地图培养和开发个人能力，实现"人图匹配"。把价值观做实，通过行为锚定，实现情绪感染和社会认同。

第三步，目标分解。目标就是指挥棒，在正确的方向上，消耗最少的精力，直取胜利，只有做好组织绩效、个人绩效和价值观考核，才能实现最大价值。

第四步，资源要跟上，包括物质的、精神的、发展的，建立多维一体的回报机制，告诉员工，好好干吧，干成了，这些都是你的。

人力资源管理的这些发展趋势，已从业务导向开始演化，目前技术导向和文化导向在同步推进。但 HR 推动的人力资源管理体系升级，总是让人感觉缺少主线和精气神，向后寻因，根本上还是缺少了战略导向这条主线，毕竟实现战略，才是企业人力资源管理实践最大的责任和价值体现。

第二章

人力资源管理终极价值：为战略服务

人才制胜未来的理念已经成为常识，人力资源管理六大模块、HR 三支柱运作模式也成为行业共识。但企业人力资源管理工作到底应该如何开展，其实目前尚无定论。

有人会说，人力资源管理不是历经了人事管理、人力资源管理、战略人力资源管理、人力资本管理四个阶段吗？也有学者提出，人力资源管理现在正处于业务伙伴管理阶段，未来要走向全员 HR 管理、自主驱动管理和 HR 服务产业化。

看似都有道理，但企业 HR 在实践时，却总感觉无从下手，陷入"就管理谈管理""为业务伙伴而业务伙伴""想激活员工就激活员工""因为数字化而数字化"的状态，随后索性采取"拿来主义"，照着华为学一学，拿来阿里巴巴抄一抄，东拼西凑搭建起自己企业的人力资源管理体系。

这种缺乏系统思考的人力资源管理体系并非没有价值，毕竟体现了 HR 认真负责、努力积极的态度，而这种"我很努力，所以我很专业"的错觉，确实阻碍了很多企业人力资源实践水平的提升。

人力资源管理到底应该为谁服务？有说为企业服务的，有说为员工服务的。"人是工具还是目的"在业界也备受争论，但抛开理论研究的范畴，人力资源管理要想真正产生实效，我认为还是要从战略和业务出发，把"为战略服务"作为人力资源管理的第一要务。

"为战略服务"想要避免成为一句空谈，就必须从战略实现的视角重新审视人力资源管理架构及其各专业职能模块。

一、战略发展三大维度

缺乏路径和资源支撑的战略目标，从来都是镜花水月、空中楼阁。战略目标要实现，还是要靠组织与机制、人才和文化，通过这些维度的化学反应，形成组织能力（如图 2 - 1 所示）。

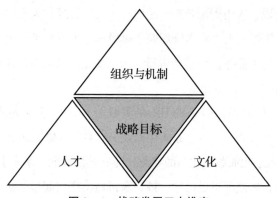

图 2 - 1　战略发展三大维度

战略是目标，是定位，是资源，是能力，是模式和选择。确定了战略目标，明确了企业发展的模式和方向，无论是沿着价值链切分研发、生产和市场，还是基于功能定位区分前台、中台和后台，甚至基于区域和产品线划分事业部，背后都需要组织架构来支撑战略发展。

战略决定结构，结构影响战略。华为确定"云－管－端"战略后，随后配套了"消费者 BG"①一级部门设置，给予其充分的资金和资源以及政策支持，作为回报，消费者 BG 为华为贡献了 500 亿美元左右的营收。阿里巴巴确定云计算为核心商业模式构件后，十年亏损，依然毫不动摇，终于确定了国内第一、全球第三的地位。

只有组织还不够，人才是第一生产力。是否有充足的人才配置，人才工作能力是否匹配，人才是否有足够的工作意愿，也会影响战略目标的实现。优秀的将军总是能在黑暗中看到一丝微光，并最终扭转局面，实现战争的胜利。

人才的管理方式也很重要，传统的选用育考留退通过人力资源规划、招聘与配置、培训与开发、薪酬管理、绩效管理、素质模型、任职资格标准等基本管理要素，构建起了专业的人力资源管理体系。没有这些机制，人的主观能动性就很难被调动和激发。

文化越来越重要，"狭路相逢勇者胜"，"想不想""敢不敢"比"能不能"重要得多。决定个体命运的不是专业知识和技能，而是底层的个性、动机、态度，决定企业命运的不是资本、技术和品牌，而是贯穿其中的使命、愿景、价值观。

所以，企业要实现战略，仅仅关注人力资源管理本身显然是不够的，还需要关注组织与机制、人才、文化，而如何将这些泛人力资源管理要素整合起来，才是构建人力资源管理体系需要思考的核心命题。

---

① BG 即 business group，意为业务集团，含有企业业务的意思。

二、人力资源管理战略解码四条主线

过去我们习惯于从管理视角出发开展活动，通过管理要素的堆砌建构人力资源管理体系。无论是人力资源规划、薪酬管理、绩效管理等专业职能模块，还是组织发展、人才发展、文化发展等管理系统，都是如此。

从管理视角构建人力资源系统，优点在于专业，每一个管理要素都是从最优实践中总结出的方法论，其有效性毋庸置疑。但缺点也很明显，权变性略差，而且受战略因素影响较大。

华为过去的商业模式是提供 B 端解决方案，为运营商和企业网服务，这要求华为必须采取军团式作战方式，即前端铁三角＋中端重装旅＋后端大平台，集合公司的力量，枪口朝外，赢得市场竞争。

小米服务数以亿计的 C 端用户，以客户为中心，要通过产品真正实现人机交互友好性，通过开展各项活动，实力"宠粉"，才能形成用户和品牌之间持久的心理契约。

对于不同的商业模式，组织关注的重心是不同的，人才需求也不一样。华为想要的人才是"胸有大志，身无分文"，希望通过双手改变命运的"奋斗铁军"；苹果就不同，它是极客文化，吸引顶级的天才，用"改变世界"的愿景来激发活力。人不同，文化也不同，配套的机制也大相径庭。看似都是薪酬，按能付薪和按绩付薪没有对错之分，只有适合与不适合、有效与无效之别。

企业要想做好人力资源管理，就要抛开专业偏见和认知偏差，回到原点，重新审视人力资源管理体系。

当然，有人会问：人力资源管理难道不应该以人才为中心么？企业发展难道不应该以经营人才为目的么？再次强调，我们探讨的所有问题，都是企业人力资源管理实践问题。实践的先进性就是有效性，就是对企业发展有助推作用。

（一）战略首先要把责任压实

对战略进行解码，第一步是把责任分解，把老板和高管的责任向下传递，把浮在空中的目标压实。

责任大致有三类，一类是基于价值活动的职责分解，一类是基于职责的人才匹配，一类是需要什么样的"精气神"和文化理念，投射在人力资源管理实践中，就是组织规划与关键职责、人才规划和文化规划。

1. 组织规划与关键职责

组织规划模块主要解决架构、流程权责、岗位体系和关键职责的问题。

战略向下传递，组织架构承接，组织架构表明跨层级组织机构的运作关系，重心在于清晰阐释集团与下属单位的管控关系。想要培育新业务，可以独立设置事业部，不同的业务板块要分设不同的组织来承担责任。华为升级"云－管－端"战略后，"终端"成为华为必争之地，所以将无线产品线独立出来做消费者 BG，更在消费者 BG 发展到一定程度以后，再建立独立的董事会和利益机制，确保消费者 BG 有更独立的经营权，能够快速响应消费者的需求。

成立至今，阿里巴巴的组织架构一直在随着战略调整。2006 年，成立 B 端、C 端事业部；2011 年，将淘宝分为三大事业部；2012 年，成立七大事业部；2013 年，细分 25 个事业部；2015 年，推行"大中台、小前台"变革；2020 年，继续"拆中台"。每一次组织架构的变化，都是为了配合战略更好地落地。

除了关注组织架构，还要关注组织结构，即横向的基于价值链的职能切分，也就是每一层级组织内部的部门设置、关键职责等维度。

管控和权责关系也应配套战略理顺，管控关系本质上是权责关系，在分类管控模式设计下，主要考虑两大类别六项因素，即战略重要程度、规模、发展阶段、对集团核心资源和能力的依赖度、业务成熟度、管理成熟度等。

而基于分工的组织模块只是散落的价值要素，想要真正实现价值，还需要加强协同，要通过对流程与组织的有效整合，确保业务在组织间得到有效支撑和高效协作，最终实现面向客户的业务目标。

组织、权责、流程、部门与岗位、关键职责，这些要素构成了整个组织的运行系统，组织在规划时应全盘考虑。

2. 人才规划

光有职责还不够，还要有人，有能力适配的人。尤其是劳动密集型和知识密集型企业。

做好组织规划，人才规划就成功了一半。有了明确的岗位和职责，就有了对人的能力和结构要求，有了具体的财务指标和工作任务，也就有了对人的数量要求。

除了被动呼应组织规划，人才规划也应主动思考，提前做好人才布局和卡位。人才投入优先于业务投入，想开拓海外市场，可以先储备一批国际化人才，撒豆成兵，慢慢孵化订单。想提升干部队伍能力，可以先招管培生，从后备梯队开始，建立干部队伍管理体系。

当然，人才规划也不能盲目，背离业务发展逻辑。华为企业网 BG 独立时，沿着运营商 BG 军团式直销的打法，配置了 2 万名精兵强将，直接扑向市场，结果散 B 业务模式和大 B 业务模式有本质区别，收入远远无法覆盖养人成本，最后人员只能内部转岗，从企业网 BG 调至消费者 BG。所以，人只有放对了地方，才是人才，没放对，就是人口。

3. 文化规划

"心力"、"愿力"和"念力"，都是企业核心竞争力。文化和价值观越来越重要了，2010 年的 BAT（即中国互联网三巨头，百度（Baidu）、阿里巴巴（Alibaba）、腾讯（Tencent）），现在只剩下 AT，背后不是技术、资源、品牌和用户数量的差异，而是文化的差异。同样的市场，技术差异度不高，价格差异度不高，为什么华为拿得下，中兴和大唐就拿不下？除了企业本身的品牌以外，还有就是文化和价值观的力量。

华为追求"以客户为中心"，不单单停留在口号上。硝烟弥漫，大雪皑皑，道路泥泞，只要有通信需求的地方，就有华为的售前解决方案工程师、交付工程师和售后服务工程师。靠物质可以解决一时的奋斗精神，靠文化才能让人才有长期的使命感和动力。

当然，文化也不应照搬，要有自己企业的特点，要适配企业的产业领域和业务模式，要有系统思考，从使命愿景价值观到战略目标、业务模式和核心能力，从经营理念到管理理念，文化的系统规划不仅可以落实战略责任，还可以引领整个企业的文化管理工作。

(二) 先有组织能力后有战略能力

明确了战略发展的责任，还应该提升战略发展的能力。

战略发展的能力在组织端，构建胜任力模型和任职资格标准，其实就是企业发展对管理力和专业力的要求。

要发展，管理很重要，管理者和领导者更重要。所以，要有明确的胜任力模型，按图索骥，寻找有潜质的人才，同时挂图施工，将璞玉打磨成美玉。

企业还要重视专业的价值，尊重技术，尊重管理，尊重市场和职能。任职资格标准，要有明确的学历与经验标准、知识标准、行为标准、成果标准。这些标准不是为了培养人才而设计的里程碑式节点，而是有效承接企业战略、服务客户、开拓市场所需要的关键能力。

企业在构建胜任力模型和任职资格标准时，务必从战略出发，从实现战略的最优实践中总结经验和教训。切忌从管理视角出发，闭门造车，自顾自拍脑门。

有了能力标准和要求，需要配套一系列的培养措施，把人才的能力真正提上去。人才端要明确职业生涯规划，建立员工的学习地图，通过企业大学，把士兵培养成将军，把员工培养为专家。

士气很重要，群体价值观也是重要的组织能力。企业在提升员工士气方面，一定要旗帜鲜明地提出自己的价值观主张，无论是"拼搏者""奋斗者"还是"进取者"，口号提出来，就有了行为锚定作用，就能够起到情绪感染和社会认同的作用。

在日常工作方面，要有明确的奋斗者画像，同时配套奋斗者选用育考留退的机制，表彰奋斗者，激发跟随者，鞭策后进者，从个人奋斗到实现群体奋斗。

（三）目标就是指挥棒

责任是基础，能力是保障，但有效的战略解码要格外关注目标的分解，毕竟目标就是指挥棒，选择大于努力，在正确的方向上，就成功了一半。

可惜很多企业管理者和HR用战术上的勤奋掩盖了战略上的懒惰，

每天都在琢磨如何考核，谁来考核，如何计算得分，结果如何应用，却把最重要的指标和目标值忽略掉了。

战略解码目标线的第一步，先从组织分类开始。不同的事业部和部门在企业中的定位不同，贡献的战略价值也不同。有些部门当期就要实现收入和利润；有些事业部还处于投入期，追求市场快速扩张、提升市场占有率，亏损也是战略性的；有些部门就是用来提升 5 ~ 10 年以后企业的核心竞争力的。做考核，要搞清楚定位。

进行组织分类的同时，还要做好战略解码，把财务目标分解为市场目标和客户目标，再层层分解为产品线目标、研发目标、生产目标、质量目标、资本目标、职能目标。

有了目标之后，考核是强化目标的手段和方式。明确的目标需要配套合适的指标值，无论是从自身历史值出发还是进行内外对标，都有其特定的适用场景，要结合战略诉求选择相宜的指标值。

组织考核是针对团队考核的，团队内部还需要做好个人的绩效评价。业绩是分水岭，还应该配套能力、潜能、客户等方面的评价。

态度要体现在行为上，所以要有明确的价值观行为体系，而且要分层，甚至可以分类。明确不同类型的人员在面对客户时，在组织协同时，在自我学习和成长时，应以何种行为体现价值观。价值观也要评价，要建立针对性的价值观评价体系，同个人绩效考核形成互动，以全面衡量个体的绩效表现。

（四）优质资源要有价值地倾斜

战略是组织的目标，薪酬和发展是个人的目标。企业和个人的目标投射在绩效端时，需要激励资源做保障，来充分调动团队和个体的积极性。

资源线主要通过工资总额、薪酬分配、荣誉体系和案例集等方式体现激励价值。

工资总额要有明确的导向。华为的"分灶吃饭"明确了产品线奖金包的核算规则，就是和"贡献毛利"直接挂钩，这样研发专家就知道自己的收入来自产品在市场上的利润，就会追求利润率和市场占有率。

还要有专项调节包。集团要有统筹资金池，可以做人才储备用，可以做重大任务奖励用，可以奖励技术创新，也可以奖励客户服务和市场开拓。总之，薪酬在哪里，战略就在哪里，创新也在哪里。

还要关注高管薪酬。高管是核心骨干，"兵熊熊一个，将熊熊一窝"。高管薪酬也要明确导向，让高管跟着战略目标走，而非跟着自己的感觉走。

个人薪酬主要关注薪酬内部分配。要构建"3P1M"薪酬模式（其中，3P指岗位、能力、绩效，M指市场），按能付薪，按岗付薪，按绩付薪。所以，其中的"岗位"承接战略责任，"能力"提升战略能力，"绩效"体现战略目标要求，企业的薪酬才真正有价值，不然都是打水漂。

日常工资之外，中长期激励手段和合伙人计划也是体现人才制胜未来的主要手段。

还需要格外关注心理福利计划，让员工感受到关爱，感受到认可和激励，这样效果更佳。

榜样的力量是无穷的。荣誉体系和案例集就是要选拔内部标兵，让符合企业价值观的文化践行者站在舞台中央，享受鲜花和掌声。关注度和荣誉感是稀缺资源，企业一定要利用好，面子很多时候比钱好用，尤其有钱又有面子，更是激励利器。

以上就是人力资源管理促进战略目标落地的四条主线（见图2-2），相信沿着这四条主线构建的人力资源管理体系会更有针对性。我们常谈的战略导向和战略人力资源管理，其实就是沿着战略，将战略目标解码为责任线、能力线、目标线和资源线，再细化为具体的管理动作。当然，未来人力资源管理实践还有业务导向、技术导向、文化导向和客户导向，这些和战略导向并不冲突，它们相辅相成。

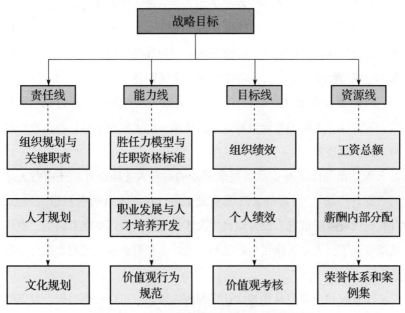

图2-2 人力资源管理战略解码的四条主线

三、战略人力资源管理架构

基于组织发展、人才发展和文化发展的管理线条，可以细分企业中的管理活动，基于人力资源管理战略解码的责任线、能力线、目标线和资源线，也会衍生出很多企业管理活动。战略视角和管理视角要交汇在一起，才能创造最佳的管理价值，所以战略人力资源管理实践既要从战略目标出发，层层分解落地到日常的管理活动，提高管理的效果，又要从逻辑出发，提升管理的效率。效果＋效率＝效能，缺一不可。

当然，在实践过程中，除了人力资源管理实践矩阵之外，还应加入PDCA的管理逻辑。除了战略解码四条主线之外，还应加入改进线，将其落实到日常的管理动作，即组织活动中的战略复盘会，人才活动中的人才市场与汰换计划，文化活动中的文化反思会。

战略复盘会要从战略目标到战略解码，从责任线、能力线、目标线、资源线等维度思考能否有效承接战略，能否实现战略，有何成功经验，如何改进等。

人才市场除了要建立各层最基础的后备人才池以外，还应有人才的"罗马广场"，所有的管理者和员工可以在人才市场中互选。当然，有互选就有可能落选，没有归属的人才经过培训后还不能上岗的，也许只能辞退了。人才汰换就是要定期引进外部新鲜血液，实现自我更新和进化。

文化反思会是要从精神文化层面深入反思，可以反思组织，反思管理，也可以反思个人，有多种多样的方式。文化反思会不只是为了反思问题，更主要的是为了改进。

只有下面这个战略人力资源管理实践矩阵图（见图2-3）实施好，科学性、有效性和落地性才能够完美地结合。当然，还需要注意人力资源的数字化，我们后文再详细讲解。

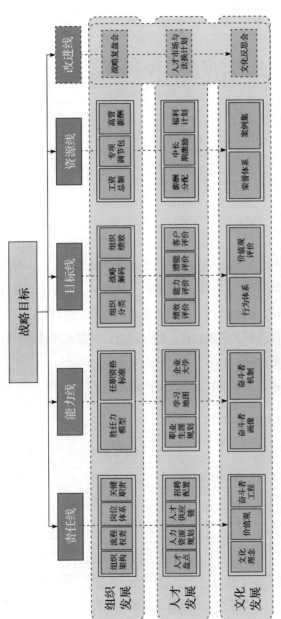

图 2 - 3 战略人力资源管理实践矩阵图

第三章

七步将战略责任落实到组织和岗位

战略决定结构，结构影响战略。当企业的战略确定之后，首先要把战略责任落实到部门层面，在组织规划时，从愿景、使命及战略目标入手，优化组织架构，明确整体管控模式设计、总部组织设计，并依此划分职责边界，优化流程，明确岗位，细化职责，确定人才规划，并提出机制和文化的相关建议。

企业在实践中，主要采取以下步骤开展组织规划（如图3-1所示）。

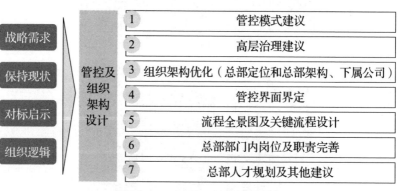

图3-1 开展组织规划的步骤

企业首先要明确自身的战略需求，不同战略诉求对应的组织逻辑是有明显差异的。

1968—1979 年，创业期的美的是典型的直线型组织结构，1980—1996 年，单一业务时的美的是直线职能型组织结构。

美的上市之后，在组织上仍然采用集权式管理体制，统一销售、统一生产。集权式的组织模式在多品种产品下，越来越呆板僵化、反应迟缓，员工积极性受挫。1997 年，美的罕见地出现业绩下滑，销售收入从 1996 年的 25 亿元减少至不足 22 亿元，市场竞争力也同步下降，空调业务从行业前三下滑至第七。

1997 年，何享健推动美的进行事业部改制，以产品为中心，将公司划分为 5 个事业部。总部将利润责任下放，事业部成为利润中心，对研产销及行政人事负有统一领导职能，各事业部独立经营、独立核算，总部成为集战略规划、投资决策、资本经营和资金财务、人力资源管理等职能为一体的投资、监控和服务中心（如图 3-2 所示）。

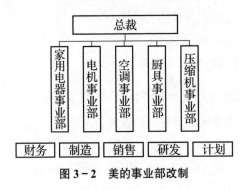

图 3-2　美的事业部改制

2002 年，事业部改制五年后，美的再次出现增长停滞，经过内部大讨论，何享健认为美的的问题关键在于"小企业病"，经过反省，美的深化事业部制的第二次改革，实行大小家电分治模式，在事业部之上设两个二级集团：制冷集团（大家电部分）和日用家电集团（小家电业务）。

2015 年，美的开始了以去中心化、去权威化、去科层化为核心思想的内部组织改造，并构建了 7 大平台、8 大职能和 9 大事业部。2017—2018 年，美的进一步明确三层架构体系（即经营主体、协同平台和职能部门），打造"10 - 11 - 12"组织平台（10 个平台，11 个职能部门，12 个事业部）。第一层架构是经营主体。经营主体又分为两类，首先是集团原有的八大事业部和库卡、东芝，然后是美的国际、中国区域、美云智数、高端品牌等经营单位，两类经营主体的共同点是有 KPI 指标并向集团上交利润。第二层架构是四大协同平台，包括安得智联、IoT、美的财务公司和中央研究院，这四大平台可以向下收费，由事业部分摊费用。第三层架构是审计、IT 等 10 大职能部门，除 IT 之外，全部职能部门加起来只有 200 多人，其目标是成为小而专的服务型部门（如图 3 - 3 所示）。

除了战略与业务分析及匹配外，内部诊断和外部对标在组织变革前期是需要格外关注的。基于战略确定组织整体模式后，就进入组织规划的具体落地环节，可从以下七个方面入手。

一、界定管控模式：实现 1+1>2

清晰的集团管控模式为集团总部和下属业务单元的管理奠定了坚实的基础。1+1>2 是集团总部存在的价值。

集团管控模式界定（如图 3 - 4 所示）的本质在于确定集团总部的角色，成功的集团总部应该为企业整体带来价值的提升。当然，总部提供的附加价值在整体的管控特点和影响业务的成功因素相吻合时，才能实现最大化。集团总部可以通过设定战略方向、明确政策和管理风险、集中管理运营、集中管理职能、建立组织能力、发展组织文化等六个基本职能来创造价值。

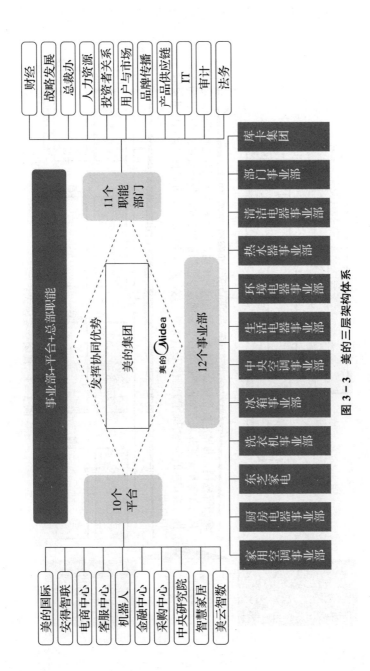

图 3 - 3 美的三层架构体系

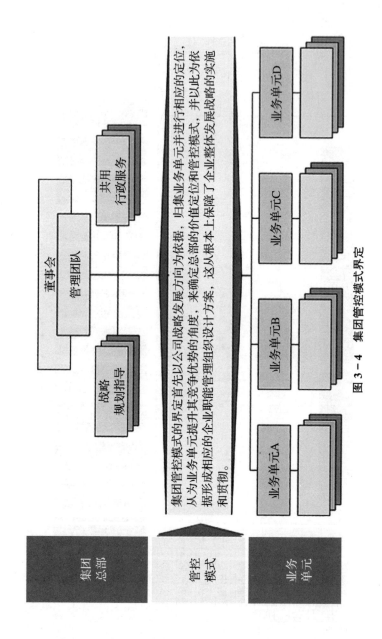

图 3 – 4 集团管控模式界定

集团总部的六个基本职能可以通过集团业务举措、成员单位管理、协同效应管理、共享职能与服务四类途径来实现集团总部价值。

因为总部有不同的职能和价值，针对不同业务单元的关系和协同效应，总部干预的程度是有差异的，这就是总部管控模式的差异。对于集团总部，根据经营管理模式的差异性，有四类角色可以选择，分别是财务管控、战略管控、战略＋运营管控、运营管控（见表3－1）。

表3－1　集团总部的四类角色

总部角色	关键职能描述
财务管控	购买资产；必要时介入下属业务单元的日常运营，确保经营效益达标；在时机合适时，出售个别业务单元
战略管控	结合各业务单元制定整体战略目标，并根据整体战略目标确定各业务单元自身的战略定位和发展目标
战略＋运营管控	针对符合战略预期的业务单元，仅做战略管控，针对不符合战略预期的业务单元，适时介入日常经营，确保战略目标实现
运营管控	介入下属业务单元的日常运营，拥有最高审批和决策权限，对日常事务有较多的话语权

四类总部角色在日常管控模式上有明显差异（见表3－2）。

表3－2　四类角色的日常管控模式

	财务管控	战略管控	战略＋运营管控	运营管控
集团业务举措	持续收购，持续出售业务	较少进行投机收购，较少出售业务	许多基于战略相关性的收购；较少出售业务	较少进行收购；很少出售业务
成员单位管理	没有战略规划；从上至下制定目标；总部严格控制财务指标；从短期角度来衡量资本收益	总部审阅业务单元的战略计划和目标；总部监测关键战略/财务指标；从长期角度来衡量资本收益	共同制定战略计划和目标；总部监测多个财务/运营指标；从长期角度来衡量资本收益	总部制定计划和预算；总部经常监测多个财务/运营指标；从长期角度来衡量资本收益

续表

	财务管控	战略管控	战略＋运营管控	运营管控
协同效应管理	没有关联影响	较少正规的机制来协调；适中的影响力	许多正规的机制来协调（内部交易定价政策等）；较高的影响力	掌控相关权力来保证利用协同效应
共享职能与服务	没有共享服务	共享服务仅用于独特的或很难用到的功能；可以位于总部或业务单元	普遍使用共享服务来获得协同效应／规模效应；可以位于总部或业务单元	很高程度的共享服务；位于总部

就国内企业而言，复星是典型的财务管控模式，美的过去是战略管控模式，现在是战略＋运营管控模式，华为是典型的战略＋运营管控模式，国家电网则属于典型的运营管控模式。

2016年，中粮集团按照"小总部、大产业"的原则，将总部定位为财务管控型，构建"集团总部资本层—专业化公司资产层—生产单位执行层"三级架构（如图3-5所示）。集团总部作为资本运营中心，负责国有资本的调配和监管，管理集团战略与资源配置，投资与评价，强化资产布局及资本运营能力。专业化公司是资产运营实体核心，负责资产的调度、配置和生产运作，对影响运营效率的各关键环节进行整体把控，对资产运营的盈利回报负责。

2016年，中化集团构建战略管控型总部，以提升总部能力，充分放权，确定了"小总部、大业务"定位，组建能源、化工、农业、地产、金融五大事业部，这有利于聚拢资源，聚焦市场和客户，加强协同价值。中化集团当时的组织架构如图3-6所示。

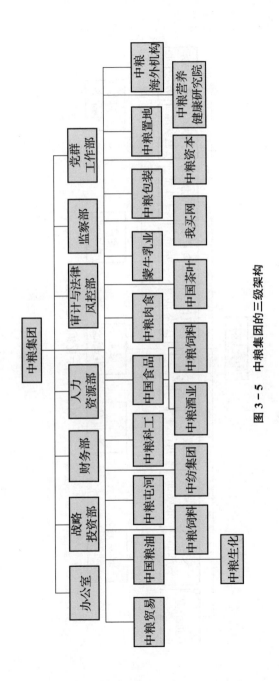

图 3 - 5 中粮集团的三级架构

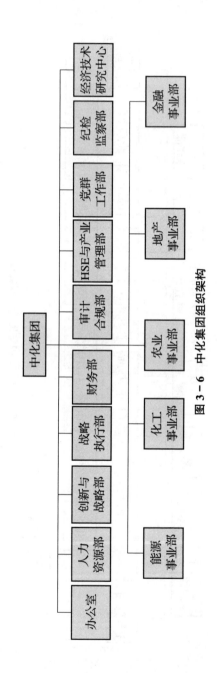

图 3 – 6 中化集团组织架构

对于不同的管控模式，总部的定位和职责不一样，总部与业务单元在战略、投资、计划预算、人力资源、财务、企业文化、品牌、市场经营等维度的权责界定不一样。总部和业务单元的部门设置、关键职能也会有明显差异。所以，要根据集团战略和管控要求来确定整体性组织架构。

当然，不同业务单元的设置需要配套不同的管控模式、高层治理和权责体系，后文详细为大家说明。

二、完善高层治理，合理分配经营权与所有权

集团总部整体定位明确后，作为法人实体，必须要关注高层治理结构，完善的高层治理结构包括"三会一层"的设置，分别为股东会、董事会、监事会、经营层。此外，国有企业还应注意党委会在高层治理结构中的价值和作用，如图 3 - 7 所示。

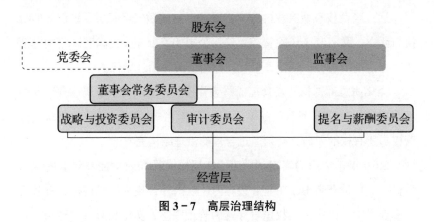

图 3 - 7 高层治理结构

股东会是业务单元的权力机构，对业务单元有最终控制权，决定业务单元的经营方针和投资计划，选举和更换董事和监事，审议批准董

事会、监事会的报告，对年度预算、年度利润分配方案、业务单元合并 /
分立 / 解散 / 清算、修改章程、股权激励计划、章程修改等具有最终话
语权。

董事会受股东会委托，对股东会负责。股东会授予董事会战略管
控、财务管控、人事任免等三项核心权利。董事会要代表出资人利益，
确保业务单元可持续发展，同时也是法律责任的承担人，保证业务单元
合法经营、控制风险。

董事会对经营层进一步授权，以董事会既定战略为前提，在董事会
授权框架之下，经营层拥有对业务单元日常经营活动的执行权。

监事会是业务单元的监督机构，依照有关法律法规和业务单元章程
设立，对董事会、经营层成员的职务行为进行监督。

党委会在国有企业中发挥核心领导作用，确保党的路线方针政策贯
彻执行，监督企业重大决策，保障国有资产保值增值。党委会把方向、
管大局、保落实，较少参与具体经营业务。

通过经营权和所有权的分离，既可以有效激发经营层干事创业的激
情与活力，又有利于风险管控，确保公司始终处于受控状态。集团总部
要完善治理结构，下属业务单元同样需要关注治理结构。

当集团总部选择战略管控或财务管控时，集团对下属业务单元的
经营决策权就应下沉至业务单元，为了避免"内部人控制"，要解决经
营权与所有权的矛盾，必须通过合理的治理结构完善。

2019 年，华为为实现消费者 BG 规模增长和效益提升双赢的战略
目标，支持消费者 BG 在业务边界内，以内外合规为底线目标，有效管
理库存风险，以中央集权监管穿透为管理底座，实施相对自主经营、自
主管理的业务运营模式，优化了消费者 BG 的组织治理和监管关系管
理。具体如图 3-8 所示。

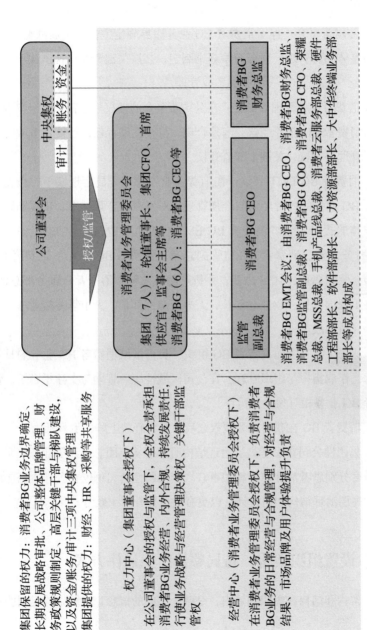

图 3-8 华为消费者 BG 相关的高层治理结构

公司董事会：保留消费者 BG 业务边界确定、长期发展战略审批、公司整体品牌管理、财务政策规则制定、高层关键干部与梯队建设，以及资金／账务／审计三项中央集权管理。

消费者业务管理委员会：在公司董事会的授权与监管下，全权全责承担消费者 BG 业务经营、内外合规、持续发展责任，行使业务战略与经营管理决策权、关键干部监管权。

消费者 BG EMT 会议：在消费者业务管理委员会授权下，负责消费者 BG 业务的日常经营与合规管理，对经营与合规结果、市场品牌及用户体验提升负责。消费者 BG EMT 会议由消费者 BG CEO、消费者 BG 财务总监、消费者 BG 监管副总裁、消费者 BG COO、消费者 BG CFO、荣耀总裁、MSS 总裁、手机产品线总裁、消费者云服务部总裁、硬件工程部部长、软件部部长、人力资源部部长、大中华终端业务部部长等成员构成。

区域／国家层面消费者 BG 组织：负责区域消费者 BG 业务的日常经营、作战指挥与组织管理。在公司区域性统一管理与支撑平台下，消费者 BG 业务相对独立地运作。

消费者 BG 在获得充分授权之后，业务轻装上阵，更具活力。

集团性公司在思考高层治理结构时，要从集团总部和子业务单元两个维度分别思考治理结构相关事宜。非集团性公司可仅在公司本部层面思考高层治理结构如何设计，以更有效地提升组织效力。

三、设置组织架构，布局整体组织运作方式

架构和结构在组织领域内，是两个不同的概念。组织架构是表明跨

层级组织机构的运作关系，相对于组织结构而言，其重心在于清晰阐释集团与下属单位的管控关系。

组织架构是集团与各下属公司之间确立的管理关系，包括两方面内容，一是组织层级（母子—母子孙，或者更多层级），二是组织架构形式（直线制，分、子公司制，事业部制，矩阵制，网络制等）。组织结构则是指每一层级组织内部的部门设置等。

目前的组织架构多为以下四种类型："母—分—子"式、"母—子—孙"式、"母—事—子"式、混合式，如图 3-9 所示。

在设置组织架构时，主要依据业务单元、管理层次、平台打造等逻辑来思考。

（一）基于业务群归并，成立子业务单元

企业技术积淀足够时，会涌现出 N 条产品线，同样的技术底座也可以置换不同的行业场景，带来新的商业空间。要实现规模集聚效应，就必须针对业务系统梳理，进行归并，一般从客户类型、商业模式、技术逻辑、产品等不同维度进行归并。

以客户类型为例，客户类型可以分为 G 类（政府类）、大 B 类、散 B 类、C 类等。华为运营商 BG 按照大 B 类客户进行划分，一个订单价值几十亿元，甚至上百亿元。企业 BG 则按照散 B 类客户进行划分（企业 BG 内部也有不同的行业解决方案，如公共事业系统部、政府系统部、金融系统部、大企业系统部、商业销售部、交通系统部等。针对不同类型的业务形式，进行有针对性的组织结构归并），消费者 BG 则按照 C 类客户进行划分。华为 2012 年子业务单元如图 3-10 所示。

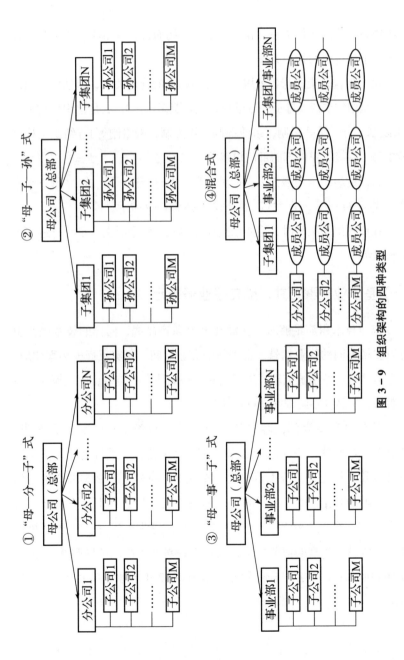

图 3 - 9 组织架构的四种类型

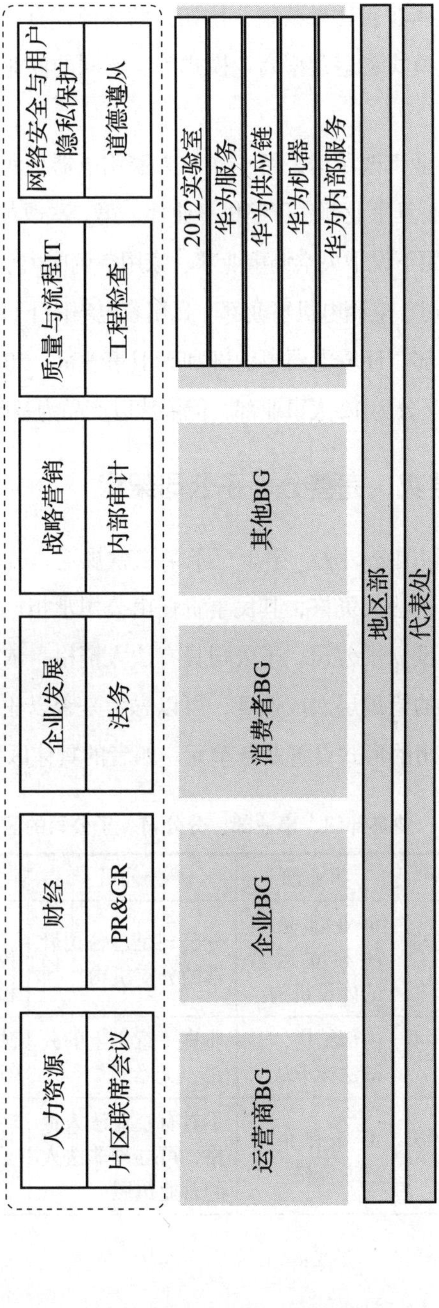

人力资源	财经	企业发展	战略营销	质量与流程IT	网络安全与用户隐私保护
片区联席会议	PR&GR	法务	内部审计	工程检查	道德遵从

运营商BG	企业BG	消费者BG	其他BG	2012实验室 华为服务 华为供应链 华为机器 华为内部服务

地区部

代表处

图 3 - 10 华为 2012 年子业务单元

商业模式和技术逻辑比较清晰，比如，商业模式有产品销售型商业模式、投资型商业模式和运营型商业模式等，不同的商业模式应该划分不同的业务单元。

美的在进行事业部改革时，第一次改为家用电器事业部、电机事业部、空调事业部、厨具事业部、压缩机事业部，第二次改革仍然以产品划分事业部，制冷集团下设中央空调事业部、家用空调国内事业部、冰箱事业部、美芝合资公司、空调电机事业部。日用家电集团下设生活电器事业部、微波电器事业部、环境电器事业部和厨卫事业部。2017年，美的进行平台化改革时，又分为12大事业部，但依然以产品为基础进行划分。

（二）基于管理层次，完善分、子公司架构

《中华人民共和国公司法》第十三条第二款规定，公司可以设立分公司。分公司不具有法人资格，其民事责任由公司承担。第十三条第一款规定，公司可以设立子公司。子公司具有法人资格，依法独立承担民事责任。根据不同的管理层次成熟度，可以思考是否以业务部门、事业部、分公司和子公司的形式设置业务单元。四者的具体区别见表3-3。

表3-3　业务部门、事业部、分公司、子公司的区别

	业务部门	事业部	分公司	子公司
定义	业务部门是非独立运营部门	事业部是集团独立运营的内设机构	分公司是总公司管辖的分支机构	上级单位独资、控股、参股的机构
结构	内部结构，不被法律承认	内部结构，不被法律承认	非真正意义上的公司，无章程	独立公司，独立章程
法人	不具有企业法人资格	不具有企业法人资格	不具有企业法人资格，可办理非法人的营业执照	具有企业法人资格

续表

	业务部门	事业部	分公司	子公司
缴税	不涉及法人登记单独缴税问题	不涉及法人登记单独缴税问题	在所在地缴纳流转税，所得税则由总公司统一缴纳	独自缴纳
权限	日常权限	经营权限	介于事业部与子公司之间	所有权限

　　招商局集团的整体架构为五大事业部、三大平台，其中五大事业部分别为金融事业部、区域发展部、海外事业部、综合物流事业部、健康产业事业部，三大平台分别为实业经营平台、金融服务平台、投资与资本运营平台。三大平台下分别设立众多子公司。

　　中化集团组织变革确定"能源、化工、农业、地产、金融"五大事业部后，将同类型子公司分别纳入子业务集团统一管理，通过"小总部、大业务"定位，明确中化集团的战略目标是成为"创新型的石油化工和精细化工企业，涵盖农业、地产、金融的多元化投资控股公司"。细化的中化集团组织架构如图 3-11 所示。

　　平台化是大势所趋，随着信息化、数字化技术的广泛应用，企业在进行组织架构设计时，也要关注赋能平台的打造。

　　美的在进行平台化组织变革时，对于各事业部共用的基础技术或功能，由总部集中建设平台，向各事业部提供专业支持。十大平台分别为美的国际、安得智联、电商中心、客服中心、机器人、金融中心、采购中心、中央研究院、智慧家居、美云智数。十大平台组织定位于支持部门，是各事业部可以呼唤的炮火，而不是职能管理或者审批机构。

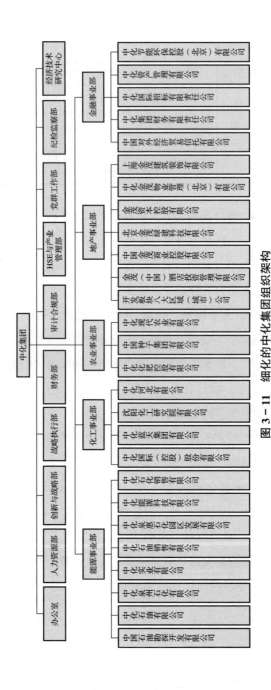

图 3 - 11　细化的中化集团组织架构

（三）基于功能强化和规模效应，搭建内部平台

2018 年 9 月，万科也进行了平台化改造，总部部门全部撤销，另成立三大中心：事业发展中心、管理中心、支持中心，目的就是激发组织活力，激发奋斗者精神。新成立的事业发展中心包含投资、运营、营销、设计等业务，主要是搞生产，如同作战部队、发动机。管理中心负责财务、人力、信息化等业务，就是管钱管人赋能提质增效，提供后勤支援。支持中心主管品牌、法务等职能，就是做服务，敲边鼓，好比摇旗呐喊的啦啦队。万科组织架构如图 3 - 12 所示。

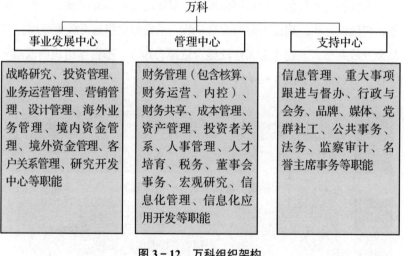

图 3 - 12 万科组织架构

当然，企业打造平台型组织，也是一种组织进化的方向。阿里巴巴就打造了业务中台和数据中台两大赋能平台，中台是从多个相似的前台业务应用共享的需求产生的，因此最先提出的中台是业务中台。

数据是从业务系统产生的，业务系统也需要数据分析的结果，因此把业务系统的数据存储和计算能力抽离，单独提供存储和计算能力功能的数据处理平台叫做数据中台。这简化了业务系统的复杂性，同时能够让各个系统采用更合适的技术，专注做本身擅长的事。

围绕平台型组织，我们提出前端＋中台＋后台的典型范式（如图3-13所示）。所有的组织结构进化都要围绕客户，以市场为导向，以客户为中心。前端包括经营性前端、市场性前端以及多元主体构成的生态体，是直面客户的前端组织。中台则直面前端，包括平台和平台型事业部两类，平台又包括业务中台、客户中台、数据中台、技术中台等。后台的主要价值在于规则治理，主要功能为资源池建设、管控、服务、规则设计等，确保方向明确且一致。平台型组织是开放型组织，与社会开放共享，共建生态，广泛整合资源合作方。平台型组织的前端＋中台＋后台范式如图3-14所示。

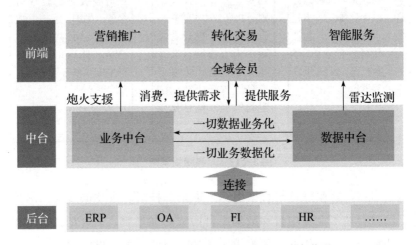

图3-13　平台型组织的前端＋中台＋后台范式

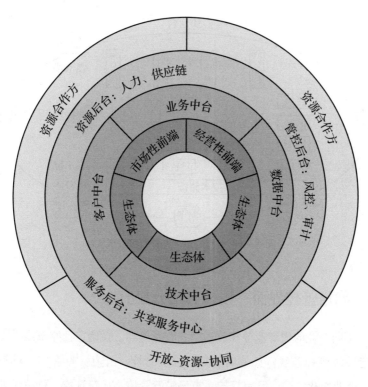

图 3 - 14 前端 + 中台 + 后台范式以客户为中心

(四) 成长型企业典型组织架构范式

成长型企业突破成长瓶颈，还是要在组织架构层面做文章，通过组织能力提升，来推动企业业务持续迈上新台阶。具体而言，要围绕客户群需求，前端开展精细化营销与区域深耕，后端打造技术黑土地与产品端竹林生态，通过三维矩阵协同的组织模式（如图 3 - 15 所示），实现前端倒逼后台的协同作战。

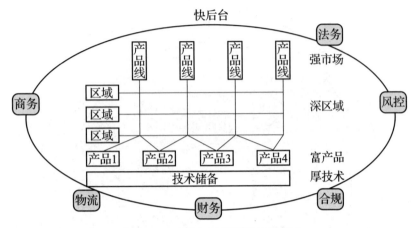

图 3-15 三维矩阵协同的组织模式

四、确定管控界面：授权有道分权有序

不同企业的内部业务和管理模式有所差异，在确定管控条线时，先确定一级管控条线，如战略管控、投资管控、人力资源管控、财务管控、企业文化管控、品牌管控、市场经营管控、运营管控、科技质量管控、审计管控、法务与风险管控、信息化管控等。

管控条线确定后，进一步明确企业的重要事项。见表 3-4。

表 3-4 管控条线表

管控条线	重要事项	管控条线	重要事项
战略管控	战略规划制订与调整	企业文化管控	企业文化发展规划
	战略计划实施监控		企业文化建设方案
投资管控	投资计划	品牌管控	品牌发展规划
	投资项目论证与决策		品牌建设方案
	投资后评价		舆情应对方案

续表

管控条线	重要事项	管控条线	重要事项
人力资源管控	组织结构设置与调整	市场经营管控	经营战略与经营目标
	人力资源规划		年度经营计划与预算
	招聘管理		重大营销推广活动
	人员任免与晋升		大客户开发与管理
	绩效考核		战略联盟合作
	薪酬福利		投标管理
财务管控	员工培训	运营管控	年度运营计划
	预算制定与调整		运营分析与监控
	资金使用计划		组织绩效考核
	费用报销		招标管理
	资产购置计划		分包管理

不同的管控事项在不同的组织上要有不同的管控深度。一般以四种深度来表示：一抓到底、抓两头/控关键、抓两头/放中间、重收益/要结果。

当我们把所有的事项按照实际情况进行管控深度的调整后，就可以形成一张整体管控关系框架表，下一步就可以不断细化不同模块的权责关系了。

权责关系一般包括七种类型（见表 3-5）。

表 3-5　权责关系的七种类型

权责名称	权责定义
提案	提出规划、计划、制度等管控事项的初步意见或方案，需报上级机构决策

续表

权责名称	权责定义
参与	为主管部门提供相关配合，提供信息及辅助工作或指导，提出相关建议
审核	审查核定相关提案，提出处理意见，并报上级或相关部门审批，重在"核"，即检查、核对是否正确、妥当，必须指出和纠正错误
审议	审查议定相关提案，提出处理意见，并报上级或相关部门审批，重在"议"，一般针对重要管控事项，以会议决议形式体现集体决策结果
审批	对相关提案做出采用或不采用的决策，一般都是终审，有选择决定权，这就意味着即使符合规定条件，也可以不批准
备案	向相关主体报告事由、决定，存案以备查考，即相关主体一方面拥有知情权，另一方面保留问责的权利； 备案可分为告知、签字确认两类，具体采取何种备案方式可根据实际情况确定
执行	组织执行经审批后的管理方案、制度或计划

2019 年，华为消费者 BG 调整组织治理与监管关系后，明确了消费者 BG 中 CEO、财务总监、CFO、监管副总裁、COO 等关键角色及其主要职责（见表 3-6）。

表 3-6　华为消费者 BG 中的关键角色及其主要职责

关键角色	主要职责
CEO	负责消费者 BG 的日常经营管理与长期发展，对消费者业务的商业成功、在消费者市场的市场品牌与用户体验提升负责； 构筑消费者 BG 端到端的业务核心竞争力及外部产业生态； 建立并运营匹配 2C 行业特点的组织与管理体系； 消费者 BG CEO 的抓手是干部管理、组织建设和消费者 BG IRB、EMT 会议等

续表

关键角色	主要职责
财务总监	作为中央集权（账务、资金）在消费者 BG 的特派代表，负责中央集权业务在消费者 BG 的有效落地； 作为消费者 BG EMT 成员参与业务管理，对账务真实性、资金安全性负责，可独立向公司董事会和消费者业务管理委员会报告； 消费者 BG 财务总监的抓手是财报内控等，参与消费者 BG EMT 会议、各级业务管理会议
CFO	作为消费者 BG CEO 的伙伴，共同承担端到端的经营责任，进行经营效益和风险管理，促进业务的可持续健康发展； 消费者 BG CFO 的抓手是计划管理、预算与费用管理、经营预测与分析等
监管副总裁	代表公司对消费者 BG 的干部团队进行平行监督，确保消费者 BG 与集团战略和价值观的一致性； 作为消费者 BG CEO 在风险管理方面的伙伴，保证风险管理委员会有效运作，确保风险可控、业务平稳发展； 统筹监管职能，制定监管规则，协同监管组织，对消费者 BG 外部合规结果负责
COO	负责消费者 BG 的供应、采购、质量、成本、流程与 IT、隐私保护与网络安全、变革管理等。为消费者 BG 提供及时、安全的供应和高效稳健的运营； 消费者 BG COO 的抓手是生产采购管理、MKT 与服务采购管理、计划管理与客户交付管理

华为消费者 BG 在"分权制衡""隔层管理、两层审结"的管理原则下明确了其关键角色的管理关系（见表 3-7）。

表 3-7 华为消费者 BG 的关键角色的管理关系

关键角色	任命		长期激励/工资		绩效考核		奖金		人岗	
	建议/建否权	批准权	建议/建否权	批准权	建议/建否权	批准权	建议/建否权	批准权	建议/建否权	批准权
消费者 BG CEO	消费者业务管理委员会轮值主任	常董会	消费者业务管理委员会轮值主任	常董会	消费者业务管理委员会轮值主任	常董会	消费者业务管理委员会轮值主任	常董会	消费者业务管理委员会轮值主任	常董会
消费者 BG Controller	集团财经 AT 主任	常董会	集团财经 AT 主任	常董会	集团财经 AT 主任	常董会	集团财经 AT 主任	常董会	集团财经 AT 主任	常董会
消费者 BG CFO	集团财经 AT 主任/消费者 BG CEO	常董会	集团财经 CFO/消费者 BG CEO	常董会	集团财经 CFO/消费者 BG CEO	常董会	集团财经 CFO/消费者 BG CEO	常董会	集团财经 CFO/消费者 BG CEO	常董会
消费者 BG 监管副总裁	监事会主席/消费者 BG CEO	常董会	集团审计委员会主任/消费者 BG CEO	常董会	集团审计委员会主任/消费者 BG CEO	常董会	集团审计委员会主任/消费者 BG CEO	常董会	集团审计委员会主任/消费者 BG CEO	常董会
消费者 BG COO	消费者 BG CEO	常董会	消费者 BG CEO	常董会	消费者 BG CEO	常董会	消费者 BG CEO	常董会	消费者 BG CEO	常董会

五、梳理流程，夯实组织能力基础

分工可以提升组织效率，通过有效设计组织架构，确保战略在组织层面得到有效承接，组织职责清晰。

基于分工的组织模块只是散落的价值要素，想要真正实现价值还需要加强协同，单靠职责和文化的协同很难实现真正的协同，所以要通过对流程与组织的有效整合，确保业务在组织间得到有效支撑和高效协作，最终实现面向客户的业务目标。

流程的基本思想可以追溯到20世纪初美国的科学管理运动，泰勒提出用科学管理方式代替经验管理方式。在企业内部建立各种明确的规定、条例、标准，让一切工作科学化、制度化，是提高管理效能的关键。不过，当时的科学管理的范围主要限于生产车间，在动作研究、时间研究和工艺研究的基础上制定规范的工艺流程和操作方法。

所谓流程化组织，是面向客户需求，沿着流程来分配权力、资源以及责任的组织，将流程与组织并联成为战略执行的载体。打造流程化组织，组织是执行业务的主体，流程是执行业务的规则和路径，IT则是执行业务的工具。

通常的组织设计是按照功能管控的方式设计的，与流程无关。流程化组织要基于客户视角建设和优化流程，用流程驱动公司端到端管理，任何组织只有在流程中创造价值，才是为客户创造价值，才可能获得成长的机会。组织设计与流程如图3-16所示。

华为在1998年请IBM为自己打造了IPD、ISC、IT系统重整、财务四统一等管理变革项目后，经过20年的精雕细琢，在内部打造了16条一级流程，并在流程L1下细化至流程L6，其中L1～L2匹配一二层组织，L3～L4匹配三层以下组织，L5～L6则针对岗位和职责进行匹配。

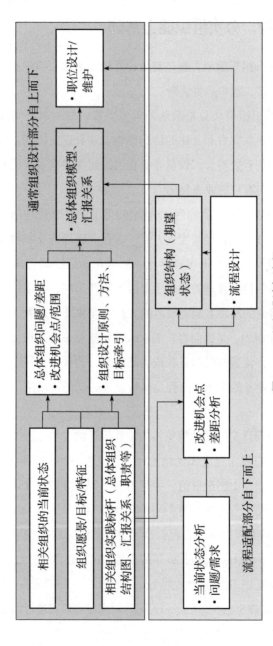

图 3 – 16 组织设计与流程

在进行宏观组织匹配时，可以利用 4R 工具，即 AR（accountable responsible）、TR（total responsible）、PR（partial responsible）、CR（customer responsible）。

● AR：管理并执行流程，流程责任人。每个流程有且只能有一个 AR，如流程与内控建设部是 MBP 流程的责任人。

● TR：执行整个流程或流程的大部分活动，如系统部门在执行 LTC 流程中收集和生成线索。

● PR：执行部分流程，即流程中的部分活动。例如，MBP 流程，总裁办承担 QA 角色就是属于 PR；HR 相关流程，各业务部门属于 PR。

● CR：执行不同客户与场景下的整个流程或大部分活动，如 MBP 流程是全部执行流程与内控建设，但每个三级部门只负责与对应的客户相关的流程建设职能，属于 CR。

通过 4R 宏观分析，即可明确在流程推进过程中，组织结构需要如何调整，应该如何优化，如图 3 - 17 所示。

在微观岗位与决策匹配时，可以利用 RACI 工具，即负责（responsible）、批准（accountable）、咨询（consulted）、告知（informed）。

● R——负责（执行人）：负责完成 / 实施手头任务的个人或小组，即活动的执行者。

● A——批准（责任人）：最终负责、有审批 / 否决权的个人或团队。

● C——咨询（被咨询人）：在做出最终决策之前，需要被咨询的个人 / 团队，通常需要双向沟通。

● I——告知（被知会人）：在做出决策和采取行动后，应该告知的个体 / 团队，通常仅是单向沟通。

通过 RACI 微观分析（如图 3 - 18 所示），可以明确流程角色与岗位匹配的相关性。

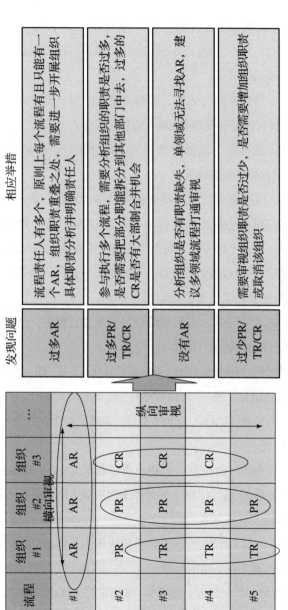

图 3-17 4R宏观分析

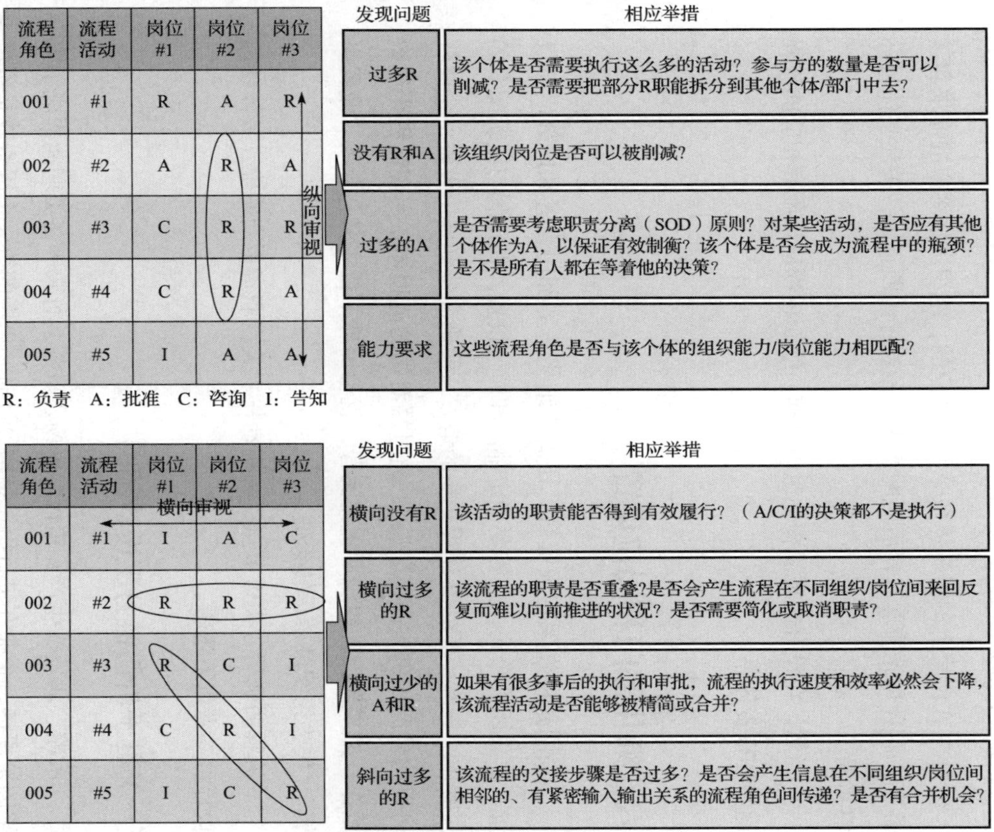

图 3 - 18 RACI 微观分析

上部矩阵：

流程角色	流程活动	岗位#1	岗位#2	岗位#3
001	#1	R	A	R
002	#2	A	R	A
003	#3	C	R	A
004	#4	C	R	A
005	#5	I	A	A

R: 负责　A: 批准　C: 咨询　I: 告知

纵向R审视　横向审视

发现问题　相应举措

发现问题	相应举措
过多R	该个体是否需要执行这么多的活动？参与方的数量是否可以削减？是否需要把部分R职能拆分到其他个体/其他部门中去？
没有R和A	该组织/岗位是否可以被削减？
过多的A	是否需要考虑职责分离（SOD）原则？该个体是否有效作为A，以保证有效的制衡？该个体是否会成为流程中的瓶颈？是不是所有人都在等着他的决策？
能力要求	这些流程角色是否与该个体的组织能力/岗位能力相匹配？

下部矩阵：

流程角色	流程活动	岗位#1	岗位#2	岗位#3
001	#1	I	A	C
002	#2	R	R	R
003	#3	R	C	I
004	#4	C	R	I
005	#5	I	C	R

横向审视

发现问题　相应举措

发现问题	相应举措
横向没有R	该活动的职责能否得到有效履行？（A/C/I的决策都不执行）
横向过多的R	该流程的职责是否重叠？是否会产生在流程任不同组织/岗位间回回反复而难以向前推进的状况？是否需要简化或取消职责？
横向过少的A和R	如果很多事后的执行审批，流程的执行速度和效率必然会下降，该流程活动是否能够被精简或合并？
斜向过多的R	该流程的交接步骤是否过多？是否会产生信息在不同组织/岗位间相织的、有紧密输入输出关系的流程角色合并或合并？是否有合并机会？

经过宏观和微观匹配，最后形成基于流程的评审点和手段，决定组织运行中的权力和内控体系，形成《流程角色权力表》《角色岗位匹配表》《岗位人员匹配表》。

建立在流程上的组织体系是面向客户的，组织关注客户的需求和满意度，而且是先梳理流程后匹配组织，是连续无断点的，关注整体目标的实现。

当然，在没有实现流程化组织之前，组织内部应该配套相应的流程运转和权责体系。

六、细化部门和岗位设置

集团整体性架构确定后，还需要细化总部部门设置和内部岗位设置。非集团性公司，也需要确定部门和岗位设置。在流程与组织配套的过程中，先有流程，在流程聚集的地方，明确岗位和部门设置，企业就可以构建起内部"高速公路"，通过端对端的流程体系实现流程化组织运作。如果先设计组织后优化流程，就会出现本位主义，导致"流程空转"，失去组织高效运转价值。

流程明确后，关键节点、关键动作、关键职责也会明确，具体部门设计可参考以下逻辑。

（一）基于价值链分工设计部门

战略、研发、生产、销售、市场、财务、行政等各类职能构成了完整的价值链，企业在进行组织结构设计时，思考的第一个因素就是价值链分工。通过价值链细化和分工可以确定组织结构的设置。基于价值链分工设计部门如图 3-19 所示。

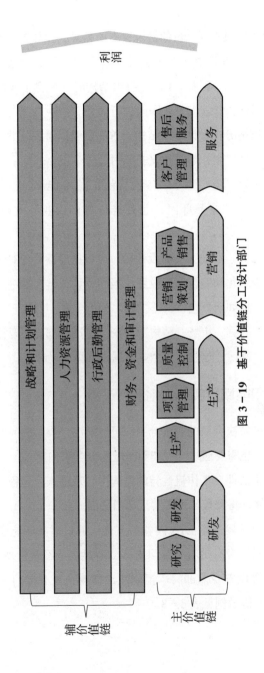

图 3 - 19　基于价值链分工设计部门

企业业务性质不同，价值链也会有所差异，比如销售类企业的价值链即"进销存"，生产类企业的价值链即"研产销"，金融类企业的价值链即"融投管退"，等等。在设计组织结构时，要将企业内部价值链梳理明确，根据价值链，沿专业职能进行切分。

按照价值链分工设计组织结构，首先要明确组织分类。

- 二分法为"业务部门和职能部门"；
- 三分法为"业务部门、业务支持部门、职能部门"；
- 四分法为"业务部门、业务推进部门、业务支持部门、职能部门"。

在进行业务、职能大类的设计后，可根据经营管理对于专业职能的要求，进一步细化和完善部门设置。当然，价值链在推进过程中也会遇到一些问题，比如研发内部要不要将"研究"和"开发"分设部门，市场要不要将"品牌、市场、销售"分割，生产内部要不要设"计划运营和质量管理"部门，这些都要企业根据自身情况设计。

（二）基于职能域落实，优化部门设置

价值链能解决大块的职责分工，可以解决"类"的问题，但是具体的部门设置，还需要通过流程和职能域的分类来确定。

流程分析法即在工作流运转的过程中，从输入、过程、产出中明确相关责任主体，将流程职责落实至部门层面。

职能域分解则采取 ETA 问卷的方式，通过对各职能模块的工作进行诊断，思考是否有足够的部门支撑。通过企业经营管理职能的细化，判断是否需要设置专业部门承担职能，抑或在现有部门中加强职能建设。职能域分析示例见表 3 - 8。

表 3 – 8 职能域分析示例

图例：1.✔ 职能成熟　2.b 大部分职能已建立　3.✿ 部分职能已建立　4.(职能缺失

职能	总经理办公室	人力资源部	计划财务部	生产管理部	项目建议部	设备管理部	环保管理部	安全管理部	运营管理部	保卫部	大客户	计划中心	技术中心	供应中心	物流中心
	1.✔ 职能成熟				2.b 大部分职能已建立	3.✿ 部分职能已建立							4.(职能缺失		
经营管理	✿											✿			
品牌运营	b														
市场营销											(				
生产管理				✔											
客户管理											(				
财务管理			✿												
法务管理	✿														
供应链										✿				✿	✿
风险控制						✿	✿	✿							
研发管理													✿		
技术发展													✿		
质量管理								✿							
安全管理								✿							
人力资源		✿													
企业文化	✿	✿													
信息化	✿														
媒体公关	b														

以表3-8为例，在纵向表格中，首先要明确企业应该有哪些职能域，比如经营管理、品牌运营、市场营销……媒体公关。不同企业的职能重心应该有所侧重，不能完全照搬，但要尽量将需要的职能穷尽。

在基于战略和业务模式梳理职能域之后，将现有部门置入横向表格内，然后进行职能完善度的对比分析。

一般的等级分解包括职能成熟、大部分职能已建立、部分职能已建立、职能缺失。我们在进行组织结构设计时，需要关注的重点是部分职能已建立和职能缺失这两个关键维度。

以表3-8为例，市场营销和客户管理两个职能是缺失的，我们就要思考，是否需要增设"品牌市场部"和"客户服务部"来履行相应职责。再看表3-8，法务管理、企业文化、信息化、媒体公关、质量管理、安全管理、风险控制、研发管理、供应链等相关职能有待强化，我们需要思考的是，哪些职能可以在现有部门的基础上强化、增设岗位和明确职责，哪些职能需要独立设置相应部门。

（三）基于管理成熟度，优化部门

经营和管理的成熟度也需要在设计组织结构时加以体现。具备独立生存能力或研产销能够实现闭环的团队，可独立设置经营实体，以事业部、分子公司的形式存在。无法独立生存的，可以业务部门或孵化团队的方式设置组织结构。组织结构设计的相关示例如图3-20所示。

职能较为完善和成熟的，可以独立设置部门，职能尚不完善和成熟的，可以在其他部门内部设置岗位来承接相应职能。

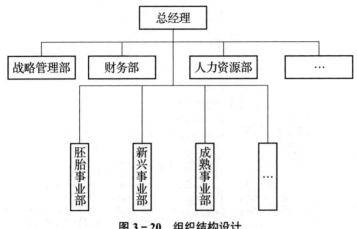

图 3 - 20　组织结构设计

设置岗位时，主要采取关键节点法、流程梳理法、标杆对照法来确定。岗位设置既要承担起公司的战略"成果"职责，又要实现在流程运转时的"关键节点"价值。组织设计与岗位设计的关系如图 3 - 21所示。

部门和岗位明确后，结合前文明确的关键管控事项，明确对应的责任主体和相关的职责权限。当所有的关键管控事项全部梳理完成之后，就形成了整个公司的《职责权限表》，以 IT 系统固化后，就形成了组织运转的动力系统，见表 3 - 9。

如表 3 - 9 所示，所有的职责权限全部明确后，组织的结构设计、流程梳理、职责权限就告一段落，一个完整的组织及运行系统就形成了。相信经过结构设计，组织就有了骨骼，经过流程设计，组织就有了经络，再加上权责体系，完善的组织模式和运行机制就构建起来了。

岗位和权责手册明确后，还应根据岗位所承担的责任编写岗位说明书，岗位说明书的编写要按照八要素来细化和完善。

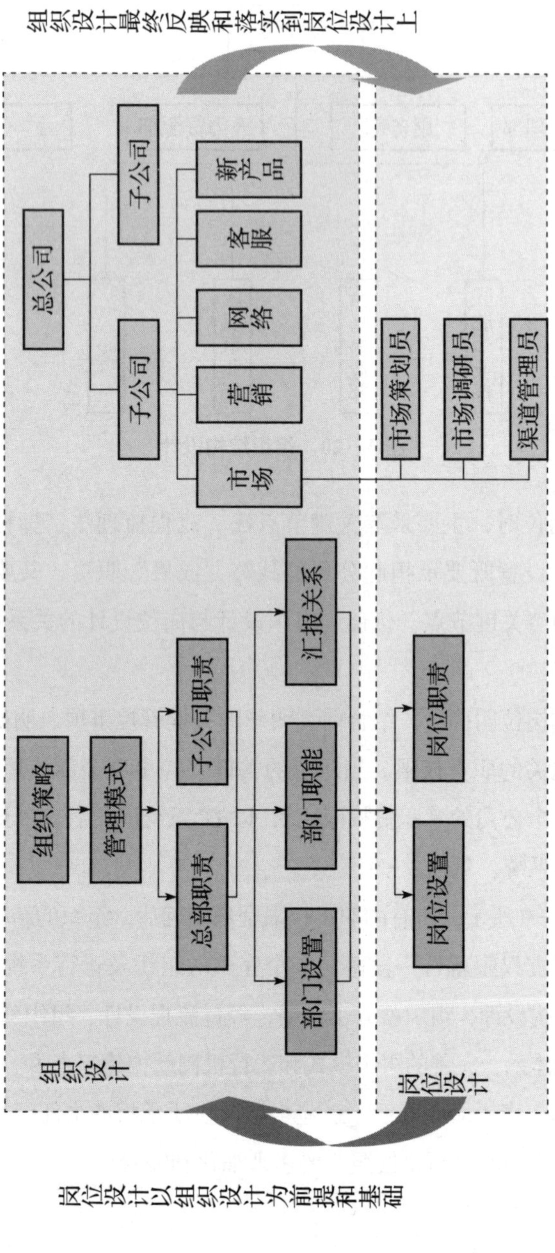

图 3 - 21 组织设计与岗位设计的关系

表 3-9 职责权限表

序号	关键管控事项		责任部门	经营层			决策层
				A 部门	副总裁	总裁	董事长
1	事项 1	分项 1.1	A 部门	权限 1	权限 2	权限 3	权限 4
2		分项 1.2	A 部门	…	…	…	…

岗位说明书编写八要素

1. 设置目的：明确该岗位设置的必要性。

2. 岗位定位：岗位在事业部组织中所处的位置。

3. 任职条件：担任本岗位的最低要求。

4. 层级：包括总人数及下属人数、直接与间接人员、人员类别等。

5. 沟通关系：完成岗位职责活动的信息交换渠道。

6. 职责范围：职责范围的精确描述，不受任职人改变的影响，但在岗位发展时有必要修改内容。

7. 负责程度：独自负全责、部分负责或者参与、协调、合作。

8. 考核指标：用以评估岗位人员完成职责的基准。

七、基于组织规划提出人才及其他规划

有了明确的组织规划，岗位设置也清晰后，组织要想良性运转，还需要完善人、文化和机制。企业战略目标实现需要"事"和"人"同频共振，所以下一步要深度分析企业人力资源规划，让合适的人在合适的岗位上创造匹配战略的绩效。

第四章

组织效能管理：企业战略成功的必备条件

据观察，绝大多数企业拥有明确的战略目标，虽然三年做到百亿元、成为行业领先者等宏伟的目标随处可见，然而成功者寥寥，这是什么原因呢？正如我们每个人，要想有所成就，除了志存高远，还应不断锤炼自身的能力，企业成功也不仅要有远大的战略目标，还得有组织效能，否则即便身处风口也难以抓住机会乘势而上。

既然组织效能这么重要，那什么是组织效能呢，又该如何评估与提升组织效能呢？

一、组织效能是衡量组织能力的标准

彼得·德鲁克认为，组织效能是指尽可能充分利用可获得资源去实现目标的能力，以及基于能力实现的结果的结合。西肖尔则提出组织效能是衡量企业经营好坏的各种评价标准的综合。

在实践中，组织效能有别于组织绩效。从目的性而言，组织效能用于准确定位经营管理质量，而非用于考核评价；从评估维度而言，组织效能关注整体经营表现和能力，而非单纯的财务效果；从周期性而言，组织效能评估周期契合企业发展周期，宜采用长周期评估，而非即时反馈的短周期评价；从结果应用而言，组织效能评估结果可作为企业统一管控策略、精准施策的依据，而非用于奖罚。

（一）关注并评估组织效能是适应环境、提升竞争力的需要

从外部看，评估组织效能是为了应对环境和组织管理的新挑战。企业要想获得良性发展并获得持续成功，对外要保持对环境的适应性和商业敏感度，才能获得持续的竞争优势和资源整合优势。

从内部看，评估组织效能是为了保持组织的竞争优势和健康发展。组织效能是企业所拥有的能力、效率、质量和效益，是竞争优势的一个重要来源。能力是组织运作的基础，包括土地、资本、资源、工具、技术、人才和组织能力等。效率是任何一个组织的天然要求，组织要想存在就需要不断提升效率，效率包括管理效率和运营效率。质量是指组织所提供的产品（服务）的品质或功能满足目标客户的需求，可以体现组织存在的价值。效益是指增加值或附加价值，是组织运行的产出，也是组织存在的基础，包括利润、员工报酬、税收、利息和折旧等。

（二）评估组织效能具有多重作用

组织效能的价值，可以形象地比喻为晴雨表、体检机、警报器、导航仪。

晴雨表：基于组织内部视角，从组织能力和组织效率出发，通过组织效能评估可形成一套组织静态和动态的监控评价指标体系，以量化数据的方式实现对组织运行效能的监测、评估和展示。

体检机：基于组织效能的各项数据，从组织模式、人才队伍、制度

流程、企业文化等视角分析、挖掘影响或提升组织效能的关联因素，并制定针对性措施。

警报器：通过系统评估组织运行和组织效能动态数据后，对组织资源配置的效能数据，进行横向、纵向对比分析及关联指标配比分析，及时发现问题并做出预警。

导航仪：明确组织发展的方向，基于目标导向制订行动计划和路线，通过阶段性的审视和评估主动调整、及时纠偏，确保组织发展目标有效落实。

二、典型组织效能模型解析

（一）戴维·尤里奇 14 项组织能力指标

戴维·尤里奇认为，真正的 HR 转型是聚焦业务的，通过人力资源管理转型提升组织能力。组织能力代表了一个企业如何提供价值，既包括投资者关注的无形资产，也包括客户关注的公司品牌、员工行为。为了衡量、监控组织能力，戴维·尤里奇提出了 14 项组织能力指标（见表 4－1）。

表 4－1　戴维·尤里奇的 14 项组织能力指标

序号	维度	含义	衡量指标示例
1	战略一致性	表述和沟通战略观点，对目标、计划、行动达成共识	认知、流程、行为、指标的战略一致性
2	共同的思维模式	维持组织在客户和员工心中的积极形象，并使客户和员工从组织中获得良好的关系体验	品牌认知度、员工满意度

续表

序号	维度	含义	衡量指标示例
3	领导力	在整个组织范围内培养"领导者"，他们能够以正确的方式交付正确的结果——他们代表了我们的领导力品牌	后备储备比例
4	客户连接	与目标客户建立持久的信任关系	客户满意度
5	人才	吸引、激励和保留胜任且对企业具有认同感的员工，圈牢顶级人才	人才密度、绩优人才流失率
6	速度	让重要的变革快速启动	存货周转率、资金周转率、交货时间
7	问责制	制定有助于催生高绩效的规则	绩效推行比例、绩效反馈面谈比例
8	协同	跨越边界开展工作，包括专业、部门、组织内外部的边界	人才内部流动率、创意推广率、一体化方案提供情况
9	学习	产生有影响力的创意并在组织内进行推广	人均效能、员工敬业度
10	创新	实施创新，无论是在内容上还是在流程上	过去三年中的新产品/服务创造的收入（利润）百分比
11	精简化	保持战略、流程和产品的精简化	单项活动所占用的时间、单位成本
12	社会责任	为更广泛的公众利益做出贡献	社会声誉能够通过外部机构评比的企业声誉来衡量
13	风险	预测风险，管理风险	员工流失率提高、生产率下降
14	效率	有效管理运营成本	产品成本、劳动力成本、资金成本

(二) 西肖尔组织效能评价标准模型

西肖尔的组织效能评价标准是行业中较早提出的衡量组织效能的经典模型。西肖尔提出，组织效能评价指标设置需考虑三个问题：一是长期目标实现程度；二是短期经营业绩；三是子指标所反映的当前经营效益状况，由此组成金字塔形的指标层次体系。西肖尔组织效能评价标准模型如图 4-1 所示。

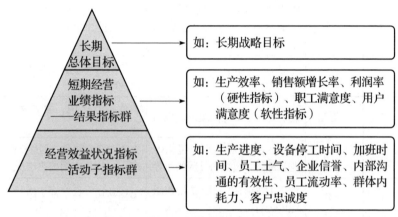

图 4-1　西肖尔组织效能评价标准模型

西肖尔的组织效能评价标准模型体现了短期目标与长期目标的平衡及指标层层分解的思路，值得借鉴。

(三) 麦肯锡 7S 模型

麦肯锡 7S 模型指出企业在发展过程中必须全面地考虑各方面的情况，包括结构、制度、氛围、员工、技能、战略、价值观。企业可通过以上七个角度对自身进行系统分析与诊断。

麦肯锡 7S 模型提出战略、结构和制度是企业成功经营的"硬件"，氛围、员工、技能和价值观是企业成功经营的"软件"，强调"软件"和"硬件"对于企业发展同样重要。

(四) 韦斯伯德六盒模型

韦斯伯德六盒模型是从组织内部视角不断检视业务实现过程的利器，六盒模型的六个维度分别是目标、结构、关系、奖励、领导力、协同机制。通过六盒模型对业务进行诊断，可以帮助企业盘点现状、放眼未来，分析业务及企业目标的实现程度，促进团队就现状与问题达成共识。

(五) 京东 3E+2D 模型

京东在组织诊断和发展方面形成了较为成熟的方法论——京东 3E+2D 模型，即组织发展 3E 分析模型＋组织诊断 2D 法。京东每两年发起一次大规模的组织诊断活动，对整个组织进行系统性的问题梳理，检验组织效能的提升情况。通过诊断找到问题后，人力资源部门会辅助管理层对问题进行研讨，并制订专项提升计划，就问题、目标和行动计划与管理层达成共识，并在实施过程中持续跟进、确保落地。京东 3E+2D 模型如图 4 - 2 所示。

(六) 中国移动卓越指标体系

中国移动为了有效评估公司战略的实施状况，及时发现和改进存在的不足，并为公司在从优秀迈向卓越的进程中提供方向指引和行动参照，将战略体系分解，识别出其中的关键要素，最终形成卓越指标体系（见表 4 - 2）。

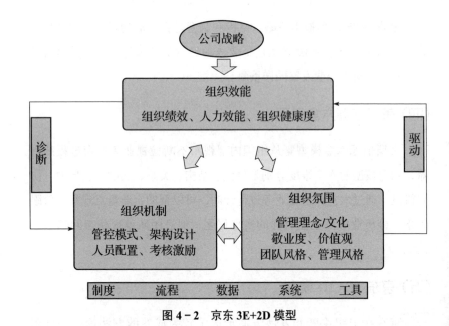

图4-2 京东 3E+2D 模型

表4-2 中国移动卓越指标体系

维度	评估指标
打造卓越运营体系	资本性支出比例、市场份额、利润率、息税折旧及摊销前利润（EBITDA）率、资产收益率（ROA）、离网率、每用户平均收入（ARPU）
形成创新型增长模式	增值业务收入比例、净增用户数、研发投入比例
实施走出去战略	国际拓展实施进程、海外市场收入比例、海外用户比例
开创移动多媒体事业	移动媒体份额、移动生活份额
构建卓越组织	关键流程标准化程度、风险管理体系完善程度
培育卓越人才	员工培训时间
做优秀的企业公民	社会责任指数

三、构建组织效能评估模型

组织效能评估模型的构建既要借鉴理论工具与外部优秀实践，又要体现企业战略要求与自身特色。模型构建包括三个阶段，分别是明确评估维度、构建通用模型、分类差异化建模。

(一) 第一阶段：明确评估维度

基于组织效能理论工具与外部优秀实践、企业发展战略等提取评估维度。这一阶段首先要尽可能全面地提炼组织效能的评估指标，形成能力性、效率性、效益性等基本维度。其次要对指标进行分类与归纳，纳入一级维度，形成由一级评估维度与二级评价指标构成的组织效能评估模型基本框架。

一级维度既可采取组织效能定义所包含的能力、效率、质量、效益四个维度，也可归纳为投入、过程、产出三个维度，确保一级维度全面、无遗漏、相互独立。

二级指标要考虑短期与长期、定性与定量、财务与非财务、过程与结果之间的平衡，从类别上可以划分为四类：质量类、数量类、时间类、成本类。

(二) 第二阶段：构建通用模型

按照科学性、可比性、独立性、可控性、可操作性、目标导向等原则对第一阶段形成的指标进行筛选，明确指标的评价方式和评价标准，形成通用组织效能评估模型。

1. 指标筛选原则

●科学性，即要求组织效能评估模型必须反映所属单位发展、运行的规律与特征。

- 可比性，即评估指标应当满足同类型中不同单位的横向可比以及同一单位不同时间段的纵向可比。
- 独立性，即各指标评价内容相互独立且不重复。
- 可控性，即指标能够通过主观努力达成或不断提升。
- 可操作性，即指标的评价数据可获取且可衡量。
- 目标导向，即指标应切实反映集团战略管控要求和单位经营管理质量。

2. 明确评价方式

指标评价方式包括量化型、评价型两种。量化型指标基于数据进行客观量化计分，评价型指标采取专家会议法，通过访谈、问卷、资料分析、标杆对照等方式进行综合评价计分，以保证指标评价的客观性和公正性。

量化型指标的评价通过明确指标的计算方式，基于指标数据计算得分情况，常见的指标衡量方法包括达标法、线性法、赋值法、扣分法等。如某集团对所属企业营业收入指标进行评价时，评分标准为在集团内的排名（见表4-3）。

表4-3 某集团营业收入的量化型指标

指标名称	指标类型	计算方式	评分标准
营业收入	量化型	近三年营业收入的算术平均值	优秀（4分）：集团内同类单位排名前20% 良好（3分）：集团内同类单位排名前21%～40% 一般（2分）：集团内同类单位排名前41%～60% 待改进（1分）：集团内同类单位排名在60%之后

评价型指标采用量表评估和调研评估两种方式。量表评估指设计一套评估模型，根据实际情况填写相应指标数据，根据模型综合得出评估分值，通常用于存在客观数据、需要整合多维度数据综合评估得出结果的情况。调研评估则用于不易获取客观数据、需主观评价的情形，通常以资料分析、员工深度访谈、结构化问卷调查等方式了解实际情况，通过专家会议法进行评估得出结果。如某国有企业对机制完备性这一指标设计了如下评分标准（见表4-4）。

表4-4 某国有企业机制完备性的评价型指标

指标名称	指标类型	指标含义	评分标准
机制完备性	评价型	评估三项制度改革相关政策机制是否健全，落地执行是否到位	具备完善三项制度改革相关制度文件，能够按制度开展日常管理，并定期跟踪执行情况，从结果上实现"薪酬能增能减、职位能高能低、人员能进能出"，人才队伍活力足，积极性高。 优秀（4分）：基本符合 良好（3分）：多数符合 一般（2分）：少数符合 待改进（1分）：基本不符合

3.明确评价标准

评价指标需通过和自身比、和目标要求比、和兄弟单位平均水平比、和外部对标企业比四个维度设置相应的评分标准。根据不同评价指标的属性，选择适合的方式设置标准。

和自身比。主要目的是衡量成长性，评估潜力。通过三年历史数据对比，按超过自身历史水平的不同程度进行评价，鼓励所属单位/部门不断超越。

和目标要求比。主要目的是检视目标达成率，对标找差：通过与企业设定的目标要求对比，评价该项工作的完成情况，找到差距，促进后续的持续改进，达成企业期望。

和兄弟单位平均水平比。主要目的是激励先进，借鉴经验。通过与兄弟单位平均水平对比，明确该项工作完成情况与同类单位的对比情况，以有针对性地提升经营能力。

和外部对标企业比。主要目的是对标一流，寻找差距。通过与外部对标企业对比，明确该项工作完成情况在行业同类企业中所处的位置，从外部视角为运营改善提供依据。

4. 明确指标权重

每项指标应设置相应权重，在通用组织效能评估模型的基础上，企业不同类别单位 / 部门的指标权重应进行差异化设置：

● 从不同功能来看，前台事业部、业务部门等应加大效益类维度的权重，中后台部门应加大投入类、过程运营类维度的权重；

● 从不同发展阶段来看，初创期、成长期单位应加大投入类、过程运营类维度的权重，成熟期单位应加大效益类维度的权重。

（三）第三阶段：分类差异化建模

在基本模型确定后，将企业所属单位 / 部门进行分类，确保评估模型的针对性更强。首先按照功能定位、商业模式、业务性质等，将所属分子公司进行分类；其次根据企业生命周期理论明确发展阶段，包括初创期、成长期、成熟期、衰退期等。各所属单位 / 部门的评估维度、指标及权重等根据经营重点与发展要求进行差异化设置，最终形成企业"通用＋分类"的组织效能评估模型。

四、五阶段开展组织效能评估

组织效能评估模型搭建完成后开展评估工作，分为数据收集、指标评价、分析汇总、成果展示、探索应用五个阶段。

1. 数据收集阶段

针对量化型指标，可提前设计数据收集模板，组织各单位上报相关数据。针对评价型指标，部分指标通过设计好的量表收集相关数据，其他指标通过访谈、问卷、资料分析等方式收集相关资料。

2. 指标评价阶段

量化型指标根据收集的数据计算相应得分。评价型指标采取量表法或专家会议法得出最终分数。

3. 分析汇总阶段

根据不同单位分类适用的指标及相应的权重，计算各单位的最终评估结果。

4. 成果展示阶段

通过仪表盘、雷达图等方式显性化展示评估结果，分维度开展分析，科学定位、评估组织经营管理质量和发展潜力，为企业资源配置决策提供依据；同时给出组织后期优化改进意见，帮助提升效能，促进业务持续高效发展。组织效能评估雷达图示例见图 4－3。

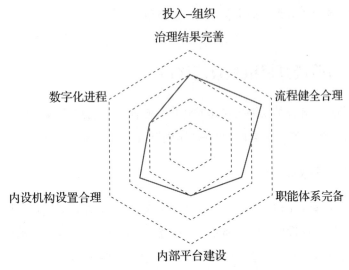

图 4-3 组织效能评估雷达图示例

5. 探索应用阶段

组织效能评估的应用领域较多，可根据评估目的、应用范围、问题紧迫性、变革难度等因素综合考量，进行选择性应用，包括但不限于战略梳理、组织结构调整、业务流程再造、制度优化、编制管理等。

依据组织效能评估结果制订组织变革计划，既可以局部调整，重点突破，也可以从上到下系统布局，全面推进。组织效能评估的应用包括以下方面：

（1）需要保持的。开展评估不仅要发现问题，还要找到组织成功的关键因素。组织成功的关键因素是什么？如何保持这些因素并推动组织效能持续提升？

（2）需要改进的。哪些因素在推动效能提升上表现欠佳？应该如何推进这些因素进一步发挥效能提升的贡献力？

（3）立即开始的。组织成功还需要哪些因素？哪几个是即刻需要添加并落地的？在需要改进和提升的因素中，哪些是首要的？

（4）即刻停止的。什么阻碍了组织效能提升或无法再推动效能提升？通过什么方式或手段可以消除？有哪些潜在的风险或障碍？应该如何解决？

五、组织效能改进循环

进行组织效能评估不是目的，目的是提升组织效能。企业可构建现状诊断、效能评估、对标管理、改进提升的闭环管理体系，切实提升组织效能。

● 现状诊断：通过对现状的深度分析和诊断，优化组织效能评估体系，确保组织能力常备常新。

● 效能评估：基于组织效能指标体系，开展例行性评估，定性与定量相结合，一类一策，差异化评估。

● 对标管理：基于组织效能评估结果，开展对标管理，同自身比、标杆比、兄弟单位比、目标要求比，多维度审视组织。

● 改进提升：对标找差，发现问题，提出针对性的解决思路，并针对改进措施设计专项落地工作任务卡，确保执行到位。

企业在导入组织效能管理之初，可从以下三个方面将组织效能理念贯彻落实到日常经营管理过程，通过试点快速取得突破，用组织效能管理体系切实提升组织能力。

首先，建立体系，系统思考。针对企业经营管理现状，形成关于组织效能理念、组织效能模型、组织效能评价指标体系、组织效能对标管理思路、组织效能专项提升方案等维度的系统思考，形成组织效能管理体系。

　　其次，试点突破，速赢见效。在企业内部选取试点单位，开展组织效能评估、组织效能提升专项建议、行动方案任务落地等具体工作。

　　最后，专项成果，总结经验。针对试点单位评估结果形成专项成果，包括验证优化后的组织效能评估模型、组织效能管理体系等，并组织试点单位形成改进提升专项报告。

　　此外，集团化企业可组织各所属单位开展经验交流互鉴研讨会议，相互分享提高组织效能的典型做法。通过经验交流进一步强化组织效能的理念，为各单位组织效能优化提供借鉴。

　　组织效能作为企业成功的关键因素，包含企业经营管理的各个方面。人力资源从业者应高度重视并构建起整体的、宏观的管理视角，通过组织效能模型构建、评估、应用、提升等闭环管理的方式促进企业战略目标落地，帮助企业实现持续成功。

第五章

人力资源规划：落在人才供应链计划

战略决定结构，结构影响战略；组织决定人才，人才影响组织。有了明确的组织规划，要实现"事"和"人"的同频共振还需要配套人力资源规划。

人力资源规划是人力资源管理工作的起点，好的规划是全面的、长远的发展计划，是对未来整体性、长期性、基本性问题的思考和考量，是关于未来的整套行动方案。只有最专业的HR，才能真正做好规划。

行业内将实践中的两种人力资源规划分为：大规划和小规划。大规划即人力资源战略规划，从企业的战略、组织、机制、文化、人才五个方面开展人力资源管理的顶层设计。小规划即人力资源规划，是根据业务发展需要对未来所需人才队伍的数量、质量、结构、能力进行规划。

实践中，大规划的频率低但引领性强（如华为的人力资源管理纲要就是典型的大规划），小规划频率更高，五年一规划、三年一修正、一年一调整。本章主要向大家介绍使用频率高、夯基作用强的小规划。

人力资源规划以战略为引领，以现状盘点为基础，以实际需求为导向，主要关注保证组织未来持续成功的人才（人力资源）需求，通过对人才供给状况（包括数量、结构、能力）进行总体规划，最终落实为人才供应链策略，其核心在于实现人才与业务的动态平衡、供需匹配、同频共振。人力资源规划如图 5-1 所示。

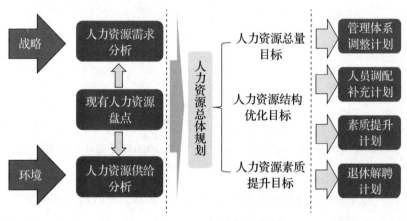

图 5-1　人力资源规划

一、人才盘点：摸清现有人才队伍现状

人才盘点是对各类人员的数量、质量、结构及胜任状况、潜力状况、流动情况进行综合分析，目的是清晰掌握人才队伍的现状及未来变化趋势，便于有针对性地开展人才规划与配置。

在全员盘点的基础上，为突出重点，还需要对核心人才进行深入分析，尤其是中高层管理者、核心序列的专业技术骨干等，防止出现"数量充足、结构缺员"的问题。

（一）存量人才现状分析与总结

人才队伍分析主要包括以下四个方面：员工数量－结构－技能、人均效能、员工成本与费用、员工流动性（含员工招聘、人才流失和冗员淘汰）。这些指标涵盖了某个时点上静态的队伍现状以及未来几年动态的队伍变化情况，便于匹配未来业务的动态需求。

1. 员工数量－结构－技能分析

可以通过员工总数、员工整体结构、前中后台人员数量与比例、管理人员数量与比例、员工学历、员工年龄、不同职称员工比例等指标审视人才队伍的数量。

从图5-2中可以看出，从2015年到2021年，某银行总行人数占全行人数的百分比逐年降低，呈幂函数曲线形式，与其对标银行A（8.69%，2020年）相比，该银行总部机构相对精简，管理效率较高，继续保持即可，无须压缩总行人数。

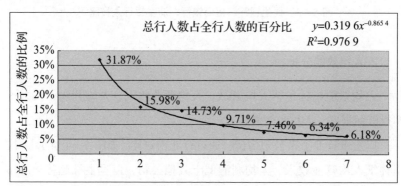

年份	2015	2016	2017	2018	2019	2020	2021
全行人数	364	820	1 392	2 050	2 855	3 977	5 709
总行人数	116	131	205	199	213	252	353

图5-2　某银行总行人数与全行人数

再如，从图 5-3 可以看出，与招商银行和浦发银行相比，民生银行的管理人员、业务人员与行政人员之间的比例关系比较合理，行政人员最为精简，管理人员比例适中。

管理人员、业务人员与行政人员的比例关系

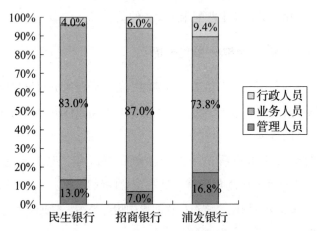

图 5-3　民生银行、招商银行、浦发银行人员比例

2. 人均效能分析

人均效能指标包括人均 EVA、人均营业收入、人均利润、人力资本投资回报率、人均产能等。

以造纸行业上市公司为例，通过行业内对比（如图 5-4 所示），岳阳林纸人均营业收入、人均利润低于其他公司，但呈上涨趋势（2016年，其人均营业收入为 1 503 618 元，人均利润为 85 105 元），未来该公司在人均效能提升和组织效能提升层面需要加强。

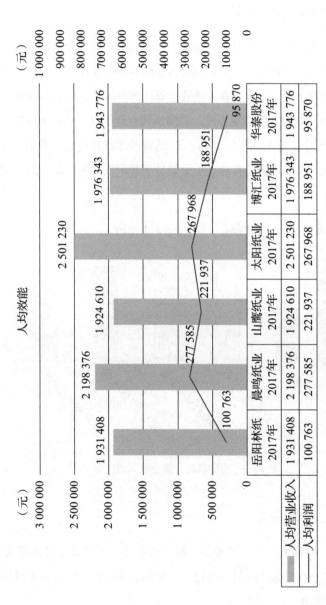

人均效能

	岳阳林纸 2017年	晨鸣纸业 2017年	山鹰纸业 2017年	太阳纸业 2017年	博汇纸业 2017年	华泰股份 2017年
人均营业收入	1 931 408	2 198 376	1 924 610	2 501 230	1 976 343	1 943 776
人均利润	100 763	277 585	221 937	267 968	188 951	95 870

图 5-4 造纸行业上市公司 2017 年人均效能

3. 员工成本与费用分析

员工成本与费用可以从人均薪酬、薪酬福利占营业收入的比例、薪酬福利占营业支出的比例、福利费用占薪酬费用的比例、不同等级人员在总成本中的比例、固定工资－绩效工资比例等维度进行系统分析。

民生银行与国际银行业相比，薪酬福利占营业收入的比率略低于国际银行业 25 分位数（如图 5－5 所示），这反映了该银行人员费用支出的经济性，也反映了该银行有进一步增加员工薪酬福利的空间，同时在增加人员时没有太多的经济压力。

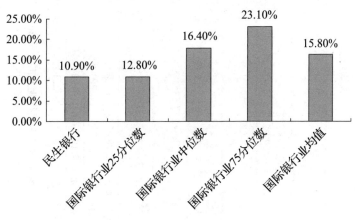

图 5－5　薪酬福利占营业收入的比例

4. 员工流动性分析

从员工退休率、员工升职率、员工辞职率、员工淘汰率等维度分析，可以盘点存量人才队伍。通过近三年的数据分析，可以推算当年度的存量人才队伍。

通过以上四个维度的综合分析，可以明确企业在人才队伍存量方面的现状、优势和劣势，并为下一步的优化提供基础。

例如，A 银行对人才队伍现状分析后得出了下一步提升思路，见表 5-1。

表 5-1 A 银行对人才队伍现状的分析

类别	指标项（部分）	总结	启示
员工数量 - 结构 - 技能	总行人数占全行人数的比例	A 银行总行人数占全行人数的比例呈幂函数曲线形式	为预测未来总行与分行人数的比例提供了历史依据
	管理人员数量与比例	A 银行管理人员的跨度是 6.6 人，优于国际银行业 75 分位数	在未来的人力资源规划中应保留此比例
	员工学历构成	A 银行的员工学历构成优于国内股份制银行	在未来招聘过程中应保持此比例
员工成本与费用	薪酬福利占营业收入的比例	A 银行薪酬福利占营业收入/支出的比例均低于国际银行业 25 分位数	A 银行存在进一步提高员工收入的空间
	薪酬福利占营业支出的比例		
	福利费用占薪酬费用的比例	A 银行福利费用占薪酬费用的比例高于国际银行业 75 分位数	A 银行需要加大薪酬费用在员工总收入中的比重
人均效能	人均营业收入	A 银行的人均营业收入和人均利润与国际银行业 25 分位数相比仍然有很大差距	A 银行生产率提升的空间很大，未来人均生产率应呈上升趋势
	人均利润		
	人力资本投资回报率	A 银行人力资本回报率优于国际银行业 75 分位数	A 银行应进一步加大对人力资本的投入

续表

类别	指标项（部分）	总结	启示
员工流动性	员工退休率	0	未来5年的退休率可以忽略为0
	员工辞职率	3%	未来5年的辞职率预计将略有上升，预计在5%左右
	员工淘汰率	5%	未来5年的淘汰率可以假设为5%

5.数据要全面对标分析

以上指标项需通过和自身比、和目标要求比、和兄弟单位平均水平比、和外部对标企业比、和行业比五个维度设置相应的标准。

（1）和自身比：通过三年历史数据对比，按超过自身历史水平的不同程度进行评价，如超过历史最高值、平均值等，鼓励不断超越。

（2）和目标要求比：通过与设定的目标要求对比，评价该模块工作的完成情况，找到差距，促进持续改进，达成预期目标。目标包括预算目标、绩效目标等。

（3）和兄弟单位平均水平比：通过与集团内部其他同类型企业平均水平对比，明确该项工作或者人才队伍状况完成情况在集团同类单位中所处的位置，便于横向对比。

（4）和外部对标企业比：通过与外部对标企业对比，明确该项指标完成情况在行业同类企业中所处的位置，从外部视角提供相关依据。

（5）和行业比：通过调研行业内某项指标的水平，将自身与行业的较低、平均、较高分位值相比，明确自身人才队伍在行业中的水平。如将薪酬福利占营业收入的比例与同行业对比。

进行存量人才现状分析与总结之后，还需要判断人才胜任度。胜任度高，则无须对该类岗位任职人才采取过多的管理措施，胜任度低，就要启动招募计划、培养计划、内部轮换计划等配套措施。

（二）人岗匹配度分析

人才队伍不仅有量的要求，还有质的要求，如果仅仅做到数量充足而忽略人才胜任度及人岗匹配度，就会造成极大的人力资源成本浪费，最终造成效率低下。如何考察当前的人才队伍在质量、能力方面的表现，实现人才队伍的优胜劣汰，除了日常工作中管理者与 HR 的观察与主观印象，开展更为精细化的人岗匹配度分析显得更加公平、客观，其结果有利于提升人力资源规划的针对性。

人岗匹配度主要包括两个层次、两个维度的综合分析，见表 5 - 2。

表 5 - 2　人岗匹配度分析

维度 / 层次	现有岗位胜任度	高一级岗位胜任度
绩效评价	根据绩效等级 A、B、C、D 来判定人才胜任度	继任者优先从业绩优秀者中选取
九宫格评价	绩效、能力、价值观总和评价判定匹配度	绩效、能力、价值观皆好的，优先提拔

1. 绩效评价盘点法

简单的绩效结果分析即通过统计分析近年来员工在岗绩效考核结果，制定合理的绩效标准，对连续排名末位或不合格的员工进行人数、比例的统计。人力资源规划应当妥善考虑该类员工的退出事宜，如待岗、培训、重新择岗直至退出企业等。绩效评价盘点法示例见表 5 - 3。

表 5 - 3　绩效评价盘点法示例

考核等级	一般比例	现岗胜任度评价	建议
A 等级	10%	非常胜任	上级岗位优先选拔
B 等级	20%	完全胜任	上级岗位纳入考察名单
C 等级	65%	一般胜任	岗位调配或能力提升
D 等级	5%	不胜任	辞退

绩效评价后，同类型岗位胜任度较高时，未来可优先提拔，可进入后备池着重考虑。胜任度较低时，则应制定对应的人力资源管理措施。

当然，仅靠绩效评价盘点还不够，还应关注能力和价值观的综合盘点。

2.九宫格评价盘点法

九宫格评价盘点，也称能力绩效盘点或价值观绩效盘点，是一种常用的对核心、关键人才进行盘点的方式，以精准判断员工胜任度，为员工分类管理提供基础。通常包括五个步骤：

（1）制定标准。

根据企业人才队伍现状选取所要评估的标准，通常有业绩＋价值观，或者业绩＋能力两种方式，前者更加注重对人才队伍统一价值观的要求，适用于知识密集型、规模较大的企业，后者更加注重识别现有人才队伍中的高潜力成员。如阿里巴巴为推行基于价值观的人力资源管理，强化不同企业、业务板块之间的统一文化，在人才盘点中以价值观作为业绩之外的主要考量标准。京东则采取绩效与潜力的组合方式，注重选拔高潜力人才。

- 绩效标准即员工绩效考核结果；
- 价值观标准来源于员工价值观考核结果，如阿里巴巴基于企业价值观"六脉神剑"制定出员工行为标准；

● 能力标准来源于企业关键岗位胜任力模型、员工通用素质模型及任职资格标准等。

无论什么标准，目的只有一个：有效衡量当前的人才队伍能力与企业需求之间的匹配度，为下一步人力资源规划提供依据。

（2）设计测评工具。

人才标准明确后，需要通过一定的测评工具考察员工是否达到了业绩、能力、价值观等标准。利用测评工具的好处是客观、量化、具有横向可比性，适用于人员数量比较多的情况，但不足之处在于评价的准确性、有效性仍需二次校对。当人数较少时，为简化操作过程，也可通过专家会议讨论的方式讨论受测人员的能力、价值观情况并进行排序。

具体采取哪些测评工具与所要评价的标准有关，常用测评工具见表5-4。

表5-4　常用测评工具

评价内容	计算方式	测评工具
领导力	领导力模型各维度得分的平均分	360度评价、述职演讲
潜力	智力、问题解决能力等多个测评工具的综合结果	360度评价、综合素质测评、情境模拟测评
价值观	价值观行为标准对应打分结果	价值观行为打分
职业锚	/	职业锚测评
个性	/	个性测评
管理风格	/	管理风格测评

测评工具从设计到组织实施、出具结果，通常由企业外部专家顾问等第三方独立开展，以确保测评结果的公正、客观。

（3）实施测评。

不同的人才测评工具有不同的实施方式。

● 综合素质测评、情境模拟测评、个性测评、职业锚测评、管理风格测评等都是受测者通过线上笔试的方式开展；

● 360度评价、价值观行为打分是通过打分者利用已设计好的量表进行评价；

● 述职演讲需要提前确定演讲提纲、评委打分表。

由于测评工具的效度问题，还应组织圆桌会议校对盘点结果，矫正后的结果会更加有效。

（4）测评结果输出。

测评结果输出通常包括人才盘点九宫格、人才地图、人岗匹配度分析、人才发展规划等。

● 人才盘点九宫格根据所采取的盘点工具，包括业绩＋价值观、业绩＋能力两种类型。如阿里巴巴按照业绩＋价值观将员工分为明星员工、小白兔等。企业按照能力则将员工分为超级明星、中坚力量、问题员工等（如图5-6所示）。

● 人才地图（如图5-7所示）是以某个部门为单位，根据盘点结果对各岗位上现有任职人员的匹配度做出标记，较为醒目地展示各岗位上的人员匹配度，将严重不匹配的岗位列为下一步重点规划岗位。

● 人岗匹配度分析（如图5-8所示）以某个关键岗位为单位，重点关注该岗位任职人员、后备人员匹配度，并将后备人员匹配度进行排序，为下一步人员配置做准备。

● 人才发展规划（如表5-5所示）着眼于员工职业发展，将测评结果用于个人成长计划的制订，针对问题提出员工发展建议，如参与课程培训以补充某方面知识、安排轮岗以增强复合型能力等。

高能力	D1 业绩需改进者	B1 绩效良好者	A 绩效优秀者
中能力	D2 业绩需改进者	C 绩效合格者	B2 绩效良好者
低能力	E 绩效及岗位能力不合格者	D4 能力需改进者	D3 能力需改进者
	低业绩	中业绩	高业绩

图 5 - 6　业绩 + 能力型人才盘点九宫格

姓名：宋文		目标岗位：华东区M
当前岗位：山东区域A 开始日期：2019-07-01		晋升准备度：RF
		目标岗位：东北区M
离职风险：中 离职影响：高 离职原因：寻求更大发展，正在读MBA		晋升准备度：

业绩	2020	3
	2021	3
	2022	4

潜力	分析思维	3
	自省自知	4
	主动性	4
	事业心	3

管理技能	评分
战略计划能力	3.4
制度/流程管理	3
文化建设	3.1
识人善用	3.4
沟通影响力	2.9
绩效管理	3.1
总结和复盘	3.5
专业技能	3.6

优势：专业能力强，擅长计划与总结复盘

待发展项：沟通能力有待加强

发展建议：制定专项培养计划

图 5 - 7　人才地图示例

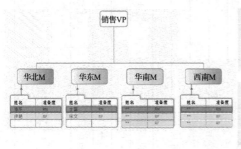

代码	准备度	建议
S	高	可以提拔
M	中	还需要培养
L	低	暂时保持原状

代码	人才储备	说明
0	正常	有正常的后备储备
1	注意	有储备但是还需要培养
2	严重	无后备储备

图 5 - 8　人岗匹配度分析示例

表 5－5　人才发展规划

干部信息（以下部分由 HR 填写）　　　　　填写日期：　　年　月　日

姓名		性别		出生日期		民族		
集团/区域		公司		部门		职位		岗位
主要教育经历	起始日期		截止日期		学校		专业	学历
主要工作经历（包含公司内部的调岗经历）	起始日期		截止日期		公司		部门	岗位

干部现状总结（盘点会上填写）

优势/专长	
当前不足	

目前负责的工作/项目	工作/项目名称	具体内容	工作评价
工作内容			

续表

培养目标

职业发展目标 （未来2年内的目标）	本部门			
	其他部门			

发展目标	分类	目标项目	发展类别	预估完成时间
	专业知识			
	技能			
	岗位能力			
	其他			

直属经理意见（以下部分由直接主管填写）　填写日期：　年　月　日

干部现状总结

优势/专长	
待提高项	

干部发展计划（季度）

分类	发展项目	具体内容	季度总结	年度总结
岗位成长（50%）				
自学（20%）				
教练（20%）				
教育培训（10%）				

（5）明确结果应用方式。

一般情况下开展人才盘点，其结果应用主要包括人力资源配置、员工发展两个方面。人力资源配置是指识别出员工队伍中的明星员工以尽快提拔留用，避免流失，并识别出不胜任员工，尤其是业绩与能力、价值观均不匹配的人员，实行退出或汰换机制，达到人力资源优化配置的目的。员工发展是指通过测评发现员工的优劣势，进而制定出更加有针对性的培养措施，加大人力资源开发力度。

将人才盘点与人力资源规划相联系，目的是通过盘点重点明确人才队伍结构、质量方面存在的问题，在下一步规划中提出解决措施。

二、需求预测：战略推演人才队伍整体需求

人力资源规划=人才需求-人才现状。人才盘点的目的是摸清现有人才队伍的数量、质量和结构，接下来要开展需求预测。需求预测框架如图5-9所示。

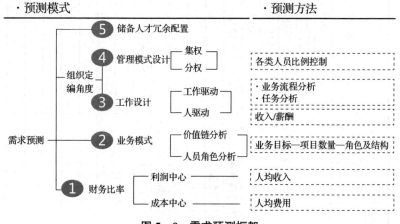

图 5-9　需求预测框架

人力资源整体需求预测从类型上包括整体数量、各类别数量，从现实需要上包括当前实际业务所需、未来业务储备所需等。

（一）基于效能，采取财务比率的人才需求预测

一般在做人才需求预测时，主要采取人均效能的方式，能够培养全员的经营意识，关注企业最终效益。具体而言，根据企业的财务目标，结合人均营收、人均利润等指标来预测人数。

根据所选取财务比率的不同，人才需求预测包括以下三种方式：

（1）基于利润进行预测：人员总数 = 利润目标 / 人均利润目标；

（2）基于收入进行预测：人员总数 = 营收目标 / 人均营收目标；

（3）基于费用进行预测：人员总数 = 人员费用目标 / 人均费用目标。

不同类型的人才需求预测方式有其适用性和优缺点，具体见表 5-6。

表 5-6 不同类型人才需求预测的优缺点

方式	优点	缺点
基于利润	直接体现企业最终效益；有明确数据，易实施；鼓励全员提高利润水平，实现利润目标	人员配置需求与利润没有必然关系，通常与工作量有关，容易造成结构性缺员
基于营收	营收与人员正相关，预测精准性强；适用于快速发展期的利润中心定位的市场组织或经营单元	配置人员时可能较少考虑人力成本，造成利润水平降低
基于费用	适用于成本中心定位的机构；便于控制成本	人均费用目标难确定；企业难以引进高端专业人才（成本太高）

　　基于效能的整体人才需求预测只能预测用工总量的概数，但人才队伍同样适用"二八定律"，关键少数人往往决定了企业的多数绩效，所以，要在此基础上加大对关键员工的规划。

（二）基于业务需要的人才数量与能力结构预测

　　在企业中，工作有难易之分，责任有高低之分，范围有大小之分。所以人员总量确定后，要基于业务需要，进一步细化不同模块、不同层级的人才结构。唯有如此，预测才能更加精准。

1. 人才分类

　　人才分类很重要，做好职位筹划，基于职类、职种、职级确定的人才需求会更加精准。根据企业的业务系统和能力结构特点，职类可以分为管理类、营销类、技术类、工程类、职能类等（见表5-7）。

表5-7　人才分类

职类	职类描述
管理类	决策管理、经营管理、日常管理类岗位，基于管理能力和领导能力，来行使决策、管理与监督职能
营销类	需要专业营销技能与商业手段、方法和相关经验，面对客户或供应商，为内部或外部客户提供专业的产品和服务
技术类	基于产品相关的专业领域的技术、方法和相关经验，进行技术、产品研发，以及研发过程及其相关过程的质量控制、市场推广等
工程类	以产品及其专业领域的技术、方法和相关经验，为客户提供产品的售前咨询、过程实施和售后技术服务
职能类	在专业职能领域，进行人事、财务、行政后勤等专业化服务或者为管理者行使决策、管理与监督职能提供专业性参谋服务
……	……

比如，华为就将职类分为管理类、营销类、专业类、技术类、操作类。

2. 分类型确定人才数量

不同类型的人才数量的确定方式有所差异，一般而言，技术类采取业务模式预测法；操作类采取定额定员法；营销类采取财务比率法；专业类／管理类采取管理规模控制法。

（1）业务模式预测法。

受业务模式差异性影响最大的是技术类人群。基于业务模式对用人需求建模并预测总量难度较大，但灵活性较强，预测较为精准。

预测时，要对企业的各类业务模式进行剖析，提炼出业务核心流程，根据既往经验明确不同业务环节的关键人员角色与配置需要，进而以关键角色为标杆配置其他人员。

业务模式预测法适用于项目制或以团队为工作方式的企业，所以特别适合技术类人才。针对一个典型项目的用人需求建模后，要对业务目标进行分解，明确项目数量后便可预测用人总量。

第一，分析业务模式并明确核心环节。

根据价值发现、价值获取、价值实现、价值增值的业务价值链，梳理业务关键流程及该阶段任务，进而明确所需人员核心能力，作为建模的基础。以管理咨询为例，业务模式分析如图 5 - 10 所示。

第二，明确各环节用人需求。

在同一类型的业务模式之下有不同类型的项目，对人员的能力及数量要求亦有所不同。简单来说，可以将项目按照标的分为大、中、小型。此外，也可将项目按照难度分为复杂项目与简单项目。不同类型的项目在人员配置上有明显差别。

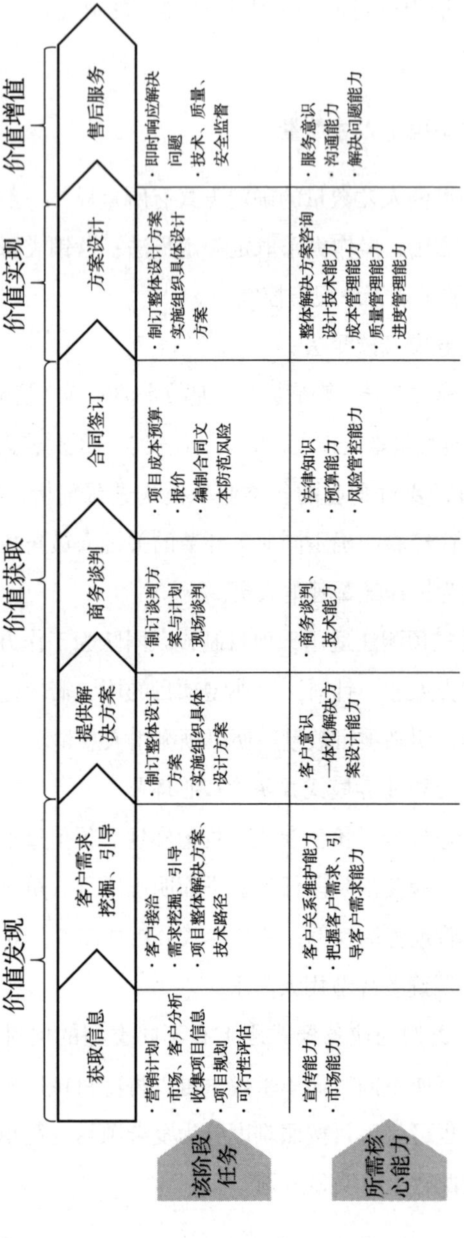

	价值发现			价值获取			价值实现	价值增值
	获取信息	客户需求挖掘、引导	提供解决方案	商务谈判	合同鉴订	方案设计	售后服务
该阶段任务	·营销计划 ·市场、客户分析 ·收集项目信息 ·项目规划 ·可行性评估	·客户接洽 ·需求挖掘、引导 ·项目整体解决方案、技术路径	·制订整体设计方案 ·实施组织具体设计方案	·制订谈判方案与计划 ·现场谈判	·项目成本预算、报价 ·编制合同文本防范风险	·制订整体设计方案 ·实施组织具体设计方案	·即时响应解决问题 ·技术、质量、安全监督
所需核心能力	·宣传能力 ·市场能力	·客户关系维护能力 ·把握客户需求、引导客户需求能力	·客户意识 ·一体化解决方案设计能力	·商务谈判、技术能力	·法律知识 ·预算能力 ·风险管控能力	·整体解决方案咨询 ·设计技术能力 ·成本管理能力 ·质量管理能力 ·进度管理能力	·服务意识 ·沟通能力 ·解决问题能力

图 5－10　管理咨询行业的业务模式分析

划分项目类型后，应进一步对每种项目的人员配置标准进行明确。举例来说，一个100万元的小型咨询项目需要配置1名项目总监、1名项目经理和2名咨询师。一个300万元的中型咨询项目需要配置2名项目总监、1名项目经理和5名咨询师。

第三，分解业务目标，结合人员复用情况预测规划期用人总量。

无论多大的营收规模，都是一单一单生意、一个一个项目堆起来的，因此从大向小拆分便可拆分出不同类型的项目数量。

项目数量明确后，按照第二步确定的人员配置标准便可预测出粗略的各类型（角色）人员总量。

为提高效率并加快人才培养，企业中的员工往往身兼多个项目，尤其是营销负责人、技术负责人等。为此，在人员总量中应考虑并剔除人员复用的影响，如技术负责人数量预测便可精确为：

技术负责人数量＝项目总数／技术负责人平均兼任项目数

对各类型人员预测数量进行加总便有了各类人员的总量。在此基础上，结合各类人员结构（如橄榄型、金字塔型等）再明确不同能力层级的人员数量。

（2）定额定员法。

定额定员法适用于生产制造等任务量确定，或职能管理等工作内容确定的场景，是以工作驱动确定人力资源数量的方法。定额定员法要做到科学合理，应满足高效率、满负荷、充分利用工时的原则。定额定员法的原理是按照工作量确定人数，而劳动定额作为计算工作量的标准，在定员中起着重要作用，其基本计算公式如下：

人员数量＝生产任务总量／劳动定额

企业中有劳动定额的岗位均可采取此种方法确定人力资源总量，根据企业生产类型和生产组织的需要，一般包括以下方式：

● 按时间定额定员：时间定额是不同工种之间通用的工作标准，采取时间定额可以计算所有的基本生产工人的数量，但应考虑到通常工人实际完成定额任务会超时的问题。计算公式中，生产任务总量就是计划期内以时间定额表示的总量，劳动定额就是一位员工在计划期内应该完成的以时间定额表示的工作量。

● 按产量定额定员：适用于生产量大且劳动对象单一的企业，比如处理服务工单的呼叫中心、生产量大且稳定的零件制造厂等。计算公式中，生产任务总量就是总产量，劳动定额就是一位员工的平均产量。

● 按看管定额定员：适用于实施多机床看管的生产企业，员工看管定额是一个轮班内的数量。计算公式中，生产任务总量就是设备总台数，劳动定额就是看管数。

● 按岗位定员：按岗位定员是根据岗位的数量、岗位的工作量、员工的平均劳动效率、班次和出勤率等因素确定人数。此种方法与生产量无直接关系，适用于无法计算劳动定额的工作和人员，如辅助人员、后勤服务人员等。此种方式很难找到准确的计算公式，因为总的工作任务量是变动的，员工之间的工作效率差异也比较大。为此，工作抽样写实是一种方式，抽选各部门的典型岗位（对部门职能支撑作用大、配置人数多）进行一段时间的工作写实，可通过实地观察或工作日志的方式粗略判断工作量是否饱和。根据工作量增加或减少人员数量配置。

（3）财务比率法。

见前文。

（4）管理规模控制法。

按照价值链可以将企业内部的所有人员分为两大类，一类是处于主价值链环节的业务人员，一般包括研产销等部门的人员；一类是处于辅助价值链环节的管理 / 职能人员，一般包括人力、财务、行政等部门的人员。

辅助价值链是通过为主价值链提供服务与支撑进而间接创造价值的。同理，职能人员通过服务和支撑业务人员产生成效。

基于以上逻辑，对管理人员、职能人员通常采取比例法预测其数量。采取比例法有一个重要的前提条件，即集权与分权程度。如果是集权化企业，企业的管控模式会直接影响比例的确定。总体来说，在财务管控、战略管控、运营管控的情况下，职能人员的数量是依次递增的。

在管控模式的基础上，具体比例定多少合适呢？一般用"三看"的方式来确定：

第一，看自己的历史水平。

和过去相比，职能人员的增加代表着效率的提升。为此，从精简高效的角度讲，职能人员的比例应当比历史水平有所降低。某企业职能部门人均服务员工数统计如下，当业务人员数量确定后，便可反推相应的职能人员数量（见表 5 - 8）。

表 5 - 8　某企业职能部门人均服务员工数情况

部门	生产力指标	T 年	$T+1$ 年	生产力增长
人力资源部	人均服务员工数	45	55	22%
信息运维部	人均服务员工数	41	59	43%

第二，看外部标杆水平。

业界优秀企业在管理人员与职能人员的人均服务员工数指标值

分别是多少，可供本企业借鉴。行业数据较难获取，可通过第三方机构获得对标数据，但标杆企业尤其是上市企业的数据相对较容易获得。

第三，看预算。

管理人员、职能人员并非直接创造价值的人员，其数量还应取决于有多少人力资本投入预算。

3.分类型确定人才结构

不同类型的人员数量确定后，还要关注人才的能力结构。传统的人才结构从企业整体视角看有橄榄形、金字塔形等，但整体性的人才结构无法解决现实问题，所以要进一步细分，分类型确定人才结构。

人才结构的本质是有效支撑企业业务，所以采用何种类型的结构主要看企业业务对人才智力资源的依赖度。因此，以流程成熟度和创新依赖度构建出人才队伍的结构模型，如图 5-11 所示。

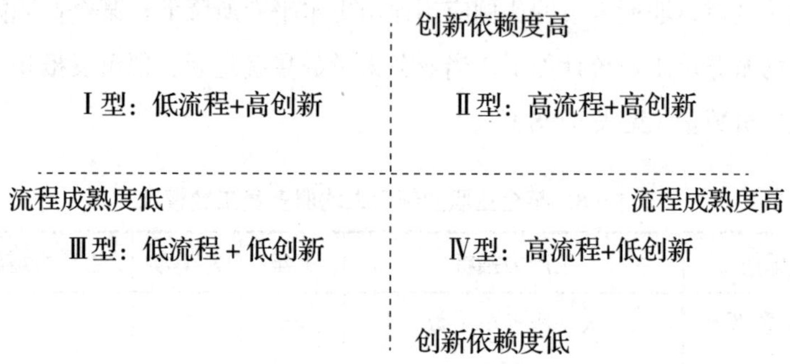

创新依赖度高

Ⅰ型：低流程+高创新　　　　　Ⅱ型：高流程+高创新

流程成熟度低　　　　　　　　　　　　　　　流程成熟度高

Ⅲ型：低流程＋低创新　　　　　Ⅳ型：高流程+低创新

创新依赖度低

图 5-11　人才结构的确定

不同类型的业务和职能特质，决定了不同的人才结构。

- 低流程＋高创新工作场景下的职类，适合正梯形的人才结构；

- 高流程＋高创新工作场景下的职类，适合橄榄型的人才结构；
- 低流程＋低创新工作场景下的职类，适合钻石型的人才结构；
- 高流程＋低创新工作场景下的职类，适合金字塔型人才结构。

当然，不同的管理模式、工作设计、业务模式，人员配置的结构需求也有差异（见表5-9）。

表5-9　不同类型人才结构的人员配置

人才结构	正梯形	橄榄型	钻石型	金字塔型
资深级人才	30%	10%	0	0
专家级人才	40%	20%	5%	10%
骨干级人才	30%	40%	50%	20%
成手级人才	0	20%	40%	30%
新手级人才	0	10%	5%	40%

注：以上百分比为预估区间，实践中可上下浮动5%。

各类人才中，具体某一类人才队伍的内部结构如何，即高、中、基层员工如何分布，通常以现状为基础，根据未来业务及任务变化，结合人才幂律进行配置。现状是指该类人才队伍的当前内部结构，体现为不同职层、职务、职级的人数分布，人才成长有其规律，既不能揠苗助长，也不能放任自流，人才的引进、培养都是在现状的基础上展开的。未来业务及任务变化是指HR应对业务趋势进行洞察，判断是否仍按历史发展水平延续或在面临较大转变时提前做出应对方案。人才幂律是指人才队伍基本呈现金字塔型，往往是头部的少数人才创造了该领域的较大价值。以某科技企业专业技术队伍为例，人才队伍结构的演化过程如下。

（1）统计专业技术人才的当前结构。

由表5－10可见，该企业专业技术人才队伍集中在中低层级，尤其是熟练人才占据较大比例，而缺乏专家及领军人才。

表5－10　企业各类人才对应层级

能力层级	对应等级	定位	当前比例
第一层级	P1	领军人才	0
第二层级	P2～P3	专家人才	0
第三层级	P4～P5	核心人才	1%
第四层级	P6～P9	骨干人才	27%
第五层级	P10～P13	熟练人才	60%
第六层级	P14～P15	基础人员	12%

（2）分析未来研发任务需要调整人才结构。

未来3～5年，该企业作为国家级科研平台，将加大力度承接复杂巨大系统的研发与生产任务，同时持续提升成功率。业务发展要求人才队伍中涌现出一批兼具管理与技术能力的带头人、技术骨干等。因此，需优先通过内部人才培养提升高端人才占比。

根据可能承接的项目及任务、人员配置需求进行预测，至少增加领军人才2名、专家人才8名、核心人才20名。据此对当前的人才结构进行调整。

（3）结合人才幂律优化人才队伍结构。

具体来说，人才幂律是指整体人才队伍结构从低层级到高层级逐步递减的趋势，具体到某一层级内部的不同职级间同样呈现这一规律。结合前述企业业务及任务需要，可制定出较为理想的人才队伍结构。该科技企业计划在5年内，通过自主培养、任职资格评审等方式选拔并培养高端专家，达到如表 5 – 11 所示的比例。

表 5 – 11 企业 5 年后各类人才对应层级

能力层级	对应等级	定位	5 年后比例
第一层级	P1	领军人才	2%
第二层级	P2 ～ P3	专家人才	9%
第三层级	P4 ～ P5	核心人才	12%
第四层级	P6 ～ P9	骨干人才	30%
第五层级	P10 ～ P13	熟练人才	40%
第六层级	P14 ～ P15	基础人员	7%

（三）基于储备需要的人才超前布局与超额配置

企业在发展过程中需要对核心能力倾斜资源，对核心人才同样如此，以强化核心竞争力、防范风险。人才投入优先于业务投入，在人力资源规划中，绝大部分人才的规划原则为供需匹配，但针对战略性岗位、核心岗位和易流失岗位，还是要做好超前布局和超额配置。

1. 确定关键的战略性岗位清单

战略性岗位是那些承接企业核心竞争项目，且内部储备不足、外部市场上不易获取的岗位。在实施中，可通过重要性及难度对现有岗位进行评估，选出战略性岗位。

（1）重要性包括对战略影响度、价值贡献度的考虑。考量职位对企业未来战略目标实现和核心能力的作用，以及对企业近期效益的影响程度。

（2）难度包括对工作复杂性、市场紧缺性的考虑。工作复杂性是对该类岗位任职者培养周期、知识与能力的要求等。市场紧缺性是符合岗位要求的外部人才的短缺性。

2. 按照配比确定人才超额配置计划

在战略性岗位确定后，需要对超额配置提出计划。一般而言，要对以下各类人才进行计划：

（1）市场型人才。

对于市场型人才，要做好不同产品线的超前布局，也要做好未开发区域的超前布局。一般建议在上量区域、有潜力待重点开发区域、大客户/客单价较高区域，可超额10%～20%配置队伍。对于完全空白区域，订单上量有周期，过早投入人才可能会造成资源浪费，故应降低人员配置密度。

（2）技术型人才。

现有产品线的市场空间足够大时，优先在现有产品线超额配置，以提高产品线的开发效率和开发质量，提高快速响应客户需求的能力。现有产品线的市场空间不足时，优先布局新产品线，开发一条新产品线就是开拓一个新的市场领域，这才是"做加法"。

对于规模小的企业，技术型人才主要布局在开发和交付上，规模30亿元以上的企业，基础性研究和预先性研究可以超额布局人才。

（3）管理型人才。

在干部队伍建设方面，要做好后备计划，要设置为培养干部而增加的职数，可以是副职或者助理，通过层层储备，建立干部梯队。

根据管理幅度，干部队伍在企业中的比例是8%～12%，其中正职、副职、助理的比例为1：2：0.5。管理型人才要超前布局，超额配置主要体现为助理层培养。

（4）应届毕业生。

应届毕业生培养起来以后，其战斗力和忠诚度都不错。当培养应届毕业生一段时间后，若老员工流失，应届毕业生可以直接补位，充实企业人才后备梯队。

如果企业每年都在稳步增长（增长率在 20% 以上），可以根据过去三年历史成长率，确定应届生招募计划。

如果企业进入平稳发展状态（增长率在 5% ～ 10%），招募应届毕业生的比率每年确定为 3% ～ 5% 即可。

（四）明确人才结构需求

通过以上几种方式确定了人员总量及各类人才数量后，大的人才结构即各类人才结构即可明确，见表 5 - 12。

表 5 - 12　各类人才需求预测方式及比例

人才类别	当前实际需求预测方式	超额配置需求
研发、技术性人才	业务模式所需人员角色	视基础性、预研性需求而定
生产类人才	定额定员法	/
市场、销售类人才	财务比率法	不超过 20%
管理类人才	管理幅度法	副职、助理等培养性岗位
职能类人才	定额定员法	/
应届毕业生	财务比率法	成长期根据业务增长率确定，成熟期不超过 5%

三、内外部分析确定人才队伍配置计划

完成人才现状盘点及需求分析后，可进一步明确人才缺口，提出人才供给需求。人才供给不仅是简单的招聘，更是基于对人才来源、渠道、各类型人才特点综合考虑后的系统方法。为此，HR 应对各种人才供给渠道及特点进行分析，以提出有针对性的人才队伍配置计划。

（一）善用内部人才市场，优化资源配置

大型集团化公司或人员规模庞大的企业，内部业务多元、机构众多，人才存在互通有无、优化配置的空间，这就需要建立内部人才市场，盘活内部人才资源。

1. 柔性人才供给

项目制、柔性化组织兴起后，当出现阶段性工作任务时，可组建内部跨单位、跨部门的临时项目组，完成任务后，人员再回到原岗位。

2. 内部人才市场匹配

内部人才具有融合性强的优势，当出现职位空缺时，企业可优先在内部发布招聘需求，实现同一企业不同机构间的人员流动。机构间流动是匹配性较高的内部供给方式，但应注重程序，防止无序流动造成的内部摩擦。

3. 员工跨通道转换

多数企业会建立员工职业发展双通道或多通道，以解决员工发展空间不足的问题。管理序列与专业技术序列等不同序列间存在横向转换的

情况，这也是内部供给的重要渠道。

4. 不同用工身份转换供给

企业若长期存在正式与非正式用工的差别（如在编工、合同工、派遣工等），可以建立不同类别员工的身份转换机制，优秀的非正式用工也可以转换为正式用工，这也是人才供给的重要来源之一。

5. 内部待岗池

绩效考核结果差的员工，一般会转入企业内部待岗池，若培养后仍不胜任，可能会解除劳动合同。但是，一次绩效较差的原因可能是多方面的，企业可以根据员工特长及岗位空缺情况重新匹配工作，以满足人力资源需求。

6. 体系内流动人才供给

集团总部与分、子公司之间存在纵向人员流动关系，总部的员工可以向下流动至分、子公司出任管理者和专业技术人才，分、子公司的优秀员工也可以调到总部任职。体系内流动人才供给有助于解决组织的人才空缺问题。

当然，在开展内部供给分析时，还要综合考虑人岗适配分析表、人才盘点报告、后备人才队伍、内部劳动力市场、不同模块人才使用报告、人才密度分析等一系列因素。

（二）内部无法填补空缺时，也可选择外部供给

外部成熟人才的优势在于即时性、可用性，尤其是针对组织内部无培养基础且培养周期较长的人才。但是，外部人才也存在"生存率"较低、与公司文化和价值观融合难、与预期不匹配等问题。外部人才供给

分析主要从以下维度开展。

1. 地区人口密度

根据企业所在地区的高校数量、人口数量、单位人口密度等推算外部人才供给量是否足够。可参考人力资源社会保障部发布的相关报告，做总体考察。

2. 行业供需状况

行业有周期，热门的行业人才需求量大，供给量自然就小。同时，还要关注热门职业，例如 HR 就是目前的热门职业，大多数公司缺少优秀的 HR，供给自然不理想。

3. 区域就业水平和就业观念

热爱工作的区域，人才供给量明显大于热爱生活的区域。同时不同的就业观念对企业外部人才供给量也有较大影响，例如，2000 年左右流行"外企热"，2015 年左右流行"互联网热"，2020 年起流行"回归体制"，不同的就业观念影响着每个企业、每个人。

4. 当地教育水平

教育水平较高的地区，人才供给量自然较大；教育水平低的地区，优秀人才外流，供给量自然不足。

5. 公司吸引力

一二线城市主要靠薪酬和发展吸引力来增加外部人才供给；三线及以下城市更多属于熟人社会，公司本身的吸引力会极大影响人才供给。

（三）应届毕业生是生生不息的力量

每年的应届毕业生是对各家企业优质储备人才的极大补充，所以企业一定要有针对性地制订校招计划。

公司招募应届毕业生时，主要考虑如下因素。

1.所需同类型毕业生数量

不同年份的毕业生数量有明显差异，进行供给分析时要结合长期合作的院校，根据毕业生数量、入司概率等因素，综合确定毕业生供给。

2.企业的雇主形象

高校毕业生非常重视口碑效应，雇主品牌好，吸引的毕业生数量和质量就较高，人才供给自然更理想。

3."裙带效应"

公司要善于利用学长学姐的"榜样力量"，吸引更多的高校毕业生，增加供给。

（四）人才供给新思路：柔性用工

2022 年初，华为将其在研发中遇到的问题整理成册，于各大高校发布"悬赏令"。这种方式既能帮助企业解决实际问题，又能在广泛征求意见的过程中提前识别优秀人才，通过课题资助等方式占领人才心智，可谓一举多得。

互联网经济下，"人才不为我所有，但为我所用"的理念得到广泛传播，行业论坛、外部顾问、退休返聘、项目合作等"非全职、非全时、非典型"的灵活用工现象日益普遍。企业中部分低频率、高难度的工作就可通过柔性用工方式解决。

四、人力资源规划与专项人才计划

经过上述人才队伍现状盘点、人才需求及供给分析，可明确未来几年的人力资源规划，针对人力资源数量与结构需求通常采取增加或减少配置的方式，针对人力资源质量需求通常采取专项培养的方式。

（一）人力资源数量与结构规划

人力资源规划最终落实为具体的数量需求及结构目标，包括人才总量、关键人才队伍规划，并将其分解到各部门甚至各岗位，形成以下两项成果：

（1）各类人员总量规划。

各类人员总量规划表见表5-13。

表5-13　各类人员总量规划表

层级	职级	管理类	专业技术类	生产类	销售类	职能类
高层						
中层						
基层						
小计						
占比						
总计						

（2）各部门人才规划。

各部门人才规划表见表 5 – 14。

表 5 – 14　各部门人才规划表

部门	岗位 1	岗位 2	岗位 3	岗位 4	岗位 5	岗位 n	小计
部门 1							
部门 2							
部门 3							
总计							

《国家中长期人才发展规划纲要 2010—2020 年》针对人力资源战略目标，是这样表述的：

到 2020 年，我国人才发展的总体目标是：培养和造就规模宏大、结构优化、布局合理、素质优良的人才队伍，确立国家人才竞争比较优势，进入世界人才强国行列，为在本世纪中叶基本实现社会主义现代化奠定人才基础。

——人才资源总量稳步增长，队伍规模不断壮大。人才资源总量从现在的 1.14 亿人增加到 1.8 亿人，增长 58%，人才资源占人力资源总量的比重提高到 16%，基本满足经济社会发展需要。

——人才素质大幅度提高，结构进一步优化。主要劳动年龄人口受过高等教育的比例达到 20%，每万劳动力中研发人员达到 43 人年，高技能人才占技能劳动者的比例达到 28%。人才的分布和层次、类型、性别等结构趋于合理。

——人才竞争比较优势明显增强，竞争力不断提升。人才规模效益显著提高。在装备制造、信息、生物技术、新材料、航空航天、海洋、金融财会、生态环境保护、新能源、农业科技、宣传思想文化等经济社会发展重点领域，建成一批人才高地。

——人才使用效能明显提高。人才发展体制机制创新取得突破性进展，人才辈出、人尽其才的环境基本形成。人力资本投资占国内生产总值比例达到15%，人力资本对经济增长贡献率达到33%，人才贡献率达到35%。

（二）专项人才计划

在总量及整体人才队伍预测的基础上，需要根据工作的难度和重要性将员工进行分类，结合企业战略目标及关键成功因素分解，进一步制订关键员工队伍规划。研究表明，关键员工可以创造一般员工3～10倍的生产力。反过来，关键员工短缺是对企业生产力的直接损害，而关键员工的流失成本是其年薪酬总额的1.5～3倍。通常一个企业的关键员工的比例为，企业高层管理核心人员约占1%，其他关键人员约占20%～25%。关键员工队伍的规划方法与整体人才队伍的逻辑类似，通常包括六个步骤：

（1）准确定义关键员工的类别后，明确其角色：对各类关键员工的能力及作用进行描述。

（2）对每类关键员工进行分层、分级，明确不同级别角色：结合各类关键员工的成长规律，对其能力层级进行划分，从低到高通常包括新手、独立工作者、团队领导者、部门领导者、业务单元领导者、公司领导者等。

（3）分析现有关键人才队伍现状：在关键人才分类、分层的基础上明确人员数量、比例及流动率等。

（4）分析未来几年关键员工队伍需求预测：根据该类关键人才需求预测方式，明确未来业务发展所需人员数量。

（5）关键员工队伍流动性分析：通过指标考察该类关键人才队伍变化情况，一般包括离职率、晋升率、淘汰率、退休率、转岗率。

（6）制订招聘或裁减计划：通过供需差距，明确下一步的配置计划。

- 计算每类人才的数量与现有人员的差距；
- 制订每类人员的招聘或裁减计划；
- 进行费用预算。

对于高层管理人员和关键员工，要采取有针对性的人力资源管理策略，才能把员工队伍规划落到实处，并提高人力资本投资回报率。

《国家中长期人才发展规划纲要 2010—2020 年》也明确提出了党政人才队伍、企业经营管理人才队伍、专业技术人才队伍、高技能人才队伍、农村实用人才队伍、社会工作人才队伍等多类专项人才的具体规划和措施。

（三）管理和保障措施规划

人力资源规划形成后，要有明确的保障措施。

华为在人力资源规划确定后，制定的管理和保障措施包括人力资源总规划、人力资源配备计划、人力资源补充计划、人力资源使用计划、人力资源退休解聘计划、人力资源培训计划、人力资源接班人计划、人力资源绩效管理计划、人力资源薪酬福利计划、人力资源劳动关系计划等。

五、人才供应链保障人才规划有效落地

人才供应链建立在动态短期的人才规划、灵活标准的人才盘点的基础上，成功的关键在于无时差的人才配置、投资回报率最大化的人才培养。

人才配置是指对人力资源规划明确的人才缺口进行补充或对冗余人才进行裁减。在考虑人员内部流动、人员离职率、员工年龄结构目标等的基础上，根据当前人员数量和人员预测总量，确定企业未来一段时间内人员招聘和冗员淘汰的目标（如图 5-12 所示）。

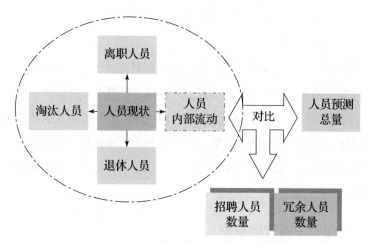

图 5-12　招聘和淘汰人员数量的确定

（一）根据规划和盘点，形成人才配置需求清单

企业确定的招募计划，不应从业务部门提出的需求整理而来。HR 要学会从人力资源规划的角度，形成针对业务的人才招募计划，并针对业务人才空缺，形成针对性的人才配置需求清单。

该清单包括但不限于如下内容：

- 部门总体人才数量需求；
- 部门人才分层次数量需求；
- 核心岗位 / 优先级招募需求；
- 内部人才重点关注对象；
- 外部人才招募渠道和计划；
- 待招募人才薪酬区间；
- 待招募人才入职最晚时间；
- 招募计划权责表；
- 招募计划预算表。

(二) 多渠道多平台吸引优秀人才

在进行人才招募时，有内、外部两种渠道可以选择。两种渠道各有优劣势，见表 5 - 15。

表 5 - 15 内、外部招募渠道的优劣势

招募渠道	优势	劣势
内部招募	• 招募风险低，成功率高 • 可鼓舞士气，激励员工 • 员工能尽快适应工作 • 使组织培训资源得到回报 • 成本低	• 导致组织慢慢丧失活力，缺乏创新性 • 未被提升的员工士气低落 • 容易引起内部矛盾 • 招募到的员工水平有限 • 容易导致"近亲繁殖"
外部招募	• 有助于带来新思想、新方法 • 人才现成，节省培训投资 • 可平息和缓解内部竞争者之间的矛盾 • 来源广，选择余地大，利于找到一流人才	• 对招募到的人员了解不足，风险高 • 人员进入角色慢 • 可能未选到适合该职位或企业需要的人 • 可能引来"窥探者" • 影响内部员工的工作积极性

外部招募平台也有多种方式可供选择。企业人才库、招聘网站、内部推荐、猎头 /RPO、校园招募、社交媒体、媒体广告、职业机构等。

不同的平台有不同的适用范围，见表 5 - 16。

表 5 - 16　不同招募平台的适用范围

平台类型	适用范围
企业人才库	长期积累储备的核心优秀人才，或拒绝接受录用的人员
招募网站	适合大多数职位
内部推荐	技术类 / 专业性强的职位，利用内部人才资源
猎头 /RPO	中高端职位；RPO 适合紧急、大批量的职位
校园招募	管理培训生，未来优秀人才储备
社交媒体	熟人圈子，人际传播链，可快速精准定位人才
媒体广告	工厂招工，二线以下城市招聘职位
职业机构	工厂招工、低端行政类岗位

总之，在人才制胜的时代，随着劳动力市场的供需不匹配，招募工作越来越重要，未来不排除企业会将招募工作外包，让更专业的人提供更好的招聘服务。

（三）层层后备打造内部人才供应链

企业要可持续发展，必须建立一种依靠制度选拔人才的机制——层层后备机制，即根据企业发展战略对用人需求及标准进行规划，结合人才现状明确差距，进而盘点并选拔关键岗位的继任人，对其进行培养与动态管理，以保证在组织需要的时候有人可用、有才可用。

后备计划对企业持续成功的重要性是不言而喻的，在美国，

50% ～ 70% 的高层管理人员更替来自组织内部，在 GE，这一比例更是高达 85%。

为打造一支结构年轻、有发展潜力的后备队伍，企业需要构建从员工到高管的后备计划。各级干部中表现优秀者均有机会进入上一级后备池。后备人才实行动态管理，通过优胜劣汰，保证后备人才始终处于激活状态。进行高级别人才选拔时应优先从后备人才中选拔，避免备而不用、流于形式。

相比接班人计划，后备计划覆盖面更广，基本涵盖中高层所有关键职位。后备机制的建立能够带来两大显著作用。

（1）打造人才辈出的机制，通过常态化规划、盘点、选拔、培养、使用机制，持续满足企业业务发展需要；

（2）充分激活干部，增强队伍活力。

对于现有人才而言，有后备意味着自己不是无可替代的。"有为才能有位"，对于员工而言，表现优秀即可获得加速发展的机会。

后备计划的实施分为六大步骤（如图 5 - 13 所示），在此过程中企业高层应一以贯之地予以重视及资源支持。

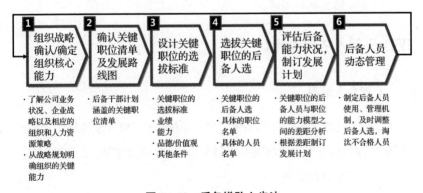

图 5 - 13　后备梯队六步法

（1）根据企业战略明确任职资格及胜任力模型，制订人才队伍规划，即通过分解业务目标确定后备计划的数量、结构及能力。

（2）组织资源是有限的，必须向影响组织成功的关键岗位倾斜，应通过一定原则筛选确认需要建立后备池的关键职位。

（3）结合企业通用任职资格与胜任力模型及职位要求制定后备人才选拔标准，选拔应加大对组织承诺度的考察。

（4）与组织管控相适应，制定分层后备选拔程序，确保优秀人才源源不断。

（5）基于后备人才评估结果制订培养计划，坚持训战结合锤炼后备人才。

（6）动态更新后备池，优胜劣汰，确保后备人才始终是精兵强将。

后备专项培养方案设计通常包括五个要点：

（1）要注重选拔"好苗子"；

（2）要注重培养针对性；

（3）要注重最优实践经验的复制性，符合成长规律；

（4）要注重多种培养手段的综合应用，训战结合；

（5）凡培训必有考核。

（四）外部人才储备计划

1. 明白人地图

明白人地图就是"人才地图"，是指系统性地了解人才的分布、背景、薪酬等关键信息的汇总和描述。绘制人才地图主要通过如下手段和方式。

（1）锁定目标公司。

目标公司一般为直接竞争对手、潜在竞争对手、产业链上下游公司、人员规模和市场体量相近的公司、营销渠道与运营模式相近的公司、行业中的"万金油"公司。

（2）确定人才画像。

以职位说明书为基础，对标目标公司，找出能胜任该职位的职位原型，包括部门、职责定位、资历、经验、知识技能、能力素质、薪酬待遇等因素。

（3）多渠道搜索。

内部人才库和内部人才推荐是内部渠道，招聘平台、线下招聘和社交媒体是外部渠道，两者都要善于利用。

线下招聘包括同学/朋友推荐、现场招聘会、购买猎头服务、与猎头交换闲置资源、专业沙龙、行业盛会、目标公司通讯录、目标公司门口抓人等方式。

（4）整理信息地图。

信息地图包括正向地图、反向地图和全局地图。

● 正向地图：市场中企业没有联系过的候选人。

● 反向地图：企业人才库中已经联系过的候选人。

● 全局地图：对所有候选人进行整理。

（5）吸引适配人才，常态优化，随时启用。

有了人才地图，就可以有针对性地开展人才招募计划。

需要注意的是，明白人地图只有选准候选人，才能真正实现价值。

2. 外置"人才仓"

人才供应链一定要关注"招募漏斗"，虽然质量第一，数量第二，但是没有数量就没有质量。在招募时，要按照以下比例开展相关工作。

（1）最终签约与决定录用（1∶1.2）。

（2）决定录用与通知面试（1∶1.5）。

（3）通知面试与通知笔试（1∶2）。

人才供应链要做好人才超前布局，要有外部"人才仓"概念，提前做好简历筛选、笔试和初面，确保1个岗位后面总有2个等着被通知入职的候选人，5个进入二面的候选人，10个通过一面的候选人，50个通过笔试的候选人和100个筛选出来的简历。只有把工作前置，才能压缩招聘时限，做到无缝衔接。

建好"人才仓"，要做好以下几点：

（1）汇总各渠道简历，形成统一的人才库。

简历越多，高质量候选人才会越多。要定期发布职位，收集主动投递的简历，同时做好本地简历库，必要时主动搜索简历，并按照其内部姓名、职位、公司、工作经历等结构化信息库保存至企业人才仓库。

（2）对人才库精准筛选与跟踪，盘活人才资源。

做好标准管理，对每一类候选人添加个性化标签或群组标签，如"985院校""外企经验""BAT经验"等，便于搜索。

同时要建立同人才的友好互动，定期向候选人发职位邀约邮件，盘活人才资源。

（3）定期进行人才盘点，依据数据驱动招募决策。

定期对人才库进行盘点分析，为招募管理提供决策支撑，通过图表分析、监测哪个招募渠道的效果最佳、入职率最高、人才质量最好等；通过图表分析哪些院校毕业的候选人进入公司的比例更大（可以在校园招募中与高校保持较高的黏性）。要学会用数据驱动招募决策。

（4）提供内推入口，利用员工人脉收集优质简历。

建立企业"人才仓"不能只盯着外部资源，内部资源也要利用好。招聘不只是企业 HR 的工作，要让全体员工参与其中。可以设置内推奖，如最佳伯乐奖，推荐不同级别、不同数量候选人的员工可以领取不同数额的现金奖励。

同时，要做好招募宣传多样化，如移动端 H5 等鼓励员工将其分享至朋友圈、微信群等。

当然，人才供应链并不能解决所有人才的问题，还需要配套相应的人才培养机制和激励约束机制。要从人力资源管理真正走向人力资本管理，就要格外关注人力资源的投资回报率。

随着企业内外部环境的不确定性增强，人力资源规划要发挥实际作用，必须构建动态的、即时的管理模式，即标准灵活的人才现状盘点、短期动态的人才需求预测、持续更新的人才供给分析与即需即配的人才补给、投资回报率最大化的人才培养。

第六章

文化力：培育战略核心竞争力

研究一下全球经济的发展史就会发现，是文化的差别塑造了现在的经济格局，而不是经济差别影响了文化格局。一个民族的文化信仰对其经济社会的发展有着极为重要的影响，一个企业的文化信仰对其业绩和寿命同样有着极为重要的影响。

约翰·科特教授和詹姆斯·赫斯克特教授经过 1987—1991 年的深入研究，发现了企业文化与企业经营业绩之间存在紧密的关系，重视企业文化的公司比不重视的公司，在总收入平均增长率、员工数量增长率、公司股票价格增长率、公司净收入增长率等维度都体现出极大的竞争优势（见表 6-1）。

表 6-1　企业文化与企业经营业绩

	重视企业文化的公司	不重视企业文化的公司
总收入平均增长率	682%	166%
员工数量增长率	282%	36%
公司股票价格增长率	901%	74%
公司净收入增长率	756%	1%

要打造成 500 强企业，先移植 500 强企业的文化基因；欲打造基业长青企业，先移植基业长青企业的文化基因；想要持续成长和创新突破，就要有成长和创新的基因。

一、文化的力量和价值

（一）企业文化是什么

纵观国内外，有近 200 种对文化的定义。从社会视角看，社会文化是组织成员在知识、信仰、艺术、道德、法律等方面达成的共识，以及形成的能力和习惯。从企业视角看，企业文化是在企业成员相互作用的过程中形成的，为大多数成员所认同的，并用来教育新成员的一套价值体系（包括共同意识、价值观念、职业道德、行为规范和准则等）。

企业文化是什么？企业文化是特殊的做事方式以及这些做事方式背后的价值信仰。价值信仰的核心是企业家和管理团队关于企业如何持续发展的系统思考。

成功企业家谈企业文化

● 韦尔奇说：GE 与其说是靠规模和实力取胜，不如说是靠无限的文化底蕴。

● 张瑞敏说："海尔过去的成功是观念和思维方式的成功。企业发展的灵魂是企业文化，而企业文化最核心的内容应该是价值观。"至于他个人在海尔充当的角色，他认为："第一是设计师，在企业发展中如何使组织结构适应企业发展；第二是牧师，不断地布道，使员工接受企业文化，把员工自身价值的体现和企业目标的实现结合起来。"实际上，海尔的扩张主要是一种文化扩张——收购一个企业，派去一个总经理、一个会计师、一套海尔的文化。

●任正非说：我就是用一桶糨糊，把18万知识分子粘起来了。资源是会枯竭的，唯有文化才会生生不息，一切工业产品都是人类智慧创造的。华为没有可以依存的自然资源，唯有在人的头脑中挖掘出大油田、大森林、大煤矿……精神是可以转化成物质的，物质文明有利于巩固精神文明。我们坚持以精神文明促进物质文明的方针。

（二）企业文化的四个层次

企业文化作为一个系统工程，按照其内涵与外延的特征，可以分为四个层次：理念层、制度层、行为层、形象层。

理念层：包括使命、愿景、企业精神、价值观及其背后的信念和假设系统。理念层是企业文化的精神内核，是企业经营管理活动的价值源泉。

制度层：文化要落地，必须依靠制度化的体系融入日常经营和管理活动。这些制度不单单是企业文化方面的制度，还包括各项管理规章制度、规范与流程。

行为层：理念层的假设系统和价值观决定集体性态度、心理、情趣、志趣和行为取向，是员工践行企业文化理念的具体言行表现，包括员工行为规范、思维方式、行为习惯，还包括企业风俗、仪式活动、英雄人物、案例故事等。

形象层：企业文化有效传播的载体，包括视觉识别设计、产品和服务形象、文化传播网络、社会责任等企业内外传播和树立的社会形象。

在企业管理范畴，一般关注企业文化的前三个层次，称之为"大文化"。形象层一般是品牌和传播模块关注的，称之为"小文化"，本章不做详细阐释。

(三) 企业文化包括哪些因素

企业文化建设可以从五个方面入手：理念体系、行为体系、荣誉体系、案例集、文化反思体系。其中，理念体系主要解决企业发展的顶层设计和系统思考问题，是企业发展的元战略，是来自企业家和员工队伍又影响全员的指导方针和基本原则。其余四个方面是文化日常管理机制，是文化管理分专业、分模块的细化和完善。

理念体系。理念体系包括核心理念和支撑理念两个维度。其中，核心理念主要包括使命、愿景、价值观等企业整体信念和假设系统。支撑理念包括市场、客户、产品服务、技术研发、生产管理、供应链、质量管理、组织、人才、机制、文化等维度。文化理念作为规划的规划，解决企业存在的目的和理由、企业未来发展的状态、企业做事的准绳和底线问题，可以说，有使命、愿景、价值观，才有企业的战略目标和具体执行路径。

行为体系。行为最能直接反映态度和价值观的维度，在明确文化理念后，细分不同场景下的行为准则，可以配套行为绩效考核体系，奖优惩劣，提升队伍凝聚力和战斗力。

荣誉体系。榜样的力量是无穷的，可以从业绩、态度、创新、团队等多维度构建荣誉体系，评选荣誉奖项，树立标杆典范，激发比学赶帮超的热情。

案例集。有文化导向，有价值观行为体系，有荣誉体系，找到最美文化标兵，树立标杆和榜样，形成优秀事迹案例集，引领并激发全员拼搏奋斗激情，践行价值观。

文化反思体系。通过宣誓大会、总结大会、标杆学习等方式，进行组织、思想和行为层面的深刻反思，通过文化反思、文化审视、文化涤荡，成就客户，成就组织，成就自我。

二、使命愿景：寻找心中的梦

企业管理的最高境界是文化管理，企业最高层次的竞争是文化竞争。企业文化中的使命愿景作为一种信念，让管理者有使命追求，让员工有激情，可以激发全体人才的潜能和创造力。

（一）使命就是组织存在的价值和意义

使命是公司存在的价值和意义，是企业存在的目的和理由，确定企业使命是制定企业战略目标的前提，是战略方案制订和选择的依据，是企业分配资源的基础。使命不是为了自己，而是为了别人，是在更广阔的领域中寻找自身价值。

确定公司使命时，主要回答以下问题。

使命：企业长远的、终极意义上的目的

● 公司存在的目的是什么？我们为什么办这个企业？公司存在的理由是什么？

● 公司的业务是什么？谁是我们的客户？我们为客户提供什么产品和服务？为客户创造什么独特价值？

● 公司的业务范围是什么？我们从事的领域是什么？在这个领域中我们要处于什么样的地位？

● 企业要走到哪里去？我们期望公司未来是什么样的？公司应该是什么样的？

通过企业家、高管团队、核心骨干的研讨，使命要包括以下要素：用户、产品和服务、市场、技术、对成长的认识、理念、自我确定的特点与优势、公众政策、对员工和利益相关者的关心等。

确定使命时，首先要明确企业的终极目标与追求，阐明企业的经营目的、市场和用户，其次要明确通过什么提供价值，最后在表达方式上要与众不同，要清楚、易于理解，同时体现公司所在的行业与文化风格。

使命案例

● 小米：始终坚持做"感动人心、价格厚道"的好产品，让全球每个人都能享受科技带来的美好生活；

● 腾讯：用户为本，科技向善；

● 阿里巴巴：让天下没有难做的生意；

● 华为：把数字世界带入每个人、每个家庭、每个组织，构建万物互联的智能世界；

● 京东：技术为本，致力于更高效和可持续的世界。

（二）愿景是未来想要成为的理想状态

愿景是一个鼓舞人心的状态，是希望公司发展成为的样子，可以在一个特定时期内实现，用以给员工方向感和目标感。

共同愿景是组织内部所有成员认同的一种关于组织未来发展的蓝图和景象。一个组织的愿景旨在规划未来 20 年的发展方向。

愿景是战略与文化的交叉。战略最重要的是方向，这个方向长远看是愿景，短期看是战略目标。文化的核心是价值观，价值观从某个角度看就是愿景，它告诉组织成员"组织应该成为什么"。

组织愿景是组织的梦想，这种梦想通常会使人感到不可思议，但又会不由自主地被它的力量所感染。

愿景 = 核心思想 + 设想的未来。确定公司愿景时，主要回答以下问题。

愿景：未来的理想状态

- 价值观是什么？公司坚持不变的指导原则是什么？

- 令人振奋的宏伟目标是什么？为了什么而投入最大的努力？

- 未来公司是什么样的？与利益相关者的长期利益如何捆绑？

- 切实可行的、能实现的目标是什么？

- 如何让别人在一分钟内了解要做什么？

- 生动地描述核心思想和设想的未来。

愿景示例如下。

愿景示例

- 小米：和用户交朋友，做用户心中最酷的公司。

- 腾讯：用户为本，科技向善。

- 阿里巴巴：追求成为一家活 102 年的好公司。我们的愿景是让客户相会、工作和生活在阿里巴巴。到2036财年，服务全世界20亿消费者，帮助1000万中小企业盈利以及创造1亿个就业机会。

● 华为：把数字世界带入每个人、每个家庭、每个组织，构建万物互联的智能世界。

● 京东：成为全球最值得信赖的企业。

（三）价值观是企业立场和是非的判断准绳

价值观是企业运行中的是非判断标准，是每个人应该遵循的行为准则，是解决矛盾和冲突的基本准绳，是企业对客户、市场、员工等利益相关方的看法或态度，是企业生存和发展的立场。

价值观是一种态度，是面临选择时表现的独特气质。企业价值观主要回答以下问题。

价值观：行为准则和是非判断标准

● 面对客户时，我们秉承的态度是什么？

● 组织协同时，我们秉承的态度是什么？

● 日常工作中，秉承的态度是什么？

● 团队工作中，秉承的态度是什么？

● 个人工作时，秉承的态度是什么？

● 冲突诱惑时，秉承的态度是什么？

● 最优实践、行业标杆给我们带来了什么影响？

价值观示例如下。

价值观示例

- 小米：真诚、热爱。
- 腾讯：正直、进取、协作、创造。
- 阿里巴巴：客户第一，员工第二，股东第三；因为信任，所以简单；唯一不变的是变化；今天最好的表现是明天最低的要求；此时此刻，非我莫属；认真生活，快乐工作。
- 华为：开放、合作、共赢。
- 京东：客户为先、诚信、协作、感恩、拼搏、担当。

三、文化理念：持续发展的纲领性文件

（一）文化是企业发展元战略

德鲁克认为，企业永远无法绕过两种矛盾：整体与局部的矛盾；当期利益和长期利益的矛盾。要平衡这些矛盾，企业需要系统思考和深度共识。

所谓系统思考，第一要整体性思考，无论任何部门、任何人员，在进行内部沟通和运行时，要站在公司整体角度思考，而非"屁股决定脑袋"。第二要长期性思考，短期目标和长期目标相协调，短期利益和长期利益相融合，短期投入和长期投入合理配置，这样既能解决今天的成长矛盾，也能解决明天和后天的成长矛盾。第三要彻底性思考，从现象到问题，从目标到手段，从结果到过程，向下思考"五个为什么"，解决制约企业成长的根本性矛盾。

独行快，众行远。所谓深度共识，不单单是企业家和核心团队成员能够发自内心地形成整体意识，不同部门和管理条线之间也能够同频共振，发自内心地认可使命、愿景、价值观和基本经营与管理准则。

作为企业发展的元战略，文化要回答如何让企业有前途、工作有效、员工有成就感的核心命题。同时还要总结企业过去成功的经验和关键的成功因素，摒弃影响持续成功的障碍和基因，并参考外部先进经验，思考未来持续成功的关键控制点。

想要实现这些，就要上升到"大文化"视角，真正从企业的经营管理维度完成顶层设计，形成系统思考，提出企业独特的文化纲领和价值主张。

对《华为基本法》结构解读

● 第一章是公司宗旨，回答的是华为未来的发展目标。

● 第二章是基本经营政策，明确了华为的经营模式。

● 第三章是基本组织政策，明确组织的目的、原则，职务设立原则，管理的基本职责和整体组织结构形式。

● 第四章是基本人力政策，明确了人才和人力资源管理相关准则。

● 第五章是基本管控政策，重点论述如何强化对整个组织核心的控制。

● 第六章是接班人政策，提出需要平衡新旧之间的关系，强调在变革中发展。

文化纲领的本质是企业持续高效创造价值的核心命题。命题包括谁来定义价值？谁来创造价值？如何创造价值？如何高效创造价值？如何分配价值？

完善的企业文化纲领包括使命、愿景、价值观、事业理论、经营理念和管理理念，是企业对未来发展的系统思考。

（二）从持续成长角度重塑企业经营理念

企业经营理念是企业关于领域界定与成长方式的系统思考与创新思维，是企业战略成功的关键驱动要素与资源配置原则。

经营理念主要是对企业如何持续成长的整体思考。从产品与解决方案、生态构建、市场营销、客户服务、品牌管理等维度思考如何实现企业的市场突破。从技术研发、生产制造、供应管理、质量管理、资本运作等维度思考如何为经营提供更好的支撑和保障。

除分模块解读外，还可以形成整体的经营理念。经营理念同商业模式、日常运营与管理息息相关。

经营理念示例

- 微软："顺我者昌、逆我者亡"的技术垄断思维。
- TCL：以速度抗击规模。
- 沃尔玛：天天平价、保证满意。
- 西南航空：航班公交化。
- 京东：以信赖为基础，以客户为中心的价值创造。
- 华侨城：规划就是财富、环境就是资本、结构就是效益、知识就是优势、激活就是价值、创新就是未来。

企业经营理念其实就是回答如下问题。

经营理念：做什么事？如何做事？如何高效做事？

- 成长路径是什么？
- 成长的关键成功因素是什么？
- 如何高速且有效地成长？
- 如何将顶层的成长任务落地为日常的成长动作？
- 各经营模块的指导思想和原则是什么？

有了明确的经营理念，企业日常运转就有了基本的准则和范式。《华为基本法》提出"通过大规模的席卷式的市场营销，在最短的时间里形成正反馈的良性循环，充分获取'机会窗'的超额利润"。《华为基本法》提出"保证按销售额的10%拨付研发经费"，华为在研发领域累计投入了7 000亿元，并最终获得了数字时代的底层技术竞争优势。

（三）组织能力提升构建企业管理理念

经营是目的，管理是基础。管理要始终贯穿整体经营的过程，没有管理，就谈不上经营，也做不好经营。所以在经营理念明确后，需要配套相应的管理理念。

管理维度一般从组织、文化、人才和机制等维度展开，也有企业根据自身特点，针对决策机制、目标管理、管控体系、流程优化和风险控制等维度形成系统思考。

文化纲领中的管理理念是各项管理制度的指导原则和思想。《华为基本法》提出公司的基本组织结构是一种二维结构：按战略性事业划分的事业部和按地区划分的地区公司，事业部和地区公司之间是矩阵式运作方式。再比如，"建立客观公正的价值评价体系是华为人力资源管理的长期任务"，并明确日常绩效是包括工作绩效、工作态度与工作能力的综合评价。《华为基本法》第六十七条规定："我们在招聘和录用中，注重人的素质、潜能、品格、学历和经验。"华为在考察时，业绩只是分水岭，品德、价值观、能力和潜能也是综合评价维度。

企业管理理念其实就是回答如下问题。

> **管理理念：哪些维度要加强管理？管理的基本原则是什么？**
>
> ● 组织的基本原则是什么？
>
> ● 人才的基本原则是什么？
>
> ● 激励的基本原则是什么？
>
> ● 评价的基本原则是什么？
>
> ● 风险控制的基本原则是什么？
>
> ⋯⋯⋯⋯⋯

四、价值观：企业的灵魂

优秀企业管理制度背后的精神，实质是基于平等精神和分享机制的全面合作关系，决定这种合作机制的关键是合作双方共同拥有的价值观、信念和预设。很多组织之所以不能长寿，很重要的一个原因就是不能形成共同的价值观。

一个组织的价值观决定了组织对好与坏、对与错、赞赏或不屑等问题的判断。价值观是组织的关键信念，是发自内心的信仰，是企业本质和永恒的原则。价值观的排序和选择决定了组织核心竞争力的专注方向。

企业价值观体系包括价值观排序、价值观提炼、价值观表述、价值观管理、价值观评价等维度。

（一）价值观六大特征

理想的价值观具有六大特征。

1. 简单、数量少、易记忆

价值观一般介于 3～6 个词语或短语之间，尽量不多于 6 个。价值观建议来自工作环境中常用的语言，最忌讳没有感情的辞藻堆砌。

2. 所有员工真正需要的价值观

企业的价值观只有代表员工需要并获得认可，才会激发凝聚力，并在工作中得到真正践行。

3. 大家参与讨论的结果

企业家和管理者对价值观有很强的话语权，但价值观并不完全是企业家和管理者的价值观，而应该是全员的价值观。全员共同参与创建价值观，通过研讨、头脑风暴等方式达成共识，企业家和管理者也应该遵守和践行。

2019 年 9 月 10 日，历时 14 个月，前后修改 20 多稿，经全员多次大讨论后，阿里巴巴宣布全面升级使命、愿景、价值观——"新六脉神剑"，它是全体阿里巴巴人对企业发展方向的本质思考，更是对如何走向未来达成的共识，将帮助阿里巴巴凝聚同路人，更好拥抱机遇与变革。

4. 长期稳定，经得起考验

价值观是真正影响企业动作的准则，是经得起时间考验的，因此一旦确定下来就不会轻易改变。

5. 参加价值观的庆祝仪式时，大家感到很舒服

价值观不是让人"瞻仰"的，而是让大家理解的，明白仪式、活动的意义，感受到真诚，愿意全身心参与其中。

6. 能够化成可衡量的行为

价值观要细化为可评价的具体行动，变成全员的行动目标，鼓励全员付诸实践，日常践行。

（二）价值观提炼需要共创共识

价值观提炼要经历两次共创坊来提炼共识。在共创坊之前，要做好文化诊断，通过前期访谈和调研，总结出优秀传统文化、新时期创新文化、摒弃负面文化、借鉴外部标杆文化，进而开始第一次共创坊。

第一次共创坊，主要用来提炼价值观，企业要组织 20 ～ 40 名高中层人员共同参与，一般为两天一夜或三天两夜的营队培训活动。

活动主要采用授课、研讨、自我诊断、团队游戏、分组竞赛、成果分享等方式，帮助参与者"转变心智模式""飞跃观念""激发潜能""凝聚共识""打造优秀团队"等，从而实现企业文化元素提炼和系统的

整合。

第一次共创坊，可以得出 10～30 条价值观的初稿。下一步要进行民主参与，全员投票，选定公司的价值观。问卷可以采取"五分法"也可以采取"多选题"的方式。

选定的价值观经过公示和意见征集后可以定稿，然后开展第二次共创坊。

第二次共创坊，目标是基于确定的价值观词条，对价值观进行明确定义，确定关键词、关键内涵。

经过分组统计筛选后，决策层经过一定程度的修正，最终确定价值观词条。

价值观词条确定后，继续开展共创坊，每一组针对确定后的价值观词条，就定义、关键词和关键内涵展开研讨。

第二次共创坊结论示例

- **价值观词条**：勇于担责。
- **定义与关键词**：勇于担当，奋力牵引，坦然面对。
- **关键内涵**：勇于担责是××人的典型特质之一，要把公司打造成行业头部的领军型组织，××人必须要能够勇担责任。

当所有价值观词条都明确了定义、关键词、关键内涵后，价值观的提炼工作就完成了。

需要注意的是，价值观只是一种立场和价值排序，一般没有对错之分，只有适合不适合。而且价值观一定是全员的共识，在提炼的过程中要先扩散再聚焦，最后提炼和完善。

五、行为规范：显性化的价值观

行为最能直接反映价值观的维度，在明确价值观后，要细分不同场景下的行为准则，配套行为绩效考核体系，奖优惩劣，提升队伍凝聚力和战斗力。

价值观行为化要注意以下要点。

● 要尽量贴切工作中的典型场景和行为，让员工有亲切感；

● 行为描述详略适当，不能太笼统，也不能太细化，要有清晰感；

● 描述要具体，有情景和画面感，便于员工观察学习、监督衡量，要有场景感；

● 用词要言简意赅、生动、朗朗上口、便于记忆，要有通俗感；

● 可以配套视频、图片等多媒体资源，要有饱满感。

（一）行为体系首先要分层分类搭框架

价值观行为体系开始第三次共创坊前，要搭建好框架，打好基础。比如，某企业提出了"拼搏"的价值观，首先明确了"拼搏"行为体系的核心理念：以客户为中心，以高绩效为目标，以拼搏精神为引领。

在细化"拼搏"行为时，首先进行分层分类的解读。

分类解读：拼搏行为同客户、组织和个人三者密切相关、休戚与共。客户是价值创造的源泉，是企业生存和发展的根本。组织是价值平台和载体，强组织能力是为客户创造价值的保障。个人是创造价值的主体，客户和组织的价值是靠每个人实现的。

基于此，形成客户维度（客户）、组织维度（绩效、合作、队伍建设）、个人维度（组织公民、拼搏奋斗）六个方面的行为框架。

分层解读：高层、中层和基层，位置不同，角色不同，关键职责不

同，因此在践行价值观时也不同。针对同样的客户维度、组织维度、个
人维度，在高层、中层、员工等层面形成不同的行为模块，如图 6 - 1
所示。

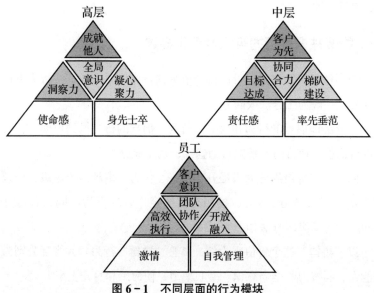

图 6 - 1　不同层面的行为模块

有了分层分类的行为框架后，下一步就要开展第三次共创坊，针对
不用层面不同维度的行为，做进一步的细化和完善。

（二）分层分批召开行为共创坊

不同于价值观，行为描述共创坊是分层分批召开的。

其中，各层面人员分别针对自身的行为体系框架进行研讨和细化
完善。

每次召开共创坊前，会根据前期调研和问卷信息，让与会人员自行
撰写对应的行为解读，在研讨时，主要研讨该维度倡导的行为和反对的

行为分别是什么。

各维度的行为描述确定之后，进行下一个环节——行为模块的分级细化描述，这可以让行为更加具象化，提高导向作用，也有利于后续开展价值观评价。

(三) 凝聚共识定行为等级及细化描述

为了做好行为锚定，可以将价值观的行为体系下的某一行为进行等级划分。一般为二分法或四分法。

二分法即倡导的行为和反对的行为。倡导的行为做到位即可，后续在进行价值观评价时，按照行为锚定，逐个赋分。

四分法将等级细分为需提升、良好、优秀、卓越四个等级，分别对应2分、3分、4分、5分。按照行为锚定，表现行为不同，获得分数不同。行为等级四分法如图6-2所示。

以"拼搏"这个价值观为例，高管"拼搏"行为六大维度分别为成就他人、洞察力、全局意识、凝心聚力、使命感和身先士卒。

对"成就他人"维度进行解读和细化。采取四分法的方式，确定相应的行为标准，见表6-2。

有了价值观、词条、内涵及解读、分层分类行为模块、行为解读、行为等级描述之后，企业的价值观体系就确定了，后续价值观落地、价值观评价、荣誉体系、案例集等文化管理措施，也就有了抓手。

(四)"军规"：价值观宣传的核心口号

文化纲领是企业家和高管团队形成系统思考和深度共识的文件，价值观和行为体系是用来引导全员态度、行为的文件，两者都有其独特价值。

2分
需提升

基本完成任务

尊重客户，基本满足
客户需求，按时按质
完成任务。

3分
良好

主动响应

主动了解，积极响应
客户的需求，快速提
供高质量服务。

4分
优秀

满足需求

在坚持原则的前提下，
最大限度满足客户需
求，为打造一个美好
的作品而努力。

5分
卓越

超出预期

以精湛的专业能力引
导客户需求，提供超
出客户预期的服务。

图 6－2　行为等级四分法

表6-2 "成就他人"的四分法示例

拼搏: 成就他人	
行为解读	• 集团从事的行业是基础设施领域, 产品是老百姓长期反复使用的, 集团高管在体现拼搏价值时, 客户的概念一定要广, 心中要有宏图, 能够承担行业使命和社会责任 • 高层不应该仅仅关注工程本身, 还应关注创造集团优势, 创造社会价值 • 高管在拼搏时, 不单单要为了自己而拼搏, 还要能够为集团和全体员工的成就而拼搏 • 成就客户, 成就企业, 成就员工, 成就社会, 这是一名高管应该体现的拼搏者行为
2分 (需提升)	• 能够满足客户和使用者的需求 • 企业得到发展, 集团实现财务目标
3分 (良好)	• 有效整合资源, 追求国内技术领先, 打造优质项目, 推广集团品牌形象 • 实现各方利益平衡, 让客户、企业、股东和员工共同受益
4分 (优秀)	• 熟悉国内外相关行业客户需求, 为客户提供优质服务, 打造若干王牌专业和精品工程, 企业口碑、市场与技术能力得到提升 • 创造条件, 推动行业发展, 并引领国内整个行业的进步
5分 (卓越)	• 做出对社会有价值、有影响力的工程; 追求国际技术领先, 并引领行业进步, 打造交通发展与城市建设新局面 • 实现集团使命, 创造集团在行业内的新优势; 发掘并培养集团具有"破界"能力的领导人才

针对全员而言, 文化纲领需要大家深入学习, 消化吸收, 领悟指导原则和思想的精髓, 并用以提高日常的经营活动能力。

关于价值观，所有人都是责任主体，都应守护、践行、传播和发扬价值观。

"知—信—行—达"，知晓后，才能被"说服"，选择相信，继而践行，达到文化管理的最高境界。

"军规"是文化落地的第一站，是价值观宣传的核心口号。

华为十六条"军规"

（1）商业模式永远在变，唯一不变的是以真心换真金。

（2）如果你的声音没人重视，那是因为你离客户不够近。

（3）只要作战需要，造炮弹的也可以成为一个好炮手。

（4）永远不要低估比你努力的人，因为你很快就需要追赶他（她）了。

（5）胶片文化让你浮在半空，深入现场才是脚踏实地。

（6）那个反对你的声音可能说出了成败的关键。

（7）如果你觉得主管错了，请告诉他（她）。

（8）讨好领导的最好方式，就是把工作做好。

（9）逢迎上级1小时，不如服务客户1分钟。

（10）如果你想跟人站队，请站在客户那队。

（11）忙着站队的结果只能是掉队。

（12）不要因为小圈子，而失去了大家庭！

（13）简单粗暴就像一堵无形的墙把你和他人隔开，你永远看不到墙那边的真实情况。

（14）大喊大叫的人只适合当啦啦队，真正有本事的人都在场上呢。

（15）最简单的是讲真话，最难的也是。

（16）你越试图掩盖问题，就越暴露你是问题。

（17）造假比诚实更辛苦，你永远需要用新的造假来掩盖上一个造假。

（18）公司机密跟你的灵魂永远是打包出卖的。

（19）从事第二职业的，请加倍努力，因为它将很快成为你唯一的职业。

（20）在大数据时代，任何以权谋私、贪污腐败都会留下痕迹。

（21）所有想要一夜暴富的人，最终都一贫如洗。

企业提炼自己的"军规"，要经过提炼、全员公选、确定初稿、文字优化、发布等环节。

其中，全员公选尤其重要，有些互联网公司会将待选"军规"设置为背景墙，在公司大厅摆放一段时间，每一位员工都可以获得相关的红花标记，在自己喜欢的军规上无记名投票，最后得票多的会保留下来。

"军规"如果能够分维度来划分，背后的主线就会更加明确。但是，在宣传时，只需要展示文字即可。

好的军规＝特色化＋朗朗上口＋场景感。即使有明确的行为体系，也应提炼出精华，打造企业独特的"军规"。示例如图6-3所示。

至此，不难看出，无论是文化纲领还是价值观，对于企业核心竞争力的打造都有着极强的价值，所以说，文化力也是企业战略核心竞争力，文化导向也是HR未来工作的重要方向，文化发展主线也是人力资源管理架构的核心主线。

成就他人	（1）成就客户，共创未来，引领行业发展 （2）"让交通更通达，让城市更宜居"不是口号，是你的作品
洞察力	（3）对社会、行业、企业发展高瞻远瞩，深谋远虑 （4）你能整合多少资源，集团就能取得多大发展
全局意识	（5）站位和视角的高度，决定了职位的高度 （6）运筹帷幄，实现客户、集团、员工共赢
凝心聚力	（7）你的拼搏能量越强，越能激发团队的拼搏力量 （8）火种的价值在于引爆能量，而不仅仅是点燃自己
使命感	（9）把集团的担子扛在肩上，同荣辱、共沉浮 （10）百年企业，由我成就
身先士卒	（11）冲锋在前，享乐在后 （12）出了问题，我扛着；冲锋陷阵，跟我来

图 6 - 3 "军规"示例

第七章

两张关键的组织能力建设地图

AMO（能力、动机、机会）模型是人力资源管理的理论基础，定义了人力资源管理的实践方向。三大维度中，首要的就是能力提升，提升员工的 KSA（知识、技能、能力），能够有效提升组织绩效，"人才强，组织强""人才投入优先于业务投入"是有理论基础的。

企业在实践中，也非常重视人才队伍的能力提升，在培训管理、企业大学、任职资格、素质模型等方面投入了大量的资源和精力。人才发展同组织发展一样，是最热的人力资源管理职能之一。

当然，企业要想做好人才发展，还要基于企业实践视角，系统思考，分步实施，才能实现理想状态。

一、人才发展要为组织能力提升服务

（一）人才发展不能为了发展而发展

2021 年 12 月 7 日，字节跳动裁撤人才发展中心，原因有两个，一个是部门的定位和公司的需求脱节，另一个是团队积累的技能和经验不太符合公司的需求方向。字节跳动提出，人才的成长与发展依然是公司重要的课题，未来将以更务实的方式，把资源聚焦在重基础、高杠杆的事情上，真正发挥人才的效能，帮助公司和业务创造价值。

人才发展还是要从有效性的角度出发，真正为企业创造价值，而不应该成为人力资源部自娱自乐的工具。人才发展不能为了发展而发展，人力资源管理不能为了管理而管理。

对于企业而言，人才发展有四个方面的核心价值。

1. 打通员工发展通道

企业在构建人才发展体系时，基础构件是任职资格体系。任职资格体系的第一步是职类职种划分，顺带着完善了员工发展通道。很多企业落地人才发展体系时，目的就是打通员工发展通道，给予员工更多的成长空间和薪酬回报。但打通员工发展通道是人才发展的附属品，是在实现组织能力提升的总体目标之下，给予努力上进员工的物质和机会回报，本末倒置后，就会产生管理矛盾。

为了员工的发展而打造的人才发展体系，如果成本投入了，人才能力也提升了，企业却得不到获得感，HR 的价值感就会大打折扣。

2. 打造职业化队伍

劳动力市场有着两大天然的矛盾。一个是大学生接受了学校多年的培养，初入职场时自身能力大多与企业所需要的能力之间差距非常大，不能满足企业对人才的要求。另一个就是社会化人才在跳槽时，在 A 公司习得的知识和技能，在 B 公司并不能得到认可。

专业化是职业化的基础，职业化人才队伍是对最佳成功经验的总结。先把动作做到位，才可能产出好的结果。

华为早期也一样，80% 的员工来自学校，专业知识与实际解决问题能力之间普遍存在差距，如何使员工尽快从学校人转变成企业人，NVQ（英国国家职业资格证书）体系给了华为一些思路。NVQ 的标准由国家根据行业要求来制定，是基于工作角色分析来确定担任某项工作所需的技能，通过建立职业学校帮助员工提高技能，通过认证提升人才队伍的专业化能力和职业化水平。

文凭仅表明受教育的程度或知识，并不等于任职资格。任职资格必须考察员工的实际工作能力，是否满足各个岗位的要求。通过建立任职资格体系，可以提高员工的职业素养，传递"爱一行、干一行"的职业操守。华为建立了任职资格体系，明确各职业等级和具体标准，对该做什么、应该怎么做都有详细规定，每一级的能力要求也都根据组织需求有所差异，这样既可以描绘"组织能力地图"，又可以实现员工自我学习、自我发展的需要。

3. 储备战略能力

组织能力依附于两大主体：一是组织中的制度、流程、权责和标准化文档；二是人，人的能力强，组织能力就强。

人才发展的第三个方面的核心价值，在于通过人才发展储备战略能力。

以战略目标实现所需的关键能力为出发点，可以确定能力标准、知识标准、行为标准和经验成果标准，基于战略能力标准构建培训、开发、成长等一系列人才发展体系，使人力资源管理工作更有方向感，对业务的直接推动作用也会更加明显。

4. 人才助推企业成长和发展

人才投入优先于业务投入，确定基于组织和编制的适配性规划后，还要提前布局人力资源规划中的结构规划，在战略目标实现的关键控制领域，做好人才的超前布局和冗余配置。

依靠人才发展推动企业成长和发展，HR 要从被动应对变为主动干预和影响。人才到位，战略目标实现的可能性就会变大。

（二）人才发展要为组织能力服务

从目标和战略导向来看，能力培养要为组织能力服务。盲目的能力溢价，如果不能为组织发展提供价值，就有可能产生"组织能力肥胖症"，使组织大而不强，空有其表。

人才发展也要优先以组织发展为目标，在战略和组织的整体布局下，思考如何适配人才队伍。搭建人才发展体系时，也要以战略及组织为第一需求，而非个人职业生涯发展。

根据组织内部的人才类型和特点，组织能力也应关注两个维度：管理力和专业力。

管理力，即管理干部所需要具备的核心组织能力，包括冰山模型位于水面上的能力，也包括隐藏在水面下的素质，即整体胜任力模型。层次越高的干部，越应关注素质。

专业力，即关注专业技术和技能人才方面所需要具备的学历与工作经验、知识标准、能力标准、行为标准、成果标准等。

管理力既关注在职干部的匹配度，也用来考察后备干部的潜力，为在职干部评价、调动和后备干部提拔、培养提供决策依据。专业力则明确标准，提高导向作用，在人员选拔和晋升时，更注重结果导向和现有能力，不关注人才潜能。

二、管理力地图：按图索骥选拔"好干部"

任职资格标准、素质模型和胜任力模型是三个不同的概念。麦克利兰的冰山模型提出，考察人才时要从两个维度来审视，表象（水面上）的行为、知识、技能能够清楚地判断人才是否胜任岗位要求，人才的能力短期内是否能够产出优秀的绩效表现。表象的能力能够影响绩效水平，潜在的素质则能区分在特定的工作岗位和组织环境中，人才潜在的和长期的绩效表现。素质主要是潜在（水面下）的价值观、自我形象、特质、动机等。

胜任力模型就是冰山模型（如图7-1所示），包括水面上显性的任职资格，也包括水面下隐性的素质标准。

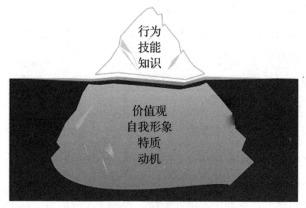

图7-1 冰山模型

（一）水面上＋水面下＝胜任力模型

素质和能力，有区别也有联系。素质是潜在的，先天性的，能力是表象的，后天可习得的。例如，敏感性是潜在的素质，先天具备，具有敏感性的人会时刻关注周边环境，做好信息扫描和机会风险预判。业务洞察能力是显性的，可以后天培养，充分的业务知识、经验和经历，一样可以提高对外部信息的敏感性和决策效率。

对于管理干部，除了要关注知识、技能、经验等显性因素外，还要关注更根本更潜在的因素，所以管理力要关注胜任力模型，只关注显性（水面上）或者隐性（水面下）部分，都不合理。

1. 多维确定显性任职标准

要从多个维度，综合确定干部的任职标准，一般包括学历与经验、知识与技能、管理能力与领导力、成果标准、绩效标准、价值观、品德、匹配性等。

配置干部时，除了关注干部本人的任职标准以外，还要关注干部与业务、组织和文化的适配性。有效的干部标准一定是在共同的干部标准的基础上，进行差异化、精准化配置，才能实现人与战略的同频共振。

（1）学历与经验。

虽然高学历不必然代表高绩效，但在人才队伍整体学历逐步提升的背景下，干部学历也要符合基本的学历要求。

经验不单单包括工作经验，还包括特定领域的特定经验，例如：

- 基层工作经验：有三年以上的一线工作经验。
- 区域工作经验：在海外 / 偏远 / 艰苦地区工作三年以上。
- 专业工作经验：在营销 / 研发 / 工程条线各工作两年以上。
- 管理工作经验：四级以上干部任职三年以上。
- 职位工作经验：担任事业部 / 业务部门负责人两年以上。
- 其他。

（2）知识与技能。

知识经济时代背景下，必要的知识和技能是很需要的。过去管理就是专业，未来必须要成为"T"字形专家干部。

"T"字形专家干部，指的是专业精深，具备管理素养和相关能力、全局视野和整体格局，一专多强的复合型人才。内行领导内行，一定比外行领导内行要好。

技能也很重要，华为在全球化进程中，对干部的基本要求就是熟练掌握英文。

知识与技能包括专业维度、行业维度、企业维度等各个方面。当然，要针对企业本身的战略目标，明确干部所需的知识与技能。盲目的知识溢价除了提升干部自身的能力以外，对企业没有任何价值，反而会提高干部流失风险。

知识与技能标准要与企业大学和学习积分结合，这样，管理力标准就有了载体，HR 的培训工作也有了价值。

案例：华为干部任职标准（节选）

管理三级标准： 适用于率领一组人员从事某项具体的专业或技术工作的员工，既是监督者，又是执行者，必须达到某专业或技术资格标准二级以上。

模块：工作任务管理（知识要求）

- SMART 原则，5W2H 原则，PDCA 体系
- 制订工作计划的方法及工具（PERT/GANTT 等）
- 时间管理方法
- 协调资源和任务的方法

模块：组织氛围建设（知识要求）

- 寻找和交换信息、建议和援助的方法
- 沟通方法和技巧
- 处理机密信息的方法
- 与他人就问题和建议进行通报和商讨的方法
- 团队间建立合作伙伴关系的方式与方法
- 自我处理外部关系的权限范围
- 公司的汇报程序

（3）管理能力与领导力。

"T"字形干部既是专家型干部，也是专业型干部。管理本身有自己的理论基础和方法体系，无论是管他人、管自己、管事、管组织，还是成就客户、成就组织、成就团队，都需要管理能力。

"大树底下不长草"的干部不是好干部，干部领导力强不强体现在能否带领团队取得胜利。干部要带队打胜仗，而不是自娱自乐做"强人"。

能力是关键成功因素，企业要对干部的管理能力和领导力进行评估，实现最佳的人岗匹配，形成"能者上、庸者下"的能力配置机制。

需要注意的是，不同层级的干部能力要素要有效区分，基层强化执行力，中层强化战略理解力，高层强化战略决断力。

（4）成果标准。

成果包括管理成果、业务成果、技术成果和人才成果等。

- 管理成果：评先评优／先锋模范；兼并企业的成功整合；200万平方米的项目操盘；管理咨询项目落地；组织能力提升；学习积分等管理

类标准。

- 业务成果：获得 10 亿元以上营收；实现盈亏平衡；取得海外市场突破等。
- 技术成果：国家级专利，863 课题等。（或有，非必须项。）
- 人才成果：人才培养与梯队完整性；价值观在团队内部的传承等。

管理成果和业务成果在企业中比较常见；技术成果有特定的适用场景，多数企业的干部并不需要；人才成果是最容易忽略的。

干部是人才梯队建设的第一责任人，有些企业要求干部必须培养好接班人，才有资格晋升和提拔。

（5）绩效标准。

绩效是干部管理水平与业务能力的直接体现，是干部任职的基本标准，也是干部选拔的分水岭。业绩好的人才，有资格成为干部，但要符合其他标准，才能真正成为干部。

很多企业认为，业绩优秀的干部就是优秀的干部，是陷入了误区，不仅业绩优秀，综合评议也优秀的干部，才是真正优秀的干部。

综合评议包括哪些方面？知识与技能、管理能力与领导力、成果标准、价值观和品德。

（6）价值观。

能力强的干部可以用一时，价值观契合的干部才能长期合作。企业在吸引成熟型人才时，要避免外引人才的"雇佣兵心态"，只有价值观契合，干部才能与企业同进共退、休戚与共。

价值观也是干部选拔的基础，只有认同并践行企业价值观的人方可参与干部选拔。干部作为享受企业利益分配倾斜、企业发展赋予相应责权利的承载体，需要高度认同企业的价值观，坚持自身奋斗，凝聚上下共识。

（7）品德。

品德包括公德和私德两个方面。企业规模小的时候，可以只关注公德，但要设置品德底线和红线行为，触犯红线行为者应该在干部选拔中实行一票否决制。品德更多从干部对商业伦理行为的遵从方面进行考量，在企业经营中干部应遵守企业的品德标准，抵制贪污腐败、以公谋私等行为。

企业规模大的时候，外部社会影响力较强，内部社会化程度也较高，除了公德以外，还应关注干部的私德。只有私德好的干部，才能团结下属，带领团队。

（8）匹配性。

以上干部标准既有共性也有个性，要分层分类设计干部任职标准。共性的标准包括企业级的知识、通用的管理能力和领导力、统一的价值观准则和品德要求；个性的标准包括差异化知识与技能、成果标准、学历与经验、绩效标准等。

进行个性化设计时，高层、中层、基层有明确的导向和标准；经营类、管理类、技术类、职能类、市场类、生产类也有自身对应的个性化要求。

此外，还要关注匹配性，业务匹配、组织匹配、文化匹配和团队匹配都是干部任职时需要关注的。

● 业务匹配。开拓性业务，需要配套开拓型干部，抓机会；守成性业务，需要管理型干部，控成本。

● 组织匹配。不同的组织规模，不同的发展周期阶段，干部的任职标准应有所差异。

● 文化匹配。官本位色彩浓厚的企业，市场化干部很难融入团队，企业与其制造内部矛盾，不如寻找合适的干部；同样地，具有市场化文化的企业也没办法接纳官僚型干部。

●团队匹配。搭班子是一门学问，人和人之间确实要关注个性契合度，德鲁克提出高管团队要包括四种不同类型的人："思考者""行动派""人际大师""领袖"。

案例见表 7-1。

表 7-1　案例：华为后备干部选拔标准（节选）

管理三级 干部后备队	品德优秀且诚信档案无不良记录； 绩效一贯优良，绩效评价在本业务体系内横向排名前 25%； 任职资格为管理二级普通等以上，劳动态度优良； 优先从优秀一线团队中选拔后备队员； 符合上述标准，参加过 A 培的员工优先考虑
管理四级 干部后备队	原则上担任管理三级岗位（含跨部门团队核心成员）1 年以上； 品德优秀且诚信档案无不良记录； 绩效一贯优良，绩效评价在本业务体系内横向排名前 25%； 任职资格为管理三级普通等或职业等； 团队组织氛围好者优先
管理五级 干部后备队	担任管理四级岗位（含重量级跨部门团队核心成员）3 年以上； 品德优秀且诚信档案无不良记录，勇于承担责任，抗压能力强； 部门绩效一贯良好，部门绩效评价在本业务体系内排名前 25%； 任职资格为管理四级普通等或职业等； 具有不断自我批判的精神和面向未来的战略性思考能力
员工干部 预备队	上进心强，品德优秀； 入职培训各环节表现优秀； 上岗适应能力强，工作投入，认真负责，绩效结果好； 自愿前往一线艰苦地区长期工作与锻炼； 有管理方面关键行为的表现与潜力

2. 隐性关注素质

有了以上显性任职标准还不够，要有效履职干部岗位，除了知识、技能、经验等维度之外，还应关注更根本更潜在的因素。麦克利兰的冰山模型提出，能区分在特定的工作岗位和组织环境中的绩效水平的个人特征就是素质。

素质模型包括冰山上看得见的部分，包括知识、技能，以及冰山下的部分，包括价值观、特质、动机等。腾讯帝企鹅模型（如图7-2所示）就是基于素质模型开发的。

本着正直的心，

以激情、好学、开放的态度和行动，

培养人才，打造精品，

创造用户价值

图7-2　腾讯帝企鹅模型

腾讯帝企鹅模型有六个维度，这六个维度不是在一个平面上的，其逻辑是本着正直的心，以激情、好学、开放的态度和行动，培养人才，打造精品，创造用户价值。这六个维度下各有两个要素。腾讯帝企鹅模型应用于干部选拔、发展及考核。

华为针对各层级干部都有明确的任职标准，同时为了寻找更优秀的干部，华为开发了基于素质的领导力模型（如图7-3和表7-2所示），包括三大方面：发展客户能力、发展组织能力和发展个人能力。

发展客户能力包括关注客户、建立伙伴关系等二级维度；发展组织能力包括团队领导力、塑造组织能力、跨部门合作等二级维度；发展个人能力包括理解他人、组织承诺、战略性思维、成就导向等二级维度。

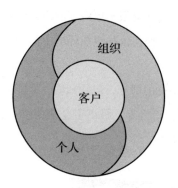

发展客户能力
■ 关注客户
■ 建立伙伴关系

发展组织能力
■ 团队领导力
■ 塑造组织能力
■ 跨部门合作

发展个人能力
■ 理解他人
■ 组织承诺
■ 战略性思维
■ 成就导向

图7-3　华为基于素质的领导力模型

表7-2　华为干部领导力模型

领导力九条	发展客户	关注客户	致力于理解客户需求，并主动用各种方法满足客户需求
		建立伙伴关系	愿意并能够找出公司与其他精心选择的合作伙伴之间的共同点，与它们建立互利共赢的伙伴关系来更好地为公司的客户服务
	发展组织	团队领导力	运用影响、激励、授权等方式来推动团队成员关注要点，鼓舞团队成员解决问题以及运用团队智慧等方式来领导团队
		塑造组织能力	辨别并发现机会，以不断提升组织的能力，优化流程和结构
		跨部门合作	为了公司整体利益而主动与其他团队合作、提供支持性帮助并获得其他部门的承诺
	发展个人	理解他人	准确地捕捉和理解他人没有直接表露或只是部分表达出来的想法、情绪以及对其他人的看法
		组织承诺	为了支持公司的发展需要和目标，愿意并能够承担任何职责和挑战
		战略性思维	在复杂模糊的情境中，用创造性或前瞻性的思维方式来识别潜在问题、制订战略性解决方案
		成就导向	关注团队最终目标，并关注可以为公司带来最大利益的行动

针对不同层级，在同一维度，华为还明确了不同层级的标准，我们以关注客户为例（见表7-3）。

表7-3　"关注客户"不同层级的标准

关注客户

定义：致力于理解客户需求，并主动用各种方法满足客户需求的行动特征。客户是指现在的、潜在的和内部客户。
维度：对客户理解的深度；采取行动的难度。

层级一	响应明确的客户需求： 准确理解客户简单、直接的需求； 基于先前的经验、案例或现有的产品，找到解决途径； 当出现紧急情况时，可以迅速果断地进行回应
层级二	解决客户的担忧，满足客户未明确表达的需求： 了解客户不是非常明确或不以简单目的显示的需求； 在理解客户的需求以及华为产品/服务背后原理的基础上，为客户提供解决方案； 没有现成的产品或服务可以做参考，需要对已有的方法/方案进行一定的改进或创造以满足客户的需求； 决策时要权衡风险
层级三	探索并满足客户新的需求： 捕捉客户的兴趣点，澄清客户的需求； 通过与客户的合作和互动，并协调华为的资源，共同设计解决方案
层级四	想客户所未想，创造性地服务客户： 从客户的利益出发，研究并引导客户潜在的需求；挖掘华为的潜力，提供全新的解决方案； 为客户的业务模式提供战略性建议，成为客户的长期战略伙伴

素质要以行为为载体，通过典型的行为和特征对素质进行进一步诠释，既能够让人了解，也有利于对干部是否符合要求做出判断。

比如，"决策"的概念定义为：凭借所掌握的知识及经验，善于发现问题，分析问题，果断地做出决策并采取行动。单看定义，很难理解

"决策"，需要一些具体的行为和特征来刻画，以职能部门总监这类岗位为例，可以进一步提炼一系列的典型行为和特征：

（1）从集团整体和大局需要出发进行决策；

（2）决策具有前瞻性；

（3）能够运用科学理性的思维做出最优决策；

（4）注重决策的方法和流程，能够掌握民主和集中的平衡。

需要强调的是，定义以及提炼的这些行为和特征主要为了加强行为锚定，判定时可以根据在日常工作中和干部的接触，通过其他一些行为对干部在这些素质上是否符合要求做出判断，根本出发点是"被评价人在这些素质上的表现是否能够保证其充分履行职责"。

中粮集团胜任力要素示例

领导：充分赢得下属的信任，拥有向心力和凝聚力，率领下属达成既定目标。

职能总监／业务总经理：

- 有个人人格魅力，得到下属的坚定信赖
- 充分调动下属积极性，提升部门向心力和凝聚力
- 以身作则，以坦诚的态度影响下属
- 客观公平地对待下属

职能其他／业务其他：

- 拥有一定的向心力
- 以身作则，以坦诚的态度影响下属
- 客观公平地对待下属
- 带领下属顺利完成既定目标

决策：凭借所掌握的知识及经验，善于发现问题，分析问题，果断地做出恰当的决策并采取行动。

职能总监：

- 从集团整体和大局需要出发进行决策
- 决策具有前瞻性
- 能够运用科学理性的思维做出最优决策
- 注重决策的方法和流程，能够掌握民主和集中的平衡

职能其他：

- 对相关信息高度敏锐，并注重分析整理
- 迅速判断问题的轻重缓急，果断做出决策
- 能够理性思考，抓住问题的实质

业务总经理：

- 牢牢把握集团的发展方向，推动制定合理的竞争战略
- 决策符合集团整体利益要求
- 决策具有前瞻性
- 具有商业敏锐性，针对市场变化迅速采取措施

业务其他：

- 迅速判断问题的轻重缓急，果断做出决策
- 能够理性思考，抓住问题的实质
- 具有商业敏锐性，针对市场变化迅速采取措施

3. 年轻干部要格外关注潜能

干部年轻化是大势所趋，只要年轻干部有潜质，就鼓励他们试错，给予他们更多的平台和机会。

企业可以开展年轻干部专项计划，把青年英才纳入后备干部梯队，通过一定周期的培养，定制培养计划，倾斜资源，快速打造一批青年干部。

因此，除了需要关注素质之外，管理力还需要关注潜能。对于高潜质的年轻干部，组织可以给予更多的资源和机会。

华为从变革、结果、人际、思维方面将高潜力分为四个维度，见表 7-4。

表 7-4　华为学习力（潜力）模型

变革敏锐力	永不满足，引入新的观点，热衷于创意，领导变革
结果敏锐力	高能动性、克服万难，打造高绩效团队，激发团队活力
人际敏锐力	政治敏锐力、卓越沟通、冲突管理、自我察觉、自我提高、善于组织
思维敏锐力	视野广阔，从容面对各种环境，清晰解读思考内容

把每个维度继续细分成五个层级（见表 7-5），进行行为锚定，用以对标和评价。

表 7-5　华为学习力（潜力）模型评价表

	5 分：善于发现错误，并将此视为改进机会
	4 分：向他人清晰解读所思考的内容
思维敏锐力	3 分：从容面对复杂模糊的环境
	2 分：具有解决问题的有效方法
	1 分：在相关专业领域有较强的专业能力和视野

续表

人际敏锐力	5分：善于组织和协调各方	
	4分：能够自我察觉内在情绪和自我进化	
	3分：能够倾听和接纳不同意见和负面情绪	
	2分：能够通过交流有力地影响他人	
	1分：对人际关系有较高的敏感度	
变革敏锐力	5分：能够推动变革	
	4分：热衷于收集和尝试新的方案和创意	
	3分：善于引入新的观点和方式	
	2分：愿意迎接挑战，不轻易放弃难点	
	1分：不满足现状，持续改善	
结果敏锐力	5分：以结果为导向，不拘泥于方式方法	
	4分：鼓励自己和他人发挥潜力	
	3分：具有较高的绩效标准，并鼓励团队达成	
	2分：愿意付出足够的努力，能吃苦耐劳	
	1分：有较强的自我驱动力和能动性	

企业可以根据自己的业务特质和状态，确定适合自身的干部"潜力标准"。

（二）"看不见"的素质比"看得见"的任职能力更重要

"看不见"的素质比"看得见"的任职能力更重要，所以管理力模型应着重关注素质标准和要求。

素质要求如何提取？在构建素质要求的过程中，采取定性与定量相结合的方式，综合采用现实归纳与未来牵引，以行为事件访谈法为主要建模依据，同时结合企业战略演绎、文化推演，以及企业相关文件和制度的导读，并借鉴优秀企业的管理者素质模型综合分析而成。包括四个步骤：

1. 战略演绎

公司的战略目标从未来发展的角度反映了组织对干部能力素质的要求。战略是组织发展的牵引，领导力模式首先要思考的要素就是战略要素。根据企业战略和发展阶段，分析和演绎对干部提出的素质能力要求，是干部领导力构建的基础。

X地产公司的战略演绎示例

X地产公司进行战略定位时，综合考虑了自身资源与外部环境的匹配关系以及利益相关者的要求和期望，重点明确了公司战略组成定位、行业定位、业务结构定位、发展区域定位和竞争力定位等方面。

●战略定位：X地产公司应稳步推行专业化、标准化、系统化、集团化管理模式，加大对二级单位的业务支持力度，促进地产板块与其他业务板块的联动，实现1+1>2的协同效应。

●战略定位解读：标准化管理是对制度化管理的一种有效运用，保证企业合理配置资源；系统化管理强调管理的全方位和全过程，从整体着眼把握组织的运行规律，分析整合优化，谋求组织的整体利益；集团化管理重视整体性和统一性以及在大系统要素内的互动协同，要求以创新和发展来推动协同效应。这要求X地产公司的管理者能统筹全局，以全局的眼光看待问题，统合资源调配，提高决策能力，具备系统思维和制度管理能力。X地产公司在中国地产行业绝对领先的战略定位，要求管理者具备领军视野，树立业绩导向，实现"实业化、大重组、高成长"的发展目标。

●竞争力定位：X地产公司要成为地产行业"品质"的代名词，以资源整合能力和创新型组织业务模式为特色，以品牌价值和社会影响力为依托，塑造不可复制的核心竞争力。

●竞争力定位解读：X地产公司的干部能够在竞争的环境中综合分析优劣势，建立客户导向，把追求客户满意、为客户提供价值作为组织工作的中心任务。X地产公司树立了高品质的信念和目标，要求全体干部具有快速执行力，将"品质第一"融入产品和服务。这也要求干部有符合公司利益的理想抱负，有强烈的渴望成功的事业心。

…………

通过战略演绎，从X地产公司归纳出以下干部领导力要素：统筹全局、领军视野、系统思维、制度管理能力、业绩导向、事业心……

2. 文化推演

企业文化是一种根深蒂固的价值观，可以在很大程度上指导企业员工的行为，并充当一个企业区别于其他企业的个性化标识。在实际运营过程中，企业文化决定了干部的行为习惯，决定了干部解决问题的思维方式，因而对干部所需具备的素质能力也提出了不同的要求。

企业文化推演示例

●企业愿景：X地产公司脱胎于集团，继承了其优秀的文化基因，集团以"服务社会、造福人类、建设祖国、福利员工"为企业宗旨，以"铸造精品、超越自我"为企业精神。这就需要X地产公司的员工、干部有很强的服务意识——客户导向，牢固树立对社会和员工的责任意识。源于集团强烈的归属感和一体性，必然要求干部具备组织认同感，在同一信念里赋予干部以神圣感和使命感。干部更应具备勤勉无私的奉献精神，具备领导魅力，具有团队建设和人才培养的能力，具有前瞻性的决策能力。

⋯⋯⋯⋯⋯

通过文化，X 地产公司的干部领导力要求归纳出以下要素：客户导向、责任意识、组织认同感、奉献精神、领导魅力、团队建设、人才培养、决策能力……

3. 行为事件访谈

通过对优秀干部进行行为事件访谈，可以提炼优秀干部的素质和个性特点。

行为事件访谈的主要特点在于通过访谈对象描述他们在工作中遇到的最具决定性的关键事件，如在产品设计、团队领导、分析问题等方面遇到的若干成功和失败典型事件、他们在实践中的角色及表现、事件最终的结果和影响等等，从中总结访谈对象的思想、情感和行为。

行为事件访谈的分析工具（STAR 模型）见表 7-6。

表 7-6 STAR 模型

情境（S）/任务问题（T）	行动问题（A）	结果问题（R）
描述一种情境，当…… 你为何要…… 当这种情况发生以后，最紧要的时机是什么？	你当时对情况有何反应？ 具体是怎么做的？ 你当时首先做了什么？ 在处理整个事件时采取了怎样的具体步骤？	事件的结果如何？ 结果是怎样产生的？ 这件事是否引发了什么问题？

优秀干部访谈应当首先确定访谈对象，根据企业干部层级分别选取各层级代表，利用行为事件访谈法访谈后对文本进行主题分析（见表7-7），可采用编码软件 NVivo 进行词频分析与提取。在主题分析的过程中要把企业个性化的领导力胜任特征提取出来并使之概念化。胜任特征词典的开发因企业实际情况的变化和企业发展阶段的不同，需要不断地补充和完善胜任特征的定义和行为等级标准。

表7-7 文本主题分析示例

文本材料（16-0902）	编码
● 我们做管理工作就是让每个人发挥他的潜力。管理一个团队，不管是企业还是其他组织机构，都是你这个领导人定目标，定好目标就是打班子，你要把每个人的特点、所长都发挥出来	A1-2（识人善用2级）
● A 实际上是比较能吃苦的，比 B 能吃苦，而且他任劳任怨，不埋怨。所以我在调配的时候，属于这方面的工作，我安排 A。包括 ## 做第一个盘，做大量很辛苦的工作，** 是其次了，这两个要分一个前锋，安排对接的时候，让 A 对接 ##，让 B 对接 **，这个我有区别。责任心也有区别，A 更强，所以你要研究透。我觉得这个事情很重要时，会安排一个很强的人	B3-2（激励下属2级）
● 激励安全就是价值取向。第一，当时待遇很低，我每次绩效考核都给他优秀，最后年终一个奖金，可以提高他的工资。第二，他碰到家庭困难，要处理什么问题，我会关心一下，所以我有困难的时候他也会冲上去	B2-2（尊重关爱2级）
● 还有一点更重要的，我跟他说，以后你是要去地方负责的，这个是我对他最大的期望。他年轻，他追求这方面，是自我实现的最高层次。个人能力发展规划要和企业发展结合起来，最后达到高度统一	B1-2（开发培养2级）

为扩大样本量，使提炼出的领导力素质标准更加符合企业实际，建议补充开展全员问卷调查，与访谈所得领导力素质标准进行交叉验证。

4. 标杆企业学习

根据同行知名公司、其他行业优秀公司的领导力素质模型及部分理论研究成果，总结干部素质要求的普遍规律。

标杆企业的领导力素质模型摘要如下。

标杆企业的领导力素质模型摘要

万科：

- 基本素养：工作观念、管理技能、专业技能。
- 管理自己：职业精神、学习能力、适应能力。
- 管理他人和团队：激励式领导、人际沟通、团队意识、企业意识。
- 管理任务：解决问题、成就导向、组织执行、专业胜任程度。

龙湖：

- 高层管理人员通用素质：战略思考、哲学思辨、变革管理、领导能力。
- 管理人员通用素质：自适应力、系统分析及解决、问题能力、理性创新、发展他人、团队管理、影响能力。

海尔：

- 远景部署、理性决策、战略承接、构建运营能力、横向整合、部署教育、洞察市场。

    ············

最后，将行为事件访谈中频次较高的、反映公司战略文化要求的、搜集到的公司对领导者的要求、捕捉到的胜任特征纳入模型，通过专家小组讨论，验证企业领导力素质模型，得到最终的领导力素质模型。需要注意的是，领导力素质模型需要通过几上几下的沟通与研讨，使各层级干部参与进来，这样可以优化领导力模型，同时通过研讨使其深入人心。

采用何种方法建模、选取什么样的样本、如何对素质模型进行命名和分类等，都不是最重要的问题，重要的是建立起来的模型能让使用者理解并且深入人心，从而改变他们的行为和态度、提升工作绩效。

当然，素质模型在设计时，要坚持分层分类的原则。有些企业针对高层、中层、基层干部设计差异化的素质特征，这是根据不同层级的干部在企业中的定位不同确定的。高层更关注洞察力和宏观视野，中层强调责任意识和战略传递，基层强调主动性和战略执行。所以，除共性的素质之外，基层应更多关注价值观契合度、潜能和成长性，中层应更多关注主动性、责任心和团队领导力，高层应更多关注系统思考、全局视野、洞察力和变革领导力。

分类思维越来越受到重视，未来的营销类、技术类、职能类、生产类、经营类干部会有自身独特的素质特征，当然，这些素质特征一定是在共性的企业级的特征基础之上继续细化和完善的，而非另起炉灶。

标杆企业的领导力模型见表7-8。

表7-8　标杆企业的领导力模型

标杆企业	领导力模型
宝洁	高瞻远瞩、授人以渔、全情投入、鼓舞士气、卓越执行
壳牌	具有远见和号召力、领导他人共创佳绩、尊重包容各种不同、激励辅导发展员工、勇敢坚定、百折不挠、显示良好人际效率、力求表现个人卓越、随时扩大商机、以客户利益为重
IBM	致力于成功：对客户的洞察力、突破性思维、渴望成功的动力 动员执行：团队领导力、直言不讳、协作、决策能力 持续动力：发展组织、人才培养、个人奉献 对事业的热情
GE	活力、鼓动力、决断力、执行力、激情

续表

标杆企业	领导力模型
联想	设定挑战性的目标；有效领导和发展他人；庆祝成功；直接沟通；快速执行
华为	发展客户能力：关注客户、建立伙伴关系 发展组织能力：团队领导力、塑造组织能力、跨部门合作 发展个人能力：理解他人、组织承诺、战略思维、成就导向
中粮	高境界：业绩导向、学习成长、阳光诚信 强合力：协同共赢、组织发展、资源整合 重市场：系统思考、变革创新、客户导向
华润	赢得市场领先：为客户创造价值、战略性思维、主动应变 创造组织优势：塑造组织能力、领导团队、跨团队协作 引领价值导向：正直坦诚、追求卓越
腾讯	客户导向：把握需求、关注客户、创造价值 个人形象塑造：职业操守、个人情商 组织发展：团队管理、变革管理、人才培养 执行力：工作管理、流程管理

(三) 如何测评管理力

管理力包括水面上的任职标准和水面下的素质。水面上的任职标准包括学历与经验、知识与技能、管理能力与领导力、成果标准、绩效标准、价值观、品德等，其中学历与经验、品德、成果标准为资格判定，符合标准则通过，不符合则不通过。其余可以通过量化评价的方式来精准评判干部是否符合岗位任职要求。整体而言，任职标准越具体，评价越容易。

但素质不同，对素质本身的解读不一，素质对应的行为锚定虽然明确，但理解和判定标准很难。在企业实践中，有"表演型人格"，也有"首因效应""近因效应""光环效应"，想要更准确地评价素质，就不能用量化评价的思路，而要用测评的思路。

当然，任职标准中的能力维度，如果没有设置量化的评价标准，也会陷入素质评价的困局。

可以采取评价中心技术、结构化面谈、潜能评估、360度评价、关键事件评价等方式开展测评。

1. 评价中心技术

人才评价中心又称人才评鉴中心，把候选人放到一系列模拟工作情景中，以独立作业或团队作业的方式，通过多种测评技术和方法，观察和分析候选人在模拟的各种情景下的行为、心理、表现以及能力等素质。人才评价中心是多种测评方法的组合。

规范的评价中心操作必须要有四个要素：

- 工作分析与分类的行为观察；
- 以模拟为主的多种方法；
- 多个面试官（测评师）；
- 数据的系统收集处理（和报告）。

2. 结构化面谈

结构化面试是由多个有代表性的评委组成一个小组，按规定的程序，对每一位对象进行有针对性的提问，并根据对象的回答情况进行评定。

结构化面谈的设计、试题、实施、评价、结果都是有结构的。

3. 潜能评估

潜能评估是指使用理论和量化模型，在具体管理情境的选择上对管理能力进行评估。具体而言，针对某特定管理岗位，要确定核心潜能评估的类别，同时明确潜力的层级。对于干部而言，要明确达到什么样的潜力层级，称为合格或者优秀。进行潜能评估时，一般需要应用"培训+

测评＋问卷＋面谈"的工具。

4. 360 度评价

针对特定人员，以 BEI（行为事件访谈）方式，开展 360 度评价，通过周边人士的综合描述，判定对象在该维度的具体素质特征和行为表现。

5. 关键事件评价

关键事件评价是认定干部与管理岗位有关的行为，并选择其中最重要、最关键的部分来评定其结果。关键事件一般以民主生活会的方式开展，以月度、季度、年度为综合周期。

管理力是干部发展的基础性构件，好的管理力标准应该以战略诉求为基准，包括水面上的任职标准和水面下的素质。管理力地图明确之后，组织发展所需的管理能力就有了基准，人力资源部设计的企业大学、培训体系、轮岗等人才发展体系才有了落地的价值。

数字时代的管理力标准会越来越系统，越来越精细，画像越清晰，"按图索骥"的人才搜寻和培养成本就越低。有了充分的数据支撑，管理力标准也不再是一成不变，可以根据最佳实践进行"能力寻优"和"标准溯源"，环境变化、业务变化、技术变化、客户变化时，可以实施调试标准，提高人才适配度。人对了，业务自然就成了。

当然，组织能力包括管理力和专业力两个维度，管理力地图明确后，还需要有明确的专业力地图。

三、专业力地图：能力阶梯导向精准成长

管理力标准使干部的任职、选拔、调用、评价更有依据，战略所需

的专业能力则要靠专业力地图来解决。

从人力资源管理视角来看，专业力地图就是任职资格管理体系。传统的任职资格管理体系既是员工职业化的基础，也是员工发展通道的载体。通道就是职类职种的划分，基于同类型、同职责、同能力要求的岗位，打破部门界限，确定任职资格管理体系。

企业在构建任职资格管理体系时，一般要经历以下四个步骤。

（1）定通道：根据职类职种的划分，每个职种都是一条员工发展通道。职业发展通道一般包括单通道、双通道、多通道三种方式。单通道主要指管理（M）通道；双通道则是在管理通道之外，增加专业（P）通道；多通道既可以增加技能通道，也可以增加操作通道，还可以增加天才（T）通道。

（2）定等级：根据能力和角色差异，员工可以分为初做者、有经验者、骨干、专家、资深专家、权威，不同的角色代表不同的能力，有了差异，员工就有了成长的动力。

（3）定标准：角色之间的差异需要明确的标准，主要关注学历与经验、知识标准、能力标准、行为标准、成果标准等维度。通过软性＋硬性维度，区分员工的能力与层级。

（4）定体系：任职资格的评审体系、任职资格的管理体系、任职资格与薪酬、绩效、培训和人才发展的联动体系，都是任职资格需要关注的维度。

搭建好任职资格管理体系以后，员工有了发展通道，企业的战略实现能力一定会得到体现吗？并不尽然。

任职资格管理体系在企业落地时，经常会出现以下困局。

首先，管理资源投入了，发展空间和机会也给予了，但员工工资上涨并没有带来企业能力提升，市场和技术依旧没有突破。

其次，能力等级空间打开带来的能力溢价，企业是否应该买单？几百人的企业，需要一个人力资源专家吗？如果不需要，能力等级应该如何设置呢？

最后，行为描述的等级标准和岗位说明书及岗位 SOP 手册有什么区别呢？评定时，定性评价如何才能更加精准呢？

要解决以上困局，应从管理视角转向战略及业务视角，基于专业力地图重构任职资格管理体系。

（一）要从组织能力视角划分职类职种

描绘专业力地图，先要做好职位筹划。所谓职位筹划，是指从企业战略和业务流程出发，根据企业工作任务的性质，将企业的职位划分为不同的职类、职种、职层和职级，并在此基础上建立企业的任职资格管理体系和员工的职业发展通道，从而实现人员分层分类管理的目标。

职类职种宜粗还是宜细，不仅仅要考虑内部人员和岗位的数量，还要从组织视角进行整体思考。

需要技术能力沉淀，就应该在技术通道进行细分，技术职种可以细分为系统类、软件类、硬件类、测试类、结构类、技术支撑类、特殊技术类、专项技术类、技术管理类、资料类、制造类、IT 类、质量管理类等等。

需要市场能力沉淀，就应该在市场通道进行细分，市场职种可以细分为销售类、产品类、营销策划类、营销工程类、市场财经类、公共关系类、商务类、客服类等等。

职种划分，应该遵循以下四大基本原则。

（1）人员规模匹配。人员规模足够，区分度才有价值，5 个岗位合计 5 个人，独立设置职种的价值大打折扣，1 个岗位 500 个人，职种就能够区分出人才的专家级、能手级、熟练级、入门级。

（2）业务成熟度匹配。业务模式越成熟，对人才需求越稳定，职种划分后配套的管理措施就越有价值。业务模式尚未定型，盲目地追求职类职种的细化，一旦业务归零，所有关于人才发展的投入就全是浪费。

（3）组织能力牵引。除了人员规模和业务成熟度，更重要的是组织能力牵引。要基于公司战略和未来定位划分职类职种，采取"技术引领"战略，哪怕现在技术人员规模不大，也应尽量细化技术类职类职种，可以将研究与开发、硬件与软件、前端与后端、架构与测试、项目与研发单列，提前明确专业力地图，搭建人才发展通道，为技术人才超前布局和冗余配置打好管理基础。

（4）能力成本投入。人才投入也要算好经营账，设置一个职种，就要配套对应的人才发展和能力提升工程，这些都是管理成本，有限的资源要用在投入产出比最高的人才队伍上。

进行职类划分时，根据企业的业务系统和能力结构特点，可以分为管理类、营销类、技术类、工程类、职能类等（见表7-9）。

表7-9　职类划分示例

职类	职类描述
管理类	决策管理、经营管理、日常管理类岗位，基于管理能力和领导能力，来行使决策、管理与监督职能
营销类	需要专业营销技能与商业手段、方法和相关经验，面对客户或供应商，为内部或外部客户提供专业的产品和服务
技术类	基于产品相关的专业领域的技术、方法和相关经验，进行技术、产品研发，以及研发过程及其相关过程的质量控制、市场推广等
工程类	以产品及其专业领域的技术、方法和相关经验，为客户提供产品的售前咨询、过程实施和售后技术服务

续表

职类	职类描述
职能类	在专业职能领域，进行人事、财务、行政后勤等专业化服务或者为管理者行使决策、管理与监督职能提供专业性参谋服务

职种是指在职类划分的基础上，按相同要素对同一职类进行的职位归并，是职位划分的进一步细化。这些岗位要求任职者具备的技能类别相同或相关，承担的职责与职能相似或相同。

华为有管理和技术两大序列，管理类、营销类、专业类、技术类、操作类五大职类，并基于五大职类细分了几十个职种（见表 7 - 10）。每一个职种都有明确的等级和标准，构建起该类员工的发展通道。

表 7 - 10　华为职种划分

管理类	营销类	专业类	技术类	操作类
五级管理者 四级管理者 三级管理者	销售类 产品类 营销策划类 营销工程类 市场财经类 公共关系类 国际投标商务类	计划类 流程管理类 财经类 采购类 人力资源类 项目管理类 销售管理类 商务类 订单履行类 物流管理类 秘书类 法务类	系统类 软件类 硬件类 测试类 结构类 技术支援类 特殊技术类 专项技术类 资料类 制造类 IT 类 质量管理类	装备类 调测类 物流类 检验类 设备类 技术员类 事务类 司机类

有了职类职种，就有了发展通道，员工也就有了自我提升的动力和意愿，有利于企业打造出人才高地，企业的核心竞争力会越来越强。某企业人才高地见图 7 - 4。

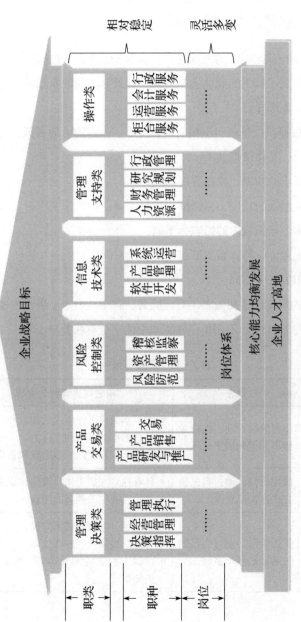

图 7 - 4　某企业人才高地

（二）依战略需求确定层次等级

职类职种就是员工的发展通道，有利于职业能力的提升。多条职业发展通道拓宽了员工的职业选择空间，让拥有不同职业锚的人才可以做出不同的职业选择。

企业根据职位角色、承担的职责大小、所需能力的高低，可以划分不同的层级，具体依据如下。

- 所要求的知识、技能程度不同；
- 解决问题的难度、复杂度、数量不同；
- 在本专业领域内的影响力不同；
- 对流程优化和体系变革所起的作用不同；
- 承担的责任不同。

一般的职层包括初做者、有经验者、骨干、专家、资深专家等五类角色（见表 7 - 11）。不用角色在组织中的定位有所差异。

表 7 - 11　职层与角色

职层	角色	角色定义与行为要求
初做者	学习阶段，通过按指令做事为组织做出贡献	• 学习本岗位工作所需的知识和技能 • 具有基本的技术和胜任力 • 积极学习相关的专业经验和知识
有经验者	应用阶段，通过自己独立工作做出贡献	• 具有独立完成工作所需的知识和技能 • 开始发展相关领域的知识
骨干	扩展阶段，通过自己的技术专长做出贡献	• 具有某一领域的技术专长 • 为他人提供一些专业支持 • 跟踪本行业的发展动态，熟练掌握相关知识

续表

职层	角色	角色定义与行为要求
专家	指导阶段，通过指导他人工作做出贡献	● 对某领域有深刻而广泛的理解 ● 具有创新思想和方法 ● 作为资源为他人提供有效的指导 ● 为他人提供业务增长的机会
资深专家	领导创新阶段，通过战略远见做出贡献	● 具有系统全面的知识和技能 ● 可根据专业判断制定战略 ● 推动专业水平的发展 ● 专业水准被同行认可

　　任职资格等级是对职层的进一步细化，主要依据能力等级来衡量。能力等级说明了员工能力的发展变化，职层描述了"质变"情况，而级数描述了"量变"情况。当人员规模很大、分工很细的情况下，在每个任职资格等级内还可分职等，如华为的预备级到职业级（如图7-5所示）等。

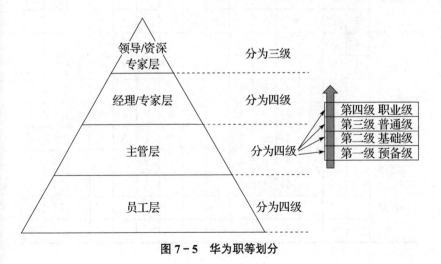

图7-5 华为职等划分

　　不同的职种，任职资格等级应有差异。并不是所有的职种，都要涵盖所有的职层和职级。

　　对技术人才需求广，则技术人才的等级空间可以拉开，如从员工层到专家层。对市场人才需求不强烈时，市场人才的等级空间可以压缩。

　　能够为企业创造价值的能力，才是任职资格需要追求的能力。盲目的"能力溢价"会让企业难以承受，造成不必要的成本浪费。

　　如何确定职种内的等级？可以参考表 7-12 和以下原则。

表 7-12　职等划分示意图

	职类1			职类2			职类3			职类4			职类5		
	职种A	职种B	职种C	职种D	职种E	职种F	职种G	职种H	职种I	职种J	职种K	职种L	职种M	职种N	职种O
核心层	1														
	2						1								
	3	1					2	1							
中坚层	4	2					3	2	1		1	1	1		
	5	3	1				4	3	2	1	2	2	2		
		4	2	1	1	1	5	4	3	2	3	3	3		
骨干层		5	3	2	2	2		5	4	3	4	4	4	1	
			4	3	3	3			5	4	5	5	5	2	1
			5	4	4	4				5				3	2
基础层				5	5	5								4	3
														5	4
															5

● 行业地位。行业地位高，则职种的等级空间可以延伸至资深级。

● 商业模式与战略诉求。技术驱动型企业，技术通道的等级空间要大一些；市场驱动型企业，市场通道的等级空间要大一些。

● 发展周期。在初创期，企业需要加大技术端和市场端的人才和资源投入，等级空间可以大一些；在成熟期，企业可以参考行业地位和商业模式 / 战略诉求综合确定；在衰退期，企业对专家级人才需求逐步减弱，等级空间可以压缩。

● 人员数量。先有数量，后有质量；人员多，空间大；人员少，空间小。

● 企业规模：大规模企业，整体等级空间都应大于小规模企业。

（三）专业力标准要以量化选拔取代定性评价

有了通道和等级，组织的"能力阶段"就描绘成型了，细化等级内的任职资格标准，专业力地图就完成了。

有效的专业力地图，既能满足企业成长和发展所需的人才配置和组织能力，也能利用能力阶梯为员工勾勒成长路径，同时基于标准精准设计培养措施，配置资源，实现人才精准、高效的发展与成长，只有如此，才能双赢。

为了人才发展而实施人才发展，或者人才发展并不能推动组织发展，都不可取。

进行专业力标准设计时，要尽量以量化选拔取代定性评价。传统任职资格标准通常划分为行为标准、知识标准、能力标准、经验成果四个模块（如图 7 - 6 所示）。

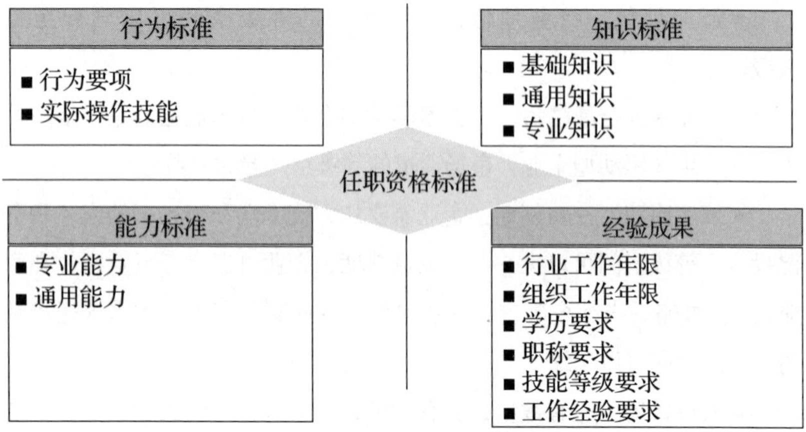

行为标准	知识标准
■ 行为要项 ■ 实际操作技能	■ 基础知识 ■ 通用知识 ■ 专业知识

任职资格标准

能力标准	经验成果
■ 专业能力 ■ 通用能力	■ 行业工作年限 ■ 组织工作年限 ■ 学历要求 ■ 职称要求 ■ 技能等级要求 ■ 工作经验要求

图 7-6　传统任职资格标准四大模块

● 行为标准。胜任职位工作的关键步骤，是通过对整体工作过程的分析、总结，归纳得出的产生高绩效所需要具备的关键行为。

● 知识标准。胜任职位工作所必须具备的知识，包括基础知识、通用知识和专业知识。主要通过考试、提问、演讲等方式评价。

● 能力标准。胜任职位工作所必须具备的技能，包括专业能力和通用能力。主要通过考试、提问、行为观察、360 度评价等方式评价。

● 经验成果。主要分为经验及专业成果两个部分。经验是指该资格等级的人员在专业领域工作的时间长短和参与、承担的专业活动、项目等，专业成果是指从事专业工作取得的工作业绩和工作成果，或达成的具体目标。

传统的任职资格标准通用性有余，精准性不足，同时主观评价较多，落地实操困难。即使行为区分度足够，评价时也很难证明。比如三级责任意识指"对工作职责范围内的事情尽心尽责"，四级责任意识指"主动承担工作外遇到的突发情况"，它们从行为描述上可以明确区分，但现实工作中如何精准判定是个难题。

定性的行为描述很重要，但确定性的行为在工业时代是可预期、可判断、可感知和可测量的，而数字时代是乌卡（VUCA）时代，是不求能力为我所有但求能力为我所用的时代。严格按照行为标准来确定任职资格标准，一来管理成本极高，二来与流程、职责、SOP 手册有交叉重叠，三来不能涵盖能力等级的方方面面，四来难以评价。所以行为标准已经不太适合任职资格标准。

能力标准同理，绩效有"结果说""过程说""投入说"，约束行为是为了加强过程控制，强调能力是把好投入端。但行为和能力远远不如结果更能评判一个人能力的高低。

基于此，可以建立"资格线、晋升率"的评选机制，资格线作为任职资格等级的最低积分资格标准，晋升率结合整体人才队伍规划，按该年度晋升比例，开展选拔性晋升。

具体任职资格标准的设计思路如下。

1. 基本条件

基本条件主要包括工龄、学历学位、职称、绩效、资质证书等。学历、工龄等在本模块只做基本要求，门槛较低，重点还是以经验成果来区分人才。

绩效要求在各职层进行区分。在大多数企业中，普遍存在资深老员工绩效评分较高，新员工评分较低的情况。如果拿同样的绩效评分作为所有职层晋升的必要条件，这对新员工相对不公平。故绩效评分在低职层的要求比高职层的要求低一些，更符合企业人员的发展现状。

资质证书仅对研发、建筑等对专业能力有一定要求的职种适用。

2. 知识技能标准

知识技能是胜任职位工作所必须具备的专业知识、行业知识、专业技能及通用技能等。

对于管理规范的成熟企业，可通过考试、实操的形式对知识技能进行检验。对于处于发展期的企业，考试和实操的认证方式管理成本较高，可与企业培训相关联，对每一层级设置专业的必修课和相关的选修课，修满相应的学分并通过随堂测试，即为通过该层级的知识技能标准认证。

值得注意的是，对于高层级的管理人才，其专业经验比较丰富，培训课程可偏向于本专业体系化课程和通用管理技巧。

3. 经验成果

经验成果是任职资格标准开发的重点，分为专业经验和专业成果。

专业经验遵循客观、量化、多维度的原则，首先总结不同资格等级的人员在其专业领域的关键能力项，其次需要开发具体的专业经验。

（1）总结关键能力项。

首先从行为要项出发，结合部门职责、职位说明书、流程分析、部门计划等内容，分析得出各资格等级的关键行为标准，并进一步总结出各等级区别于其他等级的关键能力项。

以研发人员为例，研发工作是研发人员的主要工作，故在总结中低层级研发人员的关键能力项时，应重点强调其开发和研究能力；而高层级研发人员在一定研发能力的基础上，应更多投入专业方向规划、顶层设计、体系建设方面的工作，故在总结高层级研发人员的关键能力项时，应强调这些方面的相关能力。

同样，对于研发人员，模块开发是各职层必备的能力，故在低层级着重强调其模块开发能力。中高层级的人员也需要具备模块开发能力，但在其晋升过程中，这方面能力已于低层级做过要求，能从低层级晋升到中高层级的人员必然具备模块开发能力，故在中高层级不再强调模块开发能力，而强调更高水平的系统开发能力，以此来区分低层级和中高层级的能力差异。

总结来说，中低层级主要强调专业能力，高层级主要强调规划、策划、顶层设计等专业管理能力；同时，对不同任职资格等级的专业能力要予以区分。

（2）开发经验标准。

总结出各等级的关键能力项后，需要开发具体的专业经验，即做了什么事情，并取得了什么结果，能够证明人员具备这些关键能力。

在开发专业经验时，要遵循可量化、可评价，多维度的原则。

● 可量化、可评价是指尽可能避免主观评价，通过定量、客观的形式进行表述。

● 多维度是指从多个维度进行表述，通过角色、难度、频率、结果等方面共同约束来提升评价的准确度。

举例来说：

大型模块开发能力——作为模块开发负责人（角色），每年组织开发1个（频率）大型（难度）模块，并得到推广应用（结果）。

项目管理能力——作为项目经理（角色），每年至少主持2个（频率）省级（难度）项目，并按期通过验收（结果）。

在专业经验开发完成后，建议补充各层级的认证材料要求，即每项专业经验通过什么资料进行验证，以减少后期认证的审核工作。

专业成果指各资格等级要求的专业成果、奖项等，一般包括论文、论著、专利、国家标准、行业标准、企业标准、科技奖励、新产品认定、成果鉴定、协会任职、人才称号或其他荣誉等。本项视具体职种而定。研发、设计类的职种在部分层级可做要求，若为管理类职种该项可不做要求。

4. 其他（如人才培养）

为了促进企业人才的持续发展，可以将人才培养作为任职资格的重要组成部分，传递人才导向的管理理念。

人才培养通常分为人员培养和培训授课。

（1）人员培养。

人员培养即老带新，由资历丰富的老员工指导经验较浅的员工，使其快速成长。多数企业实行的导师制即属于人员培养的一种方式。在企业实践中有两点值得注意：

● 多数企业只对校招的新员工进行体系化的培养，忽略了工作 3 ～ 5 年的员工的发展问题。他们在基础工作上已经得心应手，但在面对更高难度的工作和挑战时，也会存在困惑，需要一定的指导，企业要关注这个问题进而完善人才后备梯队。

● 进行人员培养时尽量跨等级培养。若等级较为接近，可能会出现为避免"教会徒弟，饿死师傅"的情况而在人员培养时有所保留，无法起到应有的效果。

（2）培训授课。

培训授课指开发相关课程，在部门、公司、集团等层面进行公开授课。

（四）专业力地图需要双评机制

专业力地图不仅描绘了企业赢得市场竞争所需的核心组织能力，同时也勾勒了专业人才成长的的能力阶梯。

在实际应用中，要配套双评机制，即"自评＋他评"。

有了量化标准，就有了明确的导向作用和选拔价值。但不能完全以量化定终身，所以要引入"资格线、晋升率"的评选机制。

资格线用来自评，结合不同的任职资格等级，确定对应的量化积分标准（见表7-13）。

表7-13　不同任职资格等级的积分标准

薪级	管理序列	专业技术序列	积分
14	总助1级	专家1级	300分
13	总助2级	专家2级	250分
12	经理1级	总监1级	200分
11	经理2级	总监2级	150分
10	主管1级	资深1级	120分
9	主管2级	资深2级	100分
8	助理1级	高级1级	80分
7	助理2级	高级2级	70分
6	主管1级		60分
5	主管2级		50分
4	主管3级		40分
3	专员1级		30分
2	专员2级		20分
1	专员3级		10分

有了明确的积分标准后，根据任职资格等级的积分要求，员工即可自我对标、自我提升。下面以某集团任职资格标准为例，便于大家理解

如何确定积分及对应标准（见表7-14）。

表7-14　某集团积分及对应标准

基本条件	专业经验	专业成果
1. 本科12年、硕士8年、博士6年 2. 中级职称 3. 基础积分门槛80分 4. 近三年绩效积分5.5分	近三年经验及成果要求： 1. 作为主要完成人（前五名）参与至少2个大型功能模块设计及开发 2. 独立完成至少3个中型功能模块设计及开发，独立编写概要，详细设计报告，并按时满足实际项目或现场需求 3. 参与的产品入网检测通过率为100%，作为主要开发人员参与完成至少1项新产品开发并推广应用；或2项老产品重大提质升级或独立撰写省部级（含国网、南网、行业）科技项目相关报告；或完成总体方案子模块编写 4. 至少指导低职级员工完成2个型号产品测试及1个小型功能开发，并在部门开展培训授课次数不少于1次或外部开展培训授课次数不少于1次 5. 至少发表1篇核心论文或EI/SCI检索论文，排序前三；或至少有1项授权发明专利，本单位排名前三（排名不含处级干部）；或作为主要完成人（排名前五）参与集团企业标准编写；或参与行业标准编写	近三年经验及成果要求： 1. 科技奖励：国家级100分；省部级一等奖80分/二等奖70分/三等奖60分；集团级一等奖60分/二等奖45分/三等奖30分；同一成果只计最高级别 2. 专利：国际专利授权30分；国内专利授权20分；实用新型专利10分；本款最高20分（排名按2分递减） 3. 论文论著：专业论著30分/篇；SCI/EI/ISTP30分；核心期刊15分；专业期刊5分（本款最高10分） 4. 国际标准100分；国家标准80分；行业协会标准60分 5. 协会任职：行业级60分；省级30分；地市级10分 6. 人才称号：省级以上80分；集团级60分；劳模50分；地市级40分 7. 成果鉴定：项目成果国际领先60分；国内领先20分

晋升率根据每年设定的各等级人才晋升比例，针对符合资格线的人才开展综合评议，进行选拔性晋升。

在专业力地图中，量化标准除了用来评价人员晋升以外，还可以提高导向作用。针对具象的知识及技能标准，可由培训模块负责人，以知识萃取的方式进行提炼总结，形成有效的知识地图。

通过将通道、等级、标准公开，针对清晰明确的量化标准，员工可以开展对标评价，即可以判断自己是否有资格胜任更高等级的任职标准，同时也为自我发展明确方向。

他评应组建专业委员会，对量化结果进行评定，同时对定性的行为及能力结果进行评议。

企业在建立任职资格评审机制时，要注意，认证是分层级的，认证委员会由业务负责人、专家、HR 等综合群体构成。

年度晋级比例同人力资源总体规划、公司总体绩效、部门组织绩效挂钩，差异化确定，人才越重要、公司绩效越好、部门组织绩效越好，晋升比例越高。

在专业力标准评审过程中，要充分发挥专家作用，同时鼓励人才主动参与，积极成长。

第八章

人才发展与组织发展同频共进

企业最喜欢的人才状态是"所有即所需""人才零浪费""人才使用JIT""召之即来，来之能战，战之必胜"；人才最喜欢在"一二分熟"时找到好的平台，"三四分熟"时企业给予专项培养支持，"七八分熟"时提到更高一级职位。这是一种理想状态，现实中几乎无法实现。

有时，人才发展速度跟不上企业发展速度，使企业在创业期无人可用，成长期缺少专业型人才，始终缺少"人才""人物""牛人"。有时，企业发展速度跟不上人才成长速度，"天花板""玻璃门"明显，人才被迫"逆淘汰"。深究其因，是人才发展和组织发展不匹配导致的。

企业发展同人才发展始终是螺旋式上升的过程，机会牵引人才成长，人才推动企业进步。在实践中，还是要把企业发展对人才的需求放在第一位，只有将企业发展所需的核心竞争力内化为人才的职业追求和能力提升目标，才能真正实现螺旋式上升（如图8-1所示）。

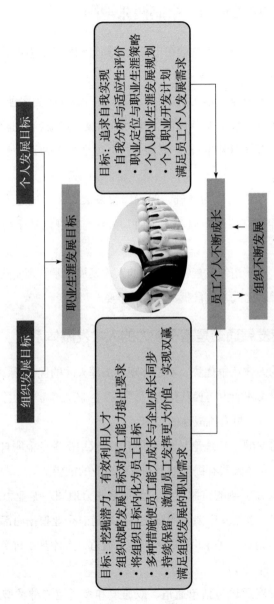

个人发展目标

目标：追求自我实现
- 自我分析与适应性评价
- 职业定位与职业生涯策略
- 个人职业生涯发展规划
- 个人职业开发计划
满足员工个人发展需求

职业生涯发展目标

员工个人不断成长

组织发展目标

组织不断发展

目标：挖掘潜力，有效利用人才
- 组织战略发展目标对员工能力提出要求
- 将组织目标内化为员工目标
- 多种措施使员工能力与企业成长同步
- 持续保留、激励员工发挥更大价值，实现双赢
满足组织发展的职业需求

图 8 - 1 组织发展目标与个人发展目标

一、人才发展基础：绘制两张地图

人人都有上进心，关键在于有没有舞台和机会。企业构建人才发展体系就是要搭舞台、给机会。

首先，要有基于能力的人才发展体系，划分职类职种和发展通道，搭建人才职业发展的基础设施，并明确等级、通道、标准及认证体系，避免"千军万马过独木桥"，靠能力打开职业发展通道，牵引人才自我成长和发展。

其次，要以岗位为基础，明确岗位发展路径，通过人才全景图和赛马制培养机制传递企业用人导向，引导人才规划基于岗位的自我发展路径。

当然，基于组织发展视角开展的人才发展日常管理实践代表着组织的需求，所以比人才的自我发展更加重要。

（一）职业发展通道是基于能力的人才发展体系

企业的人才竞争优势，不是体现在头部人才的优势中，而是体现在自上而下的人才能力与梯队优势中，所以企业总是希望人才持续不断地提高能力，迎接更有挑战性的工作。

麦格雷戈的"Y理论"和马斯洛的需求层次理论证明自我实现符合人的本性，人才天然有提升能力和成就事业的欲望。

承载双方预期的机制设计，就是专业力地图。专业力地图既是任职资格标准，也是基于能力的职业发展通道。企业根据内部价值链环节（尤其是主价值链）划分职类职种，确立通道，人才基于自身兴趣、职业倾向等进行自我发展。

职业发展通道包括单通道、双通道和多通道三种类型。企业人员规模较小时，只有管理通道，人才需晋升到管理职位方可提升待遇、地位；双通道以管理、专业技术通道为主，适用于智力密集型企业；多通道在双通道基础上增加了营销、技工、职能等序列，适用于价值链长、业务和人员体量大的企业。

通道明确后，人才发展路径包括纵向提升、横向转换后提升、网状发展三种方式，分别有 h 型、H 型、Y 型、网状四种通道模式，如图 8－2 所示。

1. 通道内纵向成长与发展

专业力地图根据工作职责和能力要求，划分了不同的序列和职类职种，根据能力高低，细化等级及标准，设置不同的职业生涯里程碑，并由此形成纵向的人才发展通道。

通道中的职级与职层，代表了人才成长过程中的台阶和里程碑，人才可以拾级而上，逐步成长。

（1）职层提升。

一般的职层包括初做者、有经验者、骨干、专家、资深专家等五类角色。不同职层的角色定义与行为要求见表 7－11。

职层是人才职业发展过程中所要经历的重大节点，代表能力的质变、角色的转型，职层晋升的难度要大过职级晋升。

管理序列和专业技术序列职层有所差异，华为管理序列有三大层次，专业技术序列有五大层次，其任职资格要求也有所不同，如图 8－3 所示。

（2）职级提升。

职级是人才在职业生涯发展中所经历的小的节点，代表能力的量变，上升一个职级，人才的薪酬及地位等综合回报比职层小。

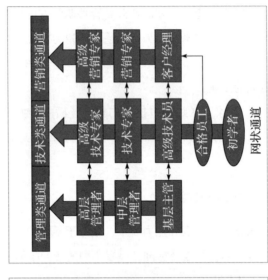

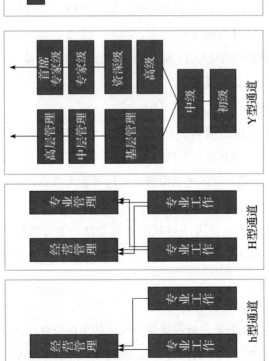

图 8－2　人才发展路径与通道模式

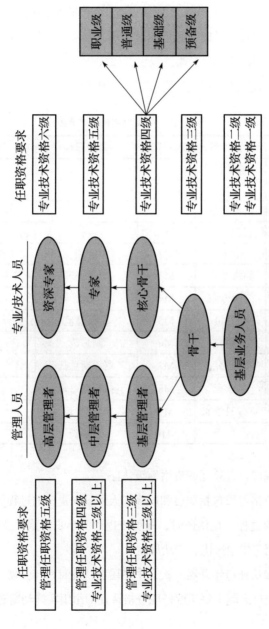

图 8－3 华为管理和专业技术序列不同职层的任职资格要求

阿里巴巴的专业技术序列共设置14个职级（见表8-1），当人才在同一职层内部提升时，难度相对较小，如从P5到P6通常需要1~2年的时间，但跨职层提升难度较大，如从P6到P7不仅要考察时间、绩效、成果，而且要考察专业技术能力与未来发展潜力。

表8-1 阿里巴巴的不同职级

专业职级	专业职称	管理职级	管理职称	工作年限
P4以下	辅助类			
P4	专员			应届本科
P5	高级专员			应届研究生
P6	资深专员	M1	主管	博士毕业1~4年
P7	专家	M2	经理	工作4~8年
P8	高级专家	M3	资深经理	工作6~12年
P9	资深专家	M4	总监	工作9~15年
P10	研究员	M5	资深总监	综合因素
P11	高级研究员	M6	副总裁	
P12	资深研究员	M7	资深副总裁	
P13	科学家	M8	执行副总裁	
P14	资深科学家	M9	副董事长	
		M10	董事长	

（3）纵向提升靠任职资格等级认证。

任职资格等级包括职层和职级，人才纵向提升的过程就是任职资格等级认证的过程。在认证时，低层级提倡"小步快跑、及时兑现"，中高层级强调"优中选优、宁缺毋滥"。

低层级认证每年开展一次，中高层级认证每两年开展一次，由任职资格认证委员会制定每年度任职资格认证的组织实施细则和评定标准。

人才纵向能力提升需经过申请（个人申请或主管推荐）、基本条件审核、自评、主管或评议小组认证审议、公司批准、结果反馈几个环节，确保评审程序的公开和透明。根据人才层级，评审通常包括两种方式。

第一，较低层级的人才由部门组织认证。

较低职级（对应的管理序列为部门中层以下）的人才由部门内部组织任职资格等级认证。每年由人力资源部门发布认证通知，明确各部门任职资格等级提升比例或名额，部门内部组建任职资格认证委员会，通过任职资格审核、人才评审得分排序等方式确定具体的晋级人员。

第二，中高层级的人才由企业组建委员会认证。

中高职级（对应的管理序列为部门中层及以上）的人才由企业组建跨部门任职资格认证委员会进行评审，专业评委来自被认证者所在职位序列的高级专业人员，比被认证者至少高一个岗位层级，且不是认证者的直接上级。专业评委原则上应来自不同部门 / 业务单元，可从专家评委库中选择。

2. 通道间横向成长与发展

企业按照工作性质、分工及对人的不同能力要求设置不同的职业发展序列，给人才职业生涯发展提供方向、赛道。从企业价值链来看，不同工作分工具有上下游衔接的关系。横向发展是人才在不同职位序列间的转换与流动，既有利于企业内部不同分工间的协同性，也有利于提升人才能力的复合性。

（1）适合横向转换的职位序列。

横向转换可以提升人才的系统思考和全局视野，但过多的横向转换也会带来人力资源浪费，所以要依据企业需求适度开展。

不同序列的横向转换需求差异性较大。管理序列及专业技术序列中的高层次专家要多参加横向循环流转。因为传统的纵向"烟囱式"成长方式，容易带来全局性不足、视角片面、本位主义和专家主义等问题，所以要"之"字形成长。华为不允许干部只在某个部门或者系统里面循环流转，特别是中高级干部，要由华为总部进行统一管理，这样能保证干部跨领域、跨体系地进行调配。华为的高级别专家也要经历工程—技术—管理—营销多序列的横向流动后，才能参与评定。

对于其他人员，要鼓励他们干一行、爱一行、专一行，长期在本领域内积累与发展，做好本职工作。

（2）如何转换。

管理序列向专业技术、职能管理等序列转换时，可保有原职级一年时间，一年后要参加任职资格评审，重新核定职级。

专业技术序列或职能管理序列向管理序列转换时，通常按照干部选任程序执行，即审核任职资格、开展360度反馈或考察、由集体评议决定，根据其职位、资历等因素确定职级。

（3）横向转换难度。

在横向转换时，企业应详细论述两个通道的相关性及其转换难度。针对较容易转换的可提倡，并减少转换成本、审核程序；针对较难转换的可留有机会，但增加转换成本、严格审核程序。转换难度示意表见表8－2。

表8－2　转换难度示意表

	A 职种	B 职种	C 职种
Ⅰ 职种	↰		
Ⅱ 职种	↰		

续表

	A 职种	B 职种	C 职种
Ⅲ职种		⤴	⤸

· A 职种容易向 I 职种转换，A 职种可以向 II 职种转换，但是难度较大，不提倡。举例来说，研发技术序列能够比较容易地转向生产序列，但生产序列难以转向研发技术序列。研发技术序列有机会转向营销管理序列，但难度较大。

· B 职种不能向 I 、II 、III 职种转换，但III职种容易向 B 职种转换。

· C 职种不能向 I 、II 职种转换，容易向III职种转换，III职种可以向 C 职种转换，但是难度较大，不提倡。

（4）横向转换程序。

管理序列向专业技术、职能管理等序列转换时，程序如下：

· 本人提出申请；

· 人力资源部门研究并提出转任建议；

· 按照干部管理权限，由具备权限的决策机构批准；

· 本人提出干部职务辞职报告，按干部选用程序免去其干部职务。

专家转任干部职务的，解聘其专家资格，其任职资格、条件和程序等按干部管理相关规定执行。

3. 网状发展适合少数人才

网状发展是指员工在纵向职级提升的基础上，经历了多次、多种职业发展通道的横向转换。

网状发展不仅对员工的综合能力要求极高，同时需要企业倾斜大量培养资源，因此只适合少数人才，尤其是高管继任者、接班人等核心人才。

（1）网状发展关注"核心中的核心"。

网状发展作为多领域、多岗位历练的方式，是培养后备干部、接班人的重要工具之一。

后备干部、接班人的培养奉行"多轮次、多备选、长周期、全方面"原则，在其长达10年甚至20年的锻炼、考察过程中，必须一方面为其量身打造培养方案，包括多岗位轮换等，另一方面考察其在不同环境、不同领域中的表现，实现优胜劣汰。

（2）网状发展"缺什么，补什么"。

网状发展是有针对性的培养方式，对于纳入发展计划的人才，要通过人才盘点与测评计划，针对人才与目标岗位之间的差距，制订有针对性的补差计划，即"缺什么，补什么"。

某集团实施后备经理人计划，以充实其全产业链各关键岗位，在经历了选拔及全方位测评后，发现部分后备干部缺乏周边工作经验和跨领域知识。随后集团基于"缺什么，补什么"原则，制订了有针对性的"横向轮换、网状发展"培养计划。示例见表8-3。

表8-3 干部测评结果与干部网状发展安排

干部测评结果	干部网状发展安排
张三： 业务线直线提拔，缺乏管理经验	担任事业部总经理助理岗位，负责内部管理，补齐财务、人力、供应链经验
李四： 单一业务板块晋升，缺乏产业链知识	到产业链上下游同级别岗位挂职锻炼
王五： 单一价值链晋升，缺乏相关领域知识	到研发、生产、销售部门同级别岗位挂职锻炼

网状发展虽然周期较长、成本较高，但对核心人才的全局视野、综合能力有较大的提升作用。

商务领导人项目（commercial leadership program，CLP）作为 GE 内训中管理能力提升最快的培训项目就应用了网状发展的方式。

项目：商务领导人项目培训

●对象：外部聘用的高端人才＋已经完成培训的管理人员（各事业部职能负责人的后备人选，如 GE 医疗市场运营总监的后备人选），一般 20 ～ 25 人。

●时间：为期两年的管理开发培训（脱岗）。

●方式：6 ～ 8 个月轮岗一次，共计安排 3 ～ 4 个不同的岗位，跨业务部门，跨领域、跨国界。轮岗期间，每年参加 2 次、每次 1 ～ 2 周的课程培训并考试（MBA 类的课程和商业模拟），淘汰 1 ～ 2 人。

（二）人才全景图是基于岗位的人才发展体系

职业发展通道是基于能力的人才发展基础设施，人才可以根据既定规则，选择纵向、横向和网状发展的方式。但员工在职业生涯规划中仍需要显性、直观的路径图、指示器，这时就需要组织描绘基于岗位的最优上升路线，传递企业的用人导向，引导员工规划自身的发展路线。

人才全景图要描绘从最基层岗位晋升到企业高层岗位的不同路线，是从员工发展角度进行的职业生涯规划最优实践引导。这一路线以岗位为基础，通过岗位的变化、组织和部门的转换，勾勒人才发展路径。在实践中，根据更高级别岗位的任职要求，可以同职级提升、通道转换结合。

1. 人才全景图：从学生到总经理

在企业发展过程中，人才既有能上能下的晋升与降级，也有可左可右的横向转换。人才全景图是对企业内部所有岗位发展规律的总结提炼，从进入企业的基础性岗位到企业的最高领导人，任何岗位既有下一层级的储备岗位族，也有向上发展的岗位族，要依次明确各级别岗位之间的"进退"关系，强化人才发展导向，真正实现"企业搭台，人才唱戏"。

（1）基于岗位图谱勾勒人才全景图框架。

纵向按岗位级别将所有岗位依次列出，即可得出不同层次岗位发展的基本逻辑，如"人事专员—薪酬主管/绩效主管/招聘主管—组织发展/人才发展—人力资源经理—人力资源总监"。

横向以职能条线或部门依次列出，可得出不同条线岗位发展的基本逻辑，如"工程部副主任—营销部副主任—开发部副主任—预算部副主任"。

"横纵之间"就可勾勒人才全景图的基本框架，如图8-4所示。

（2）确定各岗位任职标准。

人才全景图框架确定后，从董事长到学生都能在人才全景图中找到自己的位置。各岗位在企业整体布局中的位势一目了然，人才可以向更高级别晋升，从专员到主管再到总监，也可以横向调动，成为复合型人才。

经验不单单包括工作经验，要想让静态的人才全景图架构动态化，就要明确不同岗位的任职标准。这些标准包括学历与经验、知识与技能、素质与能力，其中包括特定领域的特定经验。

以图8-4中的"院长助理"岗位为例，企业结合自身的成功经验，确定"院长助理"必须有设计部5年以上工作经验、技术部和市场部1年以上工作经验。

标准就是人才发展的导向，企业要提高服务客户的意识和能力，可以在更高一级的岗位中加入一线实践经历（如某企业总监级以上管理者，必须有新疆、西藏等地区3年以上工作经验）。

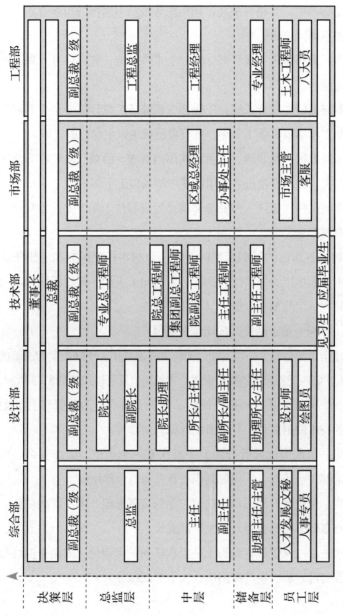

图 8-4 人才全景图的基本框架

确定标准时，要格外关注不同组织等级、不同部门与职责条线、不同地区和不同岗位的标准。

● 不同组织等级：项目部 2 年以上工作经验，有资格进入集团担任主管级岗位。

● 不同部门与职责条线：工程部、预算部、设计部中至少有两个部门的副职工作年限不低于 2 年，方有资格成为以上部门的正职。

● 不同地区：在非洲、南美洲或国内新疆、西藏、内蒙古等地区工作 3 年以上，方有资格进入集团担任中层及以上干部。

● 不同岗位：担任人力资源部副总经理职位 1 年以上，方有资格成为人力资源部总经理。

在确定各岗位的任职标准时，要区分基本任职标准和理想任职标准，基本任职标准为资格线，达标后方可向上发展，理想任职标准为择优线，具有一定的加分价值，但非必要条件。

（3）一岗一策，精准匹配岗位发展模式。

人才全景图是整个公司层面的岗位发展路线图，不同类型和层级的岗位针对人才应匹配差异化的发展模式，常见岗位发展模式如图 8-5 所示。

● 一个岗位可晋升到多个岗位。如院长可晋升为分管综合的副总裁、分管技术的副总裁、分管市场的副总裁等等。

● 同一层次岗位可晋升为上一层次某一个岗位。如综合部、生产部、技术部、市场部、工程部副职可晋升为综合部正职。

● 多个岗位晋升到同一个岗位。如综合部总监、生产部副院长、工程部工程总监都有机会晋升为生产部院长。

● 同一层次岗位可晋升为上一层次任何一个岗位。如储备层可晋升为中层综合部副职、生产部副职、技术部副职等。

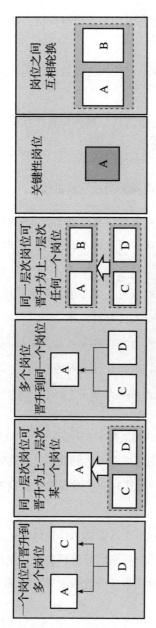

图 8-5　常见岗位发展模式

● 关键性岗位：向上发展必须要经历的关键岗位，缺少该岗位经历就无法继续晋升。

● 岗位之间互相轮换：薪酬岗可轮换为绩效岗，预算岗可轮换为成本分析岗等。

精准匹配岗位发展路径时，分为岗位和岗位族两种不同的模式，最终形成某类或某个岗位的发展路径。

某集团人力资源类岗位发展路线

● 人力资源新员工入职后都需经过项目部1～2年的锻炼，满足条件后可晋升到总部人力专业岗、项目部人力主管。总部人力不直接招聘应届毕业生。

● 总部人力专业岗与项目部人力主管可相互轮换，这两个岗位均可晋升至总部人力主管或项目部人力部门经理。

● 总部人力主管、项目部人力部门经理可相互轮换，这两个岗位均可晋升至总部人力部门经理，继而晋升至人力副总。

该集团人力资源类岗位发展路线如图8-6所示。

再以专业技术类员工为例，该类人才上升空间较大，尤其是在以技术为核心竞争力的企业，其天花板甚至可达到或超过最高管理者。要最大化开发专业技术人员的潜力，就要在一些阶段鼓励更换发展路线，培养"T型"人才。

某企业生产技术类员工，新员工入职后从作业员开始入手，经过一定积累且满足上一层级岗位的任职资格后可选择物控、生产、技术或业务类基层岗位，在该类岗位继续积累后可继续上升，满足一定条件的可横向转换，如图8-7所示。

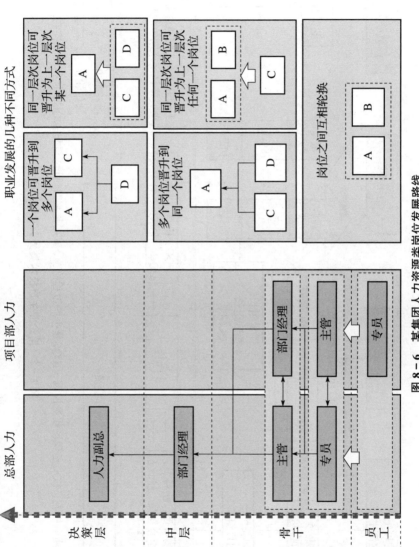

图 8 - 6　某集团人力资源类岗位发展路线

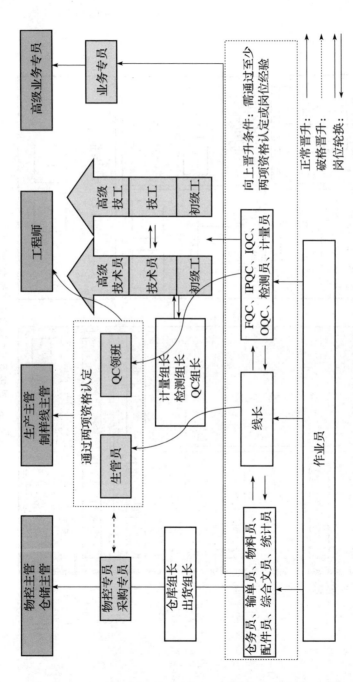

图 8 - 7 某企业生产技术类员工发展路径

注：QC 是质量控制，FQC 是现场质量控制，IPQC 是生产过程检验，IQC 是来料质量控制，OQC 是运行质量控制。

干部序列强调"之"字形发展，通过多领域历练增强复合型能力，促进业务协同，提升全局视角。某集团公司的干部序列包括职能管理、生产管理、技术管理、市场管理、工程管理等细分类别，储备层升任中层需要有跨领域 2～3 年工作经验，中层升任总监层则需要生产管理 2 年工作经验，这种规则明确的选拔标准就是基于最佳实践萃取的人才发展路径。

（4）描绘人才全景图"经纬路径"。

所谓"经纬路径"，即横向轮换和纵向晋升的基本规则。有了标准之后，A 岗位向上发展为哪些岗位即可明确，A 岗位的后备来自哪些岗位也得以明确。这些标准就构成了人才发展的基本路径，描绘出"经纬路径"后，将各模块的人才发展路径拼接为一个整体，人才全景图就成型了。

以图 8-4 所示的"人才全景图的基本框架"为例，根据不同岗位的任职标准和不同的人才发展方式，描绘出如下人才全景图（见图 8-8）。

从图 8-8 中不难看出，想要成为副总裁，必须要经历设计部院长岗位的历练。储备层的所有岗位，任职者培养合格后，可以晋升为中层综合部副主任、设计部副所长 / 副主任、技术部主任工程师、市场部办事处主任。

再比如，中层综合部的主任、设计部的所长 / 主任、技术部的院副总工程师、市场部的区域总经理和工程部的工程经理，想要升职为总监层，必须要经过院长助理岗位的历练，此处就可以设置任职标准"总监层干部必须具备一年以上的院长助理工作经验"。

而在储备层培养干部时，综合部助理主任 / 主管、设计部助理所长 / 主任、技术部副主任工程师、工程部专业经理，相互之间可以横向轮岗，通过多岗位轮换，可以提升干部的综合管理能力和全局视野。

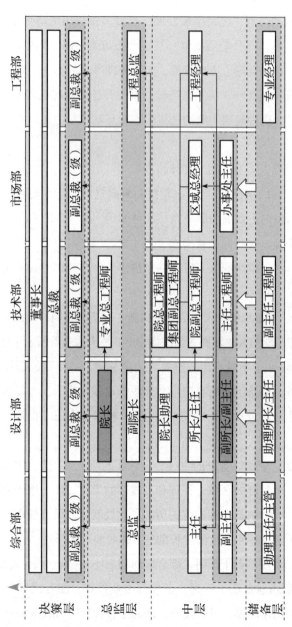

图 8-8 人才全景图（节选）

（5）人才全景图的绘制方法。

人才全景图是对内部员工职业发展规律的总结和提炼，架构宜粗不宜细，标准宜细不宜粗。绘制人才全景图时要系统思考，导入人才发展最优实践经验、企业用人导向等，并固化到制度、流程中，发挥引导作用。

第一，明确组织架构及岗位级别的对应关系。要明确岗位的晋升、降级、横向调动关系，集团化企业还需要明确总部与分、子公司之间的职级关系。

第二，最优实践经验萃取。最优实践经验萃取通常采取结构化访谈的形式，针对当前企业中本土成长起来的高管、各领域高级别人才成长过程进行记录、统计、分析，得出各序列人才发展规律，以岗位为节点、以各岗位任职时间为周期，按任职时间先后顺序将点连成线，形成具体标准。

最优实践经验萃取的结构化访谈可采取行为事件访谈方式，围绕下列问题展开：

● 请回忆并描述您职业生涯发展过程中按先后次序所经历的岗位，在各岗位任职的时间。

● 请回忆您每次岗位变动的主要动因，如个人申请还是组织安排，是在什么样的内外部环境下，您认为当时主要是客观原因还是主观原因。

● 请描述您在各个岗位上的主要工作内容及当时取得的关键成就。

● 请提炼您每次晋升或岗位变动背后，是因为做对了哪些事情，展现了哪些特质。

● 您认为您的职业生涯发展过程是否具有可复制性？如果不具有，是哪些环节或者岗位的晋升、调整不具有普遍性？

第三，导入企业发展导向。企业通过服务客户创造价值，职能部门和机关通过服务业务部门创造价值，要获得晋升必须懂一线、懂业务，不能让不懂的人坐在那里指挥。在职业发展路径中必须导入一线实践经历，尤其是晋升管理序列的人必须有基层成功经验。银行、地产公司等大企业培养管培生时均从一线起步，经过锻炼且证明合格后方可进一步提拔，就是将企业发展导向植入了员工发展路线。

经过以上步骤，勾勒人才全景图框架，定义标准，描绘岗位发展路径，整个企业的人才全景图就成型了，后续的人才发展、招聘选拔、职业规划也就有了基础。

2. 人才全景图是职业生涯规划的基础

人才全景图包括企业内所有的岗位、岗位任职标准及岗位发展的"经纬网络"（该岗位下一步可纵向晋升和横向轮换的岗位，何种岗位可晋升或轮换至该岗位），可以说人才全景图明确后，任何一位员工都可以找到未来发展的方向，这就为员工职业生涯规划奠定了基础。

在开展职业生涯规划时，有两种视角，一种是组织有针对性地开展人才培养与发展计划，另一种是人才遵循发展路径提出的自我发展计划。

（1）企业侧专项培养计划。

企业根据人才全景图，通过职业锚测评结果、人才盘点分析结果，在人才队伍规划的指引下，制订中长期人才成长和专项培养计划，并落实为年度人才发展具体工作。

● 职业锚测评。职业锚测评是针对人才在个性特质、工作技能、职业兴趣、团队角色、工作价值观等方面的系统评价，可判定人才未来的发展潜力和职业兴趣与成就。

● 人才盘点。通过对能力、价值观、业绩等维度的综合盘点，判定人才下一步的发展方式，如培训能力、优先提拔、向上培养、继续观察、启动退出程序等，其中优先提拔和向上培养属于人才发展的具体工作范畴。

● 中长期人才专项发展工程。人才规划 – 人才盘点 = 人才发展目标。中长期人才专项发展工程按层次包括针对新员工的例行培养计划、针对核心骨干的快速成长计划、针对基中高层干部的专项提升计划和针对专家级人才的推举计划，按类别包括管理类、职能类、技术类、营销类等各条线的专项发展工程。

● 年度人才发展计划。将中长期人才专项发展工程落实为当年度人才发展计划，表现为课程培训、轮岗、导师制、赛练结合、行动学习等。

（2）人才侧自我发展规划。

人才发展以组织需求为准，要在组织总体布局之下确定具体的工作安排。所以制订中长期人才专项发展工程和年度人才发展计划需要从组织的视角，而非人才的视角出发。

人才全景图也鼓励人才侧自我发展，通过"学生到总经理"的发展路径，人才可以根据自身的兴趣爱好和职业倾向，积极参与组织的人才发展工程，同时也可毛遂自荐，做自己职业生涯管理的第一责任人。

人才参与自我发展规划，可以从如下角度入手。

● 客观分析、认识自身能力、潜力；

● 熟悉公司职业生涯管理体系，在专业导师、业务条线负责人的辅导下制定职业目标及计划；

● 在岗实践，按照职业目标及计划进行学习提升，寻求辅导；

● 积极主动地参与公司培训。

（三）组织发展比自我发展更重要

　　组织资源是有限的，培养资源尤其要向核心人群倾斜，因此针对企业中的不同人群应有不同的培养策略：针对核心人群，建立明确的胜任标准，注重选拔高潜力人才进行重点培养，采取多种手段培训、历练、考察人才；针对企业全员，通过完善人才发展的基础设施，包括职业发展通道、任职资格标准、人才全景图等，引导员工不断自我提升。

1. 组织发展重视优中选优

　　组织层面的人才发展本着优中选优原则，选拔性培养，针对性发展，强化过程考察与动态退出机制，实行优胜劣汰。

　　企业核心人才培养中，针对管理序列，既关注在职干部的匹配度，又考察干部潜力，既关注冰山上的显性学历、经验、知识等，又关注冰山下的动机、特质、价值观等。针对专业技术、职能类等序列，主要关注任职资格标准，尤其是显性化的成果标准，有贡献、成果，从人群中脱颖而出的则进入核心人才专项培养计划，不需考察其潜力。

　　针对核心人才队伍的专项培养方案设计通常包括五个要点：

　　第一，要注重选拔"好苗子"。选择大于努力，在倾斜资源、下大力气培养之前，首先应选拔现有人才队伍中具备高潜质的员工进入专项培养计划，切忌"大水漫灌"。

　　第二，要注重培养针对性。所选拔的高潜质人才应当通过人才测评等方式明确其当前能力状况与目标要求之间的差距，制定清晰的培养目标及相应措施，切忌一刀切。

　　第三，要注重最优实践经验的可复制性，符合成长规律。人才成长有其自身规律，基本要做到在什么阶段做什么事，专项培养无非缩短了这一过程，减少了成长障碍，但不等于揠苗助长。在对专项培养方案进行设计之前，需要对该序列的现有优秀员工进行访谈，总结其成长规律，模拟真实的职业发展过程。

第四，要注重多种培养手段的综合应用，训战结合。人才培养有多种工具可供选择，不仅仅是课程培训。不同的能力短板适用于不同的培养工具，如行动学习有利于增强团队凝聚力，提升问题解决能力；导师制有利于传授思想，转变角色；在岗实践有助于提升岗位胜任力等。专项培养方案的制订应综合多种工具，从知识、技能、能力、角色认知等多方面加速培养。

第五，凡培训必有考核。通过建立培养中的考核、退出等管理机制，可以最大化降低"培养失败率"。很多企业培养异化为一种福利或者走过场，员工被动接受培训，导致资源浪费。建立相应的培养管理机制，如培养过程中强化阶段性考核、将能力提升结果和晋升相挂钩、建立岗位认证机制等，均有助于提升培养效果。

2. 自我发展遵循按图索骥

个人层面的发展就是员工按照企业颁布的政策，自行申请并参与组织性培养，或通过自主学习提升职级，沿着人才发展全景图实现职业生涯进阶。针对绝大部分群体，组织层面应开展以下基础工作：

第一，完善人才发展基础设施建设。设计职业发展通道、任职资格标准、人才全景图，并广泛宣传，确保管理者会用、员工理解。定期开展任职资格评审，给予员工能力提升后的待遇兑现。通过树立典型、组织"产学练赛"等活动，打造学习型组织。

第二，在专项培养中注重机会均等。专项培养能够加速员工成长成才，在选拔中应当坚持公开、公平、公正原则，同时动态管理专项培养计划，考核不合格的成员要退出，重新选聘。

二、人才能力提升工具箱

读万卷书，不如行万里路。人才能力提升需要注重方式方法，根据培养目的选择多种工具的组合。摩根、罗伯特和麦克三人在合著的《构筑生涯发展规划》中提出了人才培养"721"法则（如图 8-9 所示），在员工个体能力的发展过程中，70% 的效果来自富有挑战性的工作实践（压担子）；20% 的效果来自与榜样共事以及上下级/同级之间的反馈和辅导（传帮带、交流复盘）；10% 的效果来自正规培训（讲授和自学）。

图 8-9　人才培养"721"法则

（一）人才培养与发展的 12 种工具

人才培养有多种工具，根据其目的与作用，可分为知识学习类、行为改变类、经验积累类三大类（见表 8-4）。

表 8-4　三大类人才培养工具

知识学习类	行为改变类	经验积累类
课程培训	导师制	轮岗
自主学习	行动学习	挂职锻炼
学历教育	沙盘演练	在岗实践
资格认证		
外部交流		
案例学习		

1. 知识学习类

知识学习主要是通过授课、自学、沟通交流等方式弥补专业知识和技能层面的不足，提升员工专业化和职业化水平。

●课程培训：通过内外部讲师讲授专项课程来提升知识水平，包括专业知识及管理知识等，通常辅以考试的方式来提升效率。

●自主学习：通常以在线课程、书本、文章等方式引导员工自学，企业应明确学习地图，提出各序列的必修课及选修课等。

●学历教育：员工经过国家教育考试或者国家规定的其他入学方式，进入国家有关部门批准的学校或者其他教育机构学习，获得国家承认的学历证书的教育形式。

●资格认证：员工参与企业或国家组织的职业资格认证，包括职业资格和从业资格，以获得某一职业所必备的知识、技术和能力。

●外部交流：企业与外部标杆企业、咨询机构、行业协会等建立交流、研讨关系，公派员工前往学习的方式。

●案例学习：企业组织员工提炼日常业务、管理中的经典案例并按一定方法进行编辑，供其他员工学习的方式。

2. 行为改变类

●导师制：通过老带新、师带徒的方式，实现企业内部传帮带，帮助员工提升认知、转变角色。

● 行动学习：企业提炼在经营管理中遇到的实际问题，组建不同领域的员工构成学习小组，小组成员通过对实际问题群策群力探讨出解决方案，达到相互交流、启发，解决问题的目的。

● 沙盘演练：来源于军事领域的战争沙盘模拟推演，是指模拟一个企业经营的场景，布置相应的教具，由小组成员提出场景下的目标、任务及行动策略并答辩，以提升成员的战略思考、综合管理能力。

3. 经验累积类

● 轮岗：企业对中高层管理者、关键性岗位等安排职位轮换，实现人才的复合型能力提升和风险控制的目的。

● 挂职锻炼：企业根据培养干部的需要，选派干部到下级、上级、平级单位阶段性任职，挂职期间不改变行政隶属关系。

● 在岗实践：企业在员工上岗之初，设置一定时间的实践与考察周期，通过明确该阶段的目标、记录员工在此期间的表现与业绩，到期考核，促进员工快速融入岗位。

（二）新人"入模子"三步法

新人进入企业后，只有快速融入企业、融入岗位才能缩短适应期，降低离职风险。企业和个体的人一样，有其特殊的价值观和行为方式，员工从学生、社招人才变成企业人需要实现角色转变，这一融入过程应由企业有组织、有计划地进行安排。华夏幸福基业将新员工融入的过程进行系统安排，起名为"入模子"工程。华为对应届毕业生、社招员工乃至外籍员工均开展融入计划，内容包括了解公司、理解价值观等，帮助其实现角色转换（如图 8 - 10 所示）。

	了解公司	理解核心价值观	解读政策制度	融入转身
核心内容	致新员工书 华为公司介绍	华为核心价值观 领导座谈	人力资源管理 职业责任与商业 行为准则	新人新路 敞开心扉 总结反馈
详细内容	根据新员工性质（社招的或者应届的或者高层员工）的不同，内容会有所区分。华为公司的介绍，可以让大家快速了解华为到底是做什么的，尤其是随着华为在手机终端市场以及云市场的不断突破。 在培训过程中比较早期的阶段，就会快速地向新员工讲清、准确地向新员工传递，华为对员工的要求和期望量是什么。	华为的使命和愿景其实在发展的过程中儿度发生变化，但是华为的核心价值观并没有发生根本性的变化，所以在新员工的培训中，核心价值观是其中最重要的部分。 在培训的时候，不是单向的宣贯，而是采用案例讨论、情景再现的形式，让新员工理解核心价值观产生的原因，以及为什么要坚持这些核心价值观。 核心价值观的讲解、解读会邀请高管和管理层来进行，这种解读往往在更接地气、跟业务结合在一起，也更容易被新员工接受。	这些新员工比较关心的，比如人力资源的政策解读、薪酬福利、股票分配、外派、考勤等，还包括职业责任、商业行为准则、道德遵从等。 在新员工培训的时候就已经在向他们传递速基本的业行为准则和道德以及相应的一些红线等让大家来遵守。这些红线等就已经后面干部思想想中的一些要求、思想品德等联系起来了。这种连接，不是挂在墙上的或者只是印刷在文件中的，而是实实在在会影响到员工个人职业前途的。	新人新路主要是围绕新员工最关心的问题来展开的。比如：怎样快速地融入公司，怎样做好工作跟生活的平衡，华为加班到底是不是很多等。围绕这些问题来展开，通过新员工的交流和互动可以让新员工敞开心扉，发表自己的看法。同时公司对这些问题的理解都会向员工呈现出来，帮助员工通过充分的互动，完成从校园人到职业人的转变，或者从学生思想到华为人的转变。 同时华为大学也会积极地让新员工对培训的感受进行反馈："你们的感想到底是什么？"就会集中整理到之后，在下一次的新员工培训中迭代。

图 8-10 华为的融入计划

1. 企业介绍及业务知识

企业介绍及业务知识包括企业发展历程及里程碑事件、主营业务、主要产品及服务、客户及市场竞争态势等。

2. 架构及制度流程

员工入职后需要快速了解企业的办事流程及责任主体，因此应当对组织架构、职责及权责、主要制度流程，尤其是与人力资源管理相关的选用育考留退等相关知识做系统介绍。

3. 企业文化与价值观

企业文化与价值观的融入是一个漫长的过程，通常会经历从表象到本质，从环境到行为方式再到思想态度的逐步转变。在新员工入职之初，企业系统性、生动形象地宣贯文化与价值观，能够强化企业的价值观，为后续员工理解并践行价值观打下基础。

（三）管理力提升的四种工具

管理力既包括显性的知识、经验、技能，也包括隐性的态度、价值观、特质等。管理力提升的工具就是围绕这些要求展开的，高层管理者更关注冰山处于水面下的价值观等，中基层管理者更关注冰山处于水面上的知识与技能等。

1. 管理理论课程学习

管理理论课程学习主要针对通识性管理知识与技能，企业对管理者的要求及经营管理工具、理念等。课程学习既可以通过设定学习内容，由管理者自学，也可以由企业组织统一授课。学习结束后应通过考试检验学习效果，促进管理者投入。

●管理者角色与要求。关于管理者的角色与职责，基层、中层、高层管理者所承担的角色有所差异，如基层负责执行，中层负责上传下达，高层负责决策。华为干部四力包括决策力、理解力、执行力、人际连接力，对不同层级干部的要求有所侧重，如高层侧重决策力、中层侧重理解力、基层侧重执行力等。管理者角色的学习对新上任管理者尤其重要，能够使其了解组织及他人对这一角色的要求、预期是什么，以及应该如何发挥作用。

●管理理论与技能。管理活动有其基本过程和规律，管理者往往具备较强的业务技能，但缺乏管理理论与技能。企业应对不同层级的管理者提供不同层次的技能培训。华为对中基层管理者提供高效团队、人才培养、管理流程、项目管理、BLM模型等方面的培训，对高层管理者提供战略管理、文化管理、业务管理等基于本企业实际的经营管理理论培训。

2. 导师制

导师制有利于提升管理者对问题的掌控力，通过资深管理者向干部传授经验，进行个性、领导能力和管理风格辅导，能够有效优化管理方式，提升干部领导能力。

规范、系统的导师制，有利于新任职干部尽快掌握任职所需的知识、技能，引导其顺利完成上岗过程，满足公司跨越式发展的需求。同时导师制能够营造"传帮带"的文化氛围，将公司内部知识、经验进行传承和发展。

导师制应明确导师选拔标准、导师的责任，并对各级导师提供培训，提升其教练能力。通过明确导师教授要求与流程，实行双向考核，可以促进导师制真正发挥作用。

3.行动学习

行动学习是学习知识、分享经验、创造性研究解决问题和实际行动四位一体的方法。行动学习包括对专业知识的学习，但主要目的不是获得这些知识，而是运用这些知识去分析、研究实际工作中的问题，提出解决问题的方案并付诸实施。

行动学习的目的是提升管理者解决系统性经营管理问题的能力，学习议题包括经营类与管理类。企业运用行动学习是为了满足企业运营或管理层面的诉求，如领导力的提升、战略的规划、业绩的突破、组织的变革和文化的建设。行动学习分为以下几类：

● 领导力发展型行动学习（LDAL）：加速高级人才的发展、发展高潜质人才、提升领导人的胜任力、助力企业领导力测评发展。

● 战略执行型行动学习（SDAL）：战略规划、战略检讨、战略创新、战略执行——绘制战略地图与平衡计分卡。

● 业绩突破型行动学习（PDAL）：财务指标的改善、运营效率的改善、产品或服务质量的提升。

● 组织变革型行动学习（ODAL）：提升组织整体能力、团队建设、组织变革、组织创新。

● 文化建设型行动学习（CDAL）：文化诊断与优化、文化与组织氛围建设、文化重塑。

行动学习的主要流程为"124N1"，一般按照以下步骤：（1）1天深度访谈：聚焦问题，点燃激情。（2）2天群策群力：策略共识，主动担当。（3）4天阶段复盘：照镜子，调步子。（4）N天跟踪辅导：振士气，补差距。（5）1天全面复盘：萃取经验，固化模式。

4. 轮岗

轮岗主要是解决干部的能力培养、协同配合问题，强化组织权威和把控人治风险，轮岗对象包括后备及现任干部、高风险岗位等。

轮岗的方式包括部门内轮岗、跨部门轮岗、跨体系轮岗、跨地域轮岗、跨法人单位轮岗等。

轮岗方式要和轮岗对象匹配起来，具体情况具体分析，见表 8-5。

表 8-5　轮岗方式与轮岗对象

轮岗对象	层级	轮岗方式
后备干部	基层后备	部门内轮岗
	中层后备	跨部门轮岗、跨体系轮岗、跨地域轮岗、跨法人单位轮岗
	高层后备	跨体系轮岗、跨地域轮岗、跨法人单位轮岗
现任干部	基层	跨部门轮岗
	中层	跨部门轮岗、跨体系轮岗、跨地域轮岗、跨法人单位轮岗
	高层	跨体系轮岗、跨地域轮岗、跨法人单位轮岗

轮岗要做好全过程管理，解决好表 8-6 中的问题。

表 8-6　轮岗全过程管理要点

阶段	常见问题
轮岗前	如何制订轮岗计划，如何办好交接、做好培训，保证带着目的去轮岗
轮岗中	如何管理，谁来评价，绩效如何衔接，谁来培养，薪酬怎么定
轮岗后	能力如何评价，职位如何安排
轮岗保障	个人意愿、部门协同、部门意愿等

（四）专业力提升的"产学练赛"四种方式

区别于管理力，专业力主要关注专业技术和技能人才所需要具备的学历与工作经验、知识标准、能力标准、行为标准、成果标准等，即冰山水面上的显性化特征。专业力提升的工具围绕任职资格标准展开，不断提升技术、技能人才的知识、技能与能力。

1. 产：在岗实践

专业力着眼于提高岗位胜任力及成果产出，其主要的培养工具是在实践中学习提升，包括岗前培训及岗中培训。在岗实践不同于日常履行岗位职责，而是有计划地设计实践内容与周期、培训方式、培训效果等，以训战结合的方式实现高效培训。

岗前：员工上岗前，所在部门应组织岗前培训，通过必要的业务知识培训、标准化手册自学等方式提升能力。在此过程中，生产型企业应当重点培训安全知识与技能，商业类企业应当重点明确商业行为准则，尤其是红线类行为，避免员工上岗后触犯底线。如华为对营销部门新员工的培养包括三个阶段（如图8-11所示），涵盖了不同时期员工应当具备的业务技能。

岗中：员工上岗后主要以履行本岗位工作职责为主，倡导干一行、爱一行、专一行。针对绝大多数员工，企业的培养策略是提供人才发展基础设施，包括发展通道、基于能力的薪酬体系等。因此岗中实践按照时间顺序可分为制订职业生涯规划、导师传帮带、部门绩效辅导等。

- 员工职业生涯规划就是员工具备一定基层工作经验后，由人力资源部及员工所在部门共同辅导开展，人力资源部负责讲解公司职业发展通道及政策、人才发展路径等，并提供职业倾向自测工具，员工所在部门开展职业发展面谈与反馈，协助员工确定职业方向。

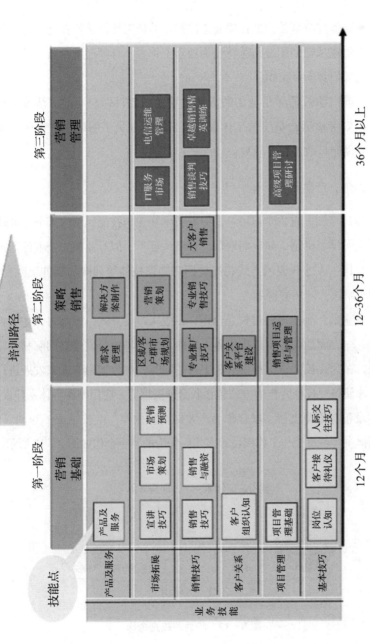

图 8 - 11　华为对营销部门新员工的培养三阶段

● 导师传帮带是为处在职业生涯初期的员工提供工作技能辅导，使新员工快速从辅助配合角色转变为独立工作者。导师通常由员工的直接领导或部门骨干员工担任。

● 部门绩效辅导是员工的直接领导在绩效目标制定前、绩效执行中、绩效考核后给员工的工作反馈，可以帮助员工明确工作中的优缺点，协助制订改进提升计划。

2. 学：产学融合

通过培训、自主学习可补足专业技术知识与技能，绝大部分企业建立了在岗学习机制，如定期培训、资格认证等，但行业领先企业已通过校企合作、人才联盟的方式将岗位所需知识技能培训向前延伸至院校，从源头解决人才培养问题。

入企前：企业可通过校企合作、在校实习的方式一方面将人才培养前置，一方面达到提前选拔优秀人才的目的。华为通过建立网院和人才联盟，在为在校大学生提供成长平台的同时，也为华为的未来发展进行了人才储备。校企合作的方式包括联合师资培养、应用型课程体系建设、教学设备与资源支持、联合华为产业链合作伙伴与院校结成 1+N 对子，采用提供实习机会与工作岗位等方式。华为的校企合作如图 8-12 所示。

图 8-12　华为的校企合作

入企后：员工进入企业工作后，学习方式包括集中培训、在线课程自主学习、资格培训与认证等。

● 集中培训解决知识系统学习问题，对员工队伍知识结构中存在的短板与待提升项具有较好的促进作用，但应注意人群的分层分类及内容的针对性。

● 在线课程自主学习的方式是企业建立基于职业发展、任职资格标准的课程体系，以线上学习平台的方式向员工开放，可设置必修课与选修课，引导员工自主学习提升。

● 资格培训与认证是将岗位任职所需知识、技能进行提炼，经过培训后考察员工的掌握情况，合格后方可持证上岗。资格认证过去主要应用于操作、技能类岗位，近年来逐步被引入专业技术、职能管理序列，成为约束员工的有力工具，如中石油广州培训学院将人力资源体系知识分为初、中、高等级，面向企业内几万人的人力资源从业者开展轮训与认证，同步配套开发内部教材及案例库，通过这一方式有力提升了人才队伍的专业性。

3. 练：技能演练

技能演练也称为实战性培训，与授课、集训等方式的不同之处在于，技能演练是针对某项能力要求、某些场景下应对技能需要，企业模拟实际场景，员工实际演练以强化学习。技能演练需要事前进行相关知识培训，设计好演练场合、时间、参与人员、内容要求等。

4. 赛：技能大赛

劳动大赛、技能比武等方式通过竞争的形式有力促进员工学习提升的积极性，适用于技能操作类岗位，可采取个人间、班组间、部门间等不同的比赛形式，达到"比学赶帮超"的目的。

以上"产学练赛"四种方式是较为典型和常用的培养工具，实际培养中往往是多种工具的组合，如华为研发人员的职业发展管理具备完整的管理体系（如图 8 - 13 所示），并对培训、导师制、工作轮换等多种培养工具进行了综合应用。

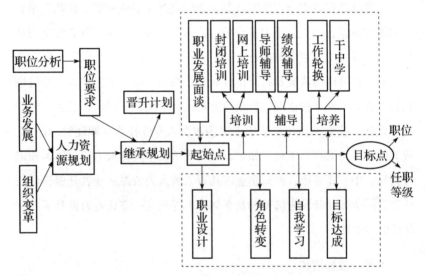

图 8 - 13　华为研发人员的职业发展管理

三、从学习地图到知识管理

（一）学习地图是培训体系的基础

1. 管理力地图和专业力地图决定学习地图

作为企业核心骨干人群，干部标准强调胜任力，既要关注显性的知识、技能、经验，也要关注隐性的特质、价值观，实现既能当下履职又能在未来发挥潜力的目的。作为企业绝大多数人群，专业技术人才标准强调任职资格，主要关注冰山位于水面上的知识、技能。管理力地图就是干部的胜任力标准，可以帮助企业按图索骥选拔好干部，专业力地图就是专业技术人才及职能人才等的任职资格标准，能够打造能力阶梯导向精准成长。

学习地图作为培训体系的基础，主要以管理力地图和专业力地图为依据进行设计，将组织发展所需人才能力固化为学习方案、培训课程体系等，通过培训计划及任务管理等方式予以落实，提升培训的针对性与实效性。

2. 学习地图构建五步法

学习地图以关键岗位为对象，将人才在岗位任职的不同阶段所面临的任务转换为知识、技能、素质等能力标准，通过开发针对性的学习方案、课程体系并对培训项目进行管理，进而提升关键岗位任职人员的能力。

学习地图的构建依据主要包括三个方面：

（1）岗位工作任务。

如果学习和培训脱离实际工作任务，如某些企业组织员工上大课、读通用书籍等，一方面无法调动员工的学习热情，另一方面难以产生实际效果。因此，学什么取决于干什么，学习地图的设计以工作分析尤其是岗位关键工作任务为依据。

（2）任务所需能力。

不同岗位工作任务的完成需要员工具备不同的能力，包括知识结构、技能、素质等，不同企业、不同职位序列、不同岗位所需能力有所不同，应当以任务为依据明确所需能力，进而针对能力开展培训方案的设计。

（3）业务面临问题及未来发展需求。

员工除了要胜任岗位，还要融入业务链条，融入企业环境。企业在不同发展阶段面临的问题不同，对员工队伍的整体要求不同。如初创期企业对员工的创造性要求高，成熟期企业对员工的规范性要求高，转型期企业要求员工具备较强的危机意识等。企业及业务发展所面临的现实问题及所需能力应当纳入学习提升内容。

除了解决当前问题，学习地图还应对未来发展所需能力进行预测，以支撑企业转型发展。如设计院向全过程工程管理转型时，员工除具备当前设计业务所需能力外，还应具备组织协调等工程管理所需能力。

学习地图构建应由人力资源牵头，相关岗位绩优人员、岗位直接管理者、所在序列专家深度参与，还可引入外部专家，采取团队共创法研讨开发。学习地图的构建通常包括五个步骤：

（1）梳理岗位工作任务。

首先，相关岗位任职人员在 HR 引导下开展工作分析，按照岗位工作先后次序对所有任务进行梳理，这一阶段的原则是事无巨细，将所有工作任务按照相互独立、完全穷尽的方式进行罗列。任务颗粒度介于动作与职责之间：

任务＝动词＋定语＋名词，如组织年度培训计划编制。

其次，HR 引导员工按照类别对已罗列的工作任务进行分类，可按照场景分类，也可按照决策性、管理性、执行性的逻辑分类，或按先后程序分类。例如，福利管理岗位相关任务梳理（部分）见表 8-7。

表8-7　福利管理岗位相关任务梳理（部分）

任务概述	任务类别		
	制订计划与制度类任务	执行类任务	指导、监控类任务
福利管理	编制社会保险及住房公积金缴纳方案	缴纳社会保险及住房公积金 编制社会保险基数报表，每月根据相应比例进行计提并缴纳	
	制定员工误餐、水电气、住房等补贴标准	发放员工误餐、水电气、住房等补贴	监控各种补贴的实施效果
	制定员工劳保用品、休假、疗养等福利发放的标准	采购和发放劳保用品、组织休假和疗养	监控劳保用品、休假、疗养等福利发放的实施效果

本环节可采取团队列名法的研讨方式，让参与者逐一发言，追求数量，不做对错、好坏的讨论。

（2）明确典型工作任务。

典型工作任务包括例行性、操作性及难度较大的内容，这一步是对上述已梳理出的工作任务进行分析，找出典型工作任务，明确岗位工作挑战所在，为下一步提取能力做好准备。典型工作任务满足以下要求：

● 具有重要性：在岗位工作任务中具有重要作用，较大程度影响岗位工作业绩。如在福利管理岗位中，制定福利标准具有重要性，这一任务完成好坏直接关系到工作合规性。

● 具有较大难度：这些任务的完成对任职者要求较高，需要具备较全面的知识与技能方能胜任。

● 具有较高频率：在岗位工作时间中占比较大、出现频率较高。

本环节可采取头脑风暴等方式，由团队共同探讨提出。

（3）分析任务所需能力。

这一步应对已梳理出的例行性、操作性任务，尤其是重点针对典型工作任务提取所需能力，分析见表8-8。能力提取可采取访谈法、对标法，明确该岗位所需的知识、技能、能力、素质。

表8-8　任务所需能力分析表

能力	典型工作任务	任务1	任务2	任务3	任务4
知识	专业知识				
	行业知识				
	公司知识				
技能	通用技能				
	专业技能				
能力					
素质					

访谈法是对岗位绩优人员开展结构化访谈，明确在岗位任职的不同阶段（如新任期、成长期等）所需处理的关键任务、所需具备的能力。对标法是通过回顾管理力地图和专业力地图，参考外部标杆企业能力标准，分析制定该岗位的能力素质标准。

（4）设计专项学习方案。

学习方案就是针对岗位任职者在不同阶段所需具备的能力素质，开发针对性的培训工具，将培训学习的形式、时间、要求等形成方案，指导培训落地。

制订培训方案时应注意培训工具的选取及"721"法则的应用。

● 不同的能力素质需要采取不同的培训工具。

工具与培养目标见表 8 - 9。

表 8 - 9 工具与培养目标

工具	培养目标
培训课程	提升专业能力：弥补专业知识和技能层面的不足，解决经理人专业化的问题
行动学习	提升解决问题的能力：提升解决系统性经营管理问题的能力，例如提升品牌推广的系统性能力
导师制	提升对问题的掌控力和改换领导风格：传授经验，进行个性、领导能力和管理风格辅导，优化管理方式，提升领导能力
轮岗挂职	丰富经历，赋予挑战性工作：增加跨行业、跨部门经验，丰富职业经历，提升对全局工作的管控能力

● 应遵循训战结合的原则。

培训时，有 70% 的内容应当在实践中学习，20% 的内容通过他人学习，10% 的内容通过正式的课程学习。在实践中学习包括在岗实践、轮岗、交流轮换、挂职锻炼等；通过他人学习包括导师制、绩效反馈与辅导等；正式的课程学习包括授课、自学等方式。在选择好培训工具并遵循训战结合原则的基础上，可根据员工任职的不同阶段按照不同目标形成学习方案。腾讯产品经理培训方案如图 8 - 14 所示。

（5）开发课程体系。

最后一步是根据所要掌握的知识、技能、能力等，开发培训课程体系（见表 8 - 10）。这一步应当尽可能细化，从而为后续培训组织提供基础。

- 产品经理作为典型的复合型岗位，对人才的设计、开发、市场、运营方面的要求都很高，从社会招聘渠道招募此类人才不仅成本高，且需要时间让其熟悉业务。
- 腾讯倾向于通过新的途径自行培养，从2012年起，建立起稳定的产品培训生招募和培养体系。

图 8-14　腾讯产品经理培训方案

表 8 - 10　培训课程体系的开发

阶段	类别	课程名称	学习目标	时长	形式	考试方式	课件
新任期	知识类						
	技能类						
成长期	知识类						
	技能类						

（二）基于知识管理的学习地图终将升级为知识发展

学习地图构建完成后，不能成为"知识监狱"。将有价值的知识固化在学习地图上以后，还要关注知识管理，并从知识管理升级到知识发展。

做好知识发展，要从知识创造、知识整合、知识分享和应用等维度入手。

1. 知识创造

通过优化绩效体系，在绩效标准中更多地加入知识的成分，不仅包括员工的知识贡献，而且包括在员工的胜任力模型里直接加入知识创造行为，从而从根本上达到鼓励员工进行知识创造的目的。

2. 知识整合

以学习培训中心为基础，重新构建组织的知识中心。知识中心包括环境知识、行为知识、关系知识等知识类型，利用深度学习和自然语言处理等技术，让知识中心成为自动获取、自动整合、自动迭代的组织大脑，并自动生成针对各个场景和应用的体系化知识方案。

3. 知识分享和应用

通过对技术手段、团队结构、领导风格、组织氛围等进行优化，可以创造有利于分享的硬环境和软环境，并充分利用 AR、VR 等技术，发展智能学习、智能练习，提升学习质量、促进知识应用。

四、企业大学"123X+N"

(一)"123X+N"搭建企业大学体系

绝大部分企业在快速发展中都面临人才短缺的掣肘，企业大学作为人才开发的重要组织，能够有力支撑人才发展，进而解决人才短板问题。企业大学的搭建包括设计架构、明确目标、规划培训内容、完善配套措施等内容。"123X+N"即一个大学、两张地图、三家学院、X 类训练营和 N 种配套措施。

1. 一个大学

隶属于人力资源部的培训部门已经难以满足大型企业的人才培养需求，企业大学作为独立支撑组织被越来越多的企业采纳，如 GE 的克劳顿管理学院、华为的华为大学、华夏幸福基业的华夏幸福大学等。企业大学在规划之初应明确组织架构及职能、运作范围及筹资方式问题。

（1）企业大学的组织架构通常按照内部功能模块进行设计，一般包括领导力发展学院、通用能力发展学院、行业/产业学院、专业能力发展学院、智能学习中心及教务中心等部门，如图 8-15 所示。

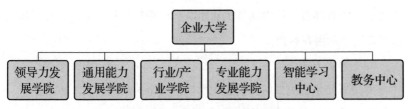

图8-15　企业大学的组织架构

（2）组织架构确定后应明确各部门的职能，见表8-11。

表8-11　企业大学各部门的职能

部门	职能
领导力发展学院	管理人才培训的组织实施部门。负责落地人才发展战略，打造管理人才梯队，管理人员外派学习等
通用能力发展学院	公司层面通用类、新员工方面培训的组织实施部门
行业/产业学院	公司资源整合的知识管理及输出平台。对外输出品牌、产品和服务，走市场化道路
专业能力发展学院	专业技术、技能类培训的组织实施部门
智能学习中心	在线学习运营管理部门。通过线上培训及微课的形式，宣贯集团文化、领导讲话、规章制度、专业技能等
教务中心	企业大学培训项目的计划及组织实施部门。主要负责企业大学培训需求调研、年度培训计划与预算拟定、内训师队伍建设及管理、培训体系建设、课程开发，全面负责年度培训计划的实施及保障，人才培养档案记录、人才发展情况跟踪等工作

（3）运作范围。

运作范围是企业大学所服务的员工范围和提供的项目范围，大的分为对内、对外两类，对内又细分为全产业链或部分人群的覆盖范围。例如，MOTO的企业大学提供全面服务，其运作范围很大，它覆盖整个价值链中的所有环节，从内部员工和团队到外部客户和供应商，甚至包括新兴市场上的潜在客户。

（4）筹资方式。

筹资方式是解决如何为企业大学提供资金的问题。

第一步是做好投资预算，即在教育和培训上的投入占本企业薪金总额的比例。据调查，平均而言，100所企业大学将其薪金总额的2.2%投入到教育和培训上。

第二步是进行筹资方式的选择。筹资的主要方式有三种：第一种是作为成本中心实行预算制，公司直接拨款；第二种是作为内部利润中心，向业务单位收取费用；第三种是面向市场成为行业级学习平台，向外部客户收费。其未来发展趋势是后两种，利用市场化的手段一方面可以提高服务质量，另一方面可以提升培训学员的积极性与主动性。如华为大学就是一个提供有偿服务的SBG（service business group），华为公司是华为大学的客户，同时向外部市场客户收取一定费用。

2. 两张地图

两张地图即管理力地图、专业力地图，它们作为企业大学搭建培训体系的基础，是各个关键岗位学习地图设计的依据。企业大学根据管理者胜任力要求、专业力不同职级的任职资格要求，设计学习方案、搭建课程体系并动态更新，组织培训学习项目。

3. 三家学院

三家学院是指将管理力、专业力、新员工培训分开，在企业大学内设置三个组织机构，以组织各类人群在不同阶段的学习培养。相关示例如图8-16所示。

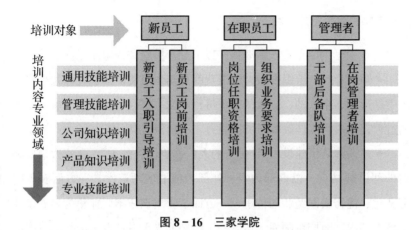

图 8 - 16　三家学院

4.X 类训练营

　　组织的培养资源是有限的，应当优先向影响组织关键成功因素的核心人群倾斜。在组织培养的过程中，本着优中选优的原则，以专项训练营的方式针对核心人群职业生涯成长的关键节点设计学习方案，以项目制的形式展开培养。如华夏幸福大学设计了新员工的扬帆训练营、管理者的新干部入职培训等 X 类训练营（如图 8 - 17 所示）。

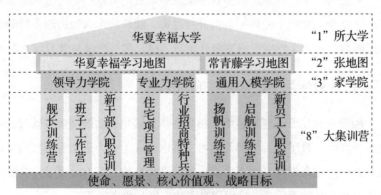

图 8 - 17　华夏幸福大学训练营

5.N 种配套措施

企业大学的高效运作需要做好以下配套措施和资源保障：

● 知识管理。组织中最大的浪费就是知识浪费，知识管理就是将组织中隐形的、个人的、分散的知识进行萃取、整合、记录、分享、更新的过程，以提升工作效率与员工能力，不断积累组织能力。

● 内训师队伍建设。"让优秀的人培养更优秀的人"，企业大学应将内外部讲师结合，以内部为主、外部为辅形成师资库，一方面实现内部文化、优秀实践经验的传承，一方面节省培训成本。如华为建立了非常庞大的内部兼职讲师库，达到一定级别的管理者、专家必须进行内部授课。

● E-learning 平台建设。线上学习具有便捷、高效的优势，企业大学可将课程体系线上化，在外部采购或在内部开发系列课，通过选修课、必修课的设置引导学员自主学习、自主考核检验。作为学习方案中的一种前置工具，只有通过线上学习并考核合格后方能进入后面的培养阶段。

● 案例开发与教学。案例教学被证明是行之有效的学习方式，企业将过往业务、管理中的典型案例进行提炼，能够将个人能力逐步打造为组织能力。企业大学应组织案例开发与编撰、案例教学与学习等。

（二）行业级学习平台未来将成为主流

随着专业化分工越来越细，招聘逐步外置化，薪酬绩效等管理机制逐步平台化、数字化，培训与学习发展也将成为人力资源管理架构中的独立力量。先有规模，再有质量，学习平台亦然，只有规模效应才能提高知识密度和教学质量，进而提高人才发展的投资回报率。

　　此外，学习资源会逐步向行业巨头倾斜，未来的学习平台将会呈现两种态势，一种是细分专业级平台，一种是巨头自建平台。行业级的学习平台拥有海量的知识和最优实践，通过内建平台，可以向外输出知识与人才，既有利于提升产业链和区域经济的人才密度，也有利于提升本企业雇主品牌和人才储备量。

第九章

奋斗者机制：树立最美榜样

奋斗者文化来源于华为的核心价值观。曾有人问任正非是不是在炒作奋斗者文化，任正非回复："奋斗是向中国共产党学习的，为实现共产主义而奋斗终身，为祖国实现四个现代化而奋斗，为祖国的繁荣昌盛而奋斗，生命不息，奋斗不止。"

相比于很多企业提出的"以人为本"，华为倡导"以奋斗者为本"，价值分配体系向奋斗者、贡献者倾斜，"给火车头加满油"，保障企业的持续发展。

随着 2021 年互联网行业进入下半场，以"996"为代表的加班文化难以为继，面临劳动法的合规压力与新生代员工的不理解、不支持，许多企业口惠而实不至的奋斗者导向更是引起争议。

奋斗者文化真的过时了吗？这与诸多企业管理者、职场人士对其的误解有关，他们并未真正搞清楚奋斗者文化的内涵、用意、做法。奋斗者文化不仅是当前时代的需要，也是企业和个人成长的需要，关键在于能否构建一套围绕奋斗者的理念、机制、管理体系。

一、奋斗者：企业价值的创造者

（一）以奋斗者为本是企业的生存逻辑

优胜劣汰的自然法则在企业仍然成立，企业是一个功利组织，遵循社会逻辑，其所有活动都是围绕商业利益展开的，能够适应外部竞争、为客户创造价值的企业才能够存续。为客户创造价值最终还是靠人，靠人的贡献，如果企业仅仅"以人为本"，那么企业就会被市场淘汰，最终伤害的还是员工。

人同样遵循"二八原理"，创造价值的永远是少数人，即奋斗者。以奋斗者为本就是把企业有限的资源向奋斗者倾斜，有效拉开与普通劳动者的差距，这样企业才能具有张力，员工才能拥有动力。正如华为的分配理念：华为之所以垮不了就是因为抓住了前头那批人，因为前头这批人是冲锋的，对他们激励到位了，剩下的人就会跟上去，前赴后继，华为就会越打越强。

（二）奋斗者就是为客户创造价值的人

企业是在为客户创造价值的过程中实现自身的发展，客户成功了，企业才能成功。奋斗是有指向性的，就是以客户为中心、为客户创造价值。

什么是奋斗？为客户创造价值的任何微小活动，以及在劳动的准备过程中，为充实提高自己而做的努力，都叫奋斗，否则，再苦再累也不叫奋斗。

（三）奋斗者画像

谁是奋斗者？用一句话概括就是，为企业做出贡献，为客户创造价值做出贡献的员工就是奋斗者。但是，在日常工作中，我们对奋斗者有诸多误解，导致管理走样。首先我们应该明确，哪些行为并非奋斗或奋斗者。

1. 只提供一般劳动的不是奋斗者

华为的一份文件提到，每周工作 40 小时，只能产生普通劳动者，不可能产生音乐家、舞蹈家、科学家……如果别人喝咖啡，我们也有时间喝咖啡，我们将永远追不上别人。

普通劳动者并不是没有立足之地，相反，企业中有相当多的人的价值观是工作与生活相平衡，企业对普通劳动者的态度是尊重和包容。但是从行为和结果上应当对普通劳动者与奋斗者进行区分，普通劳动者的薪酬待遇与市场对标，享受与市场持平或略高的待遇，而奋斗者分享企业发展的红利，企业发展好的时候，享受超过市场水平的待遇。

2. 低效劳动的不是奋斗者

很多人认为每天加班加点的人就是奋斗者，这导致了很多"被动加班"。2 小时能做完的工作如果因为效率低而拖延至 4 小时，不仅使员工自身劳累，而且会导致其他流程环节的低效，企业也要为此付出加班费等成本，低效劳动对企业和个人是双重浪费。一次就能做对的事情由于不用心而做错，组织要通过重重审核才能发现问题，这些低效、低级失误不是奋斗。

3. 不为客户创造价值的不是奋斗者

为客户创造价值才是奋斗。我们把煤炭洗得白白的，但对客户没有产生价值，再辛苦也不叫奋斗。做假动作、搞内部公关、因一己私利以邻为壑，这些行为都不是从客户出发，但最终需要客户买单，不是真正的奋斗者。

4. 只有身体上的奋斗，没有思想上的奋斗，不是真正的奋斗者

在咨询实践中，员工常常提道，"当我在公司加班画图的时候，我们领导却潇洒地和客户应酬去了"。我们常常只注意到身体上的奋斗，却不注重思想上的奋斗。科学家、企业家、个体户都是思想上的艰苦奋斗，他们为了比别人做得好，为了实现一个技术上的突破，为了一个点的市场占有率，为了和客户搞好关系而殚精竭虑，承受了难以想象的压力。与身体上的辛苦相比，思想上的辛苦更艰难，更不为人所理解。

当今有许多企业已经进入知识经济形态，靠的是人才及其迸发的产业智慧，而不仅仅是靠体力和工作时间。以华为人才结构为例，R&D人才占比超过40%，市场营销人员占35%，真正的生产人员只占15%，而流水线上完成作业功能的人连10%都不到。知识经济时代，创造价值的是知识、人力资本，脑力劳动的重要性更加突出。

5. 个人英雄主义不是奋斗者

组织需要发挥协同效应，需要实现1+1>2的效果，只有那些能够做到群体奋斗、群体成功的人才是奋斗者。别人干得好，我为他高兴，别人干得不好，我们帮帮他而不是站在一旁幸灾乐祸，这就是华为的"胜则举杯相庆，败则拼死相救"。

再来看什么是真正的奋斗者。

1. 为达目标尽心尽力

尽心与尽力，是两个根本性的概念。一个人尽心去工作与尽力去工作，有天壤之别。尽心的员工，即使当前技术差一点、积累少一点，也会很快赶上来，因为他会积极开动脑筋，发挥主观能动性。尽心的员工就是真正的奋斗者。尽力的员工，只是被动地完成任务，而不去主动思考目标到底是什么，自己做的事情价值有多大，而且尽力了还常常成为他们没有达到目标的借口和托辞，来推脱自己的责任。尽力的员工只能作为中低层员工，尽心的员工才能进入中高层领导队伍。

2. 身体与思想的双重奋斗

知识经济时代，创造价值既要靠体力也要靠脑力，体力劳动好观测，脑力劳动却不好评判，应当通过关键事件、结果和贡献来衡量员工是否做到了双重奋斗。企业要尊重苦劳，也要认可功劳，只有苦劳没有功劳只能拿到一般水平的待遇，有功劳的才能获得超额回报。

3. 承担风险和责任的投资者也是奋斗者

奋斗者的含义是比较丰富的，以奋斗者为本，不仅包括劳动者，也包括投资者。投资者拿出自己的钱参与企业的生产经营，承担了相应的风险和责任，也是奋斗的表现。因此，奋斗既包括劳动者也包括投资者，他们的目标是一致的，都是为客户创造价值。

4. 团队奋斗、群体成功

自私、本位主义比较常见，能够跳出自身、部门视角，站在更高角度，站在企业全局的视角思考问题、自动协同的人是奋斗者，遇事推脱的人不是真正的奋斗者。

二、奋斗者的组织保障与日常管理

奋斗是一种状态，奋斗是动态管理的过程，通过在组织中建立相应管理机构并完善职能，以生活会等活动方式定期复盘与改进，营造组织的奋斗氛围。

（一）奋斗者组织保障

1. 奋斗者管理委员会

奋斗者管理委员会是企业关于奋斗者政策、标准、管理体系的最高决策和领导机构，通常由企业高层组成。在机构设立和人员配置上，奋斗者管理委员会可与企业文化建设委员会、价值观评价委员会等合并。职责包括：

● 根据企业战略发展需要，研究决定文化建设、奋斗者管理重要事项，对相关重大事项做出决策；

● 审议奋斗者文化建设实施方案、工作计划及运行保障机制；

● 审议确定企业奋斗者行为标准及选拔、激励、考核、退出等管理体系。

2. 奋斗者办公室

奋斗者办公室是企业关于奋斗者政策、管理体系的牵头与组织落实部门，通常由企业文化建设、人力资源管理等相关部门承担职能，职责包括：

● 起草奋斗者政策、标准；

● 制定奋斗者管理机制，包括选拔、管理、激励、考核、退出等，并组织实施；

- 制订奋斗者宣传活动等例行行动计划。

3. 奋斗者小组

奋斗者小组是企业设在各部门、各所属机构的推进本单位奋斗者文化的柔性组织，由所在单位管理者牵头组建、HRBP 等参与其中，职责包括：

- 根据企业奋斗者选拔标准进行本单位奋斗者的识别与管理；
- 开展本单位奋斗者激励与考核、退出等；
- 通过宣传活动组织实施推动本单位奋斗者文化。

> 华为道德遵从委员会（CEC）是一个实体部门，是企业文化与奋斗者管理的主责部门。下伸到各实体组织，实体组织叫做道德遵从办公室（OEC）。华为在全球建立了 107 个道德遵从办公室，7 758 个 OEC 小组，选举了 5 193 名各级委员。道德遵从委员会的职责和公司的道德遵从、文化、干部培养、自我批判是相关的。2014 年 2 月，华为道德遵从委员会正式成立。在华为，道德遵从委员会是民主产生的群众组织，和董事会、监事会一起构成公司治理的"三驾马车"。

（二）奋斗者生活会

独行快，众行远。奋斗者不仅能够身体力行地践行拼搏精神，同时能够发挥集体主义精神，善于团结队伍，善于依靠组织力量。为在日常工作中创造一种程序，使奋斗者们有机会增加沟通、消除信息不对称，促进组织协同，许多头部企业创造了奋斗者生活会，典型的如华为民主生活会、阿里巴巴"裸心会"等。

1. 华为民主生活会

华为每年都会召开民主生活会，在会上大家不论职位高低，都可以完全放开地表达与评判，既可以审视反省自身，让大家说出自己的问题，也可以当面指出领导甚至是最高领导的问题。

很多人会问，在中国这样讲究人情世故的文化环境下，这么直接的沟通方式有用吗，是不是就是聊聊天、喝喝茶、说说客套话、走走形式？当了解民主生活会是怎么开的之后，相信这种疑虑会不攻自破。华为的民主生活会这么开：

第一步：会前开展组织氛围调研。民主生活会的目的是批判与自我批判，发现组织与个人存在的问题并及时改进。到底组织在哪些方面出现了问题，会议现场讨论的形式一方面大家碍于情面可能不方便直接说，另一方面没有准备。各单位负责员工关系的 HR-COE 在每次会议召开前会通过专门的组织氛围调查问卷等方式搜集所在单位组织方面的问题，并进行总结归纳。

第二步：会前开展内部标杆员工访谈。组织发生了什么问题，只有员工有最切身的体会。召开民主生活会之前，各单位负责员工关系的 HR-COE 及产品线 HRBP 会一起列出结构化访谈问题，与标杆员工访谈，把短板问题梳理出来。此后，结合组织氛围调研，由所在单位负责人筛选出最重要的一些问题，通常是 5 个以内，进入会议研讨环节。

第三步：会上充分沟通信息，分组研讨问题解决方案。会议首先要解决方向共识和信息对称的问题，由内部管理者或相关领域专家介绍本单位产品、业务当前发展形势与未来发展方向，让团队了解业务所面临的挑战与目标，鼓舞士气凝聚共识。由所在单位负责人介绍组织架构及职责等，尤其是在组织与流程变革后，实现信息的及时沟通与对称。

会议主要内容是分组研讨所筛选的重要问题并拿出解决方案，在会上分别汇报并讨论，包括针对这些内容个人要做出何种努力，团队应当提供什么样的支持，并现场承诺。所有有价值的问题及建议都会被跟踪，列入闭环管理。

为丰富民主生活会的形式，使员工在轻松的氛围中受到感染，会议通常还会安排观影、游戏等环节，如通过观看《大国工匠》感受匠人精神。

第四步：会后落实责任，实现闭环管理。会议结束一周后，所在单位负责人在例会上对所研讨的问题再次进行讨论，明确解决方案的负责人和完成时间，并向团队成员公布，接受团队成员的全面监督。在下一次民主生活会上，相关负责人要讲述落实和改进情况，实现闭环管理。

华为有员工评论道："这是最特别最务实的民主生活会，针对最重要的一些问题制定了具体落实措施，看得出来是在实实在在做事。"民主生活会是组织氛围改进的"最后一公里"，可以帮助团队改善组织氛围，促进团队协同。

華为南研所A团队是个测试团队，大约有80人，负责人刚到岗，对团队情况还不够熟悉，但已经听说内部的设计部门氛围不好。

　　经过前期调研，大家提到了一个典型问题：设计部的很多同事在支撑市场项目，这样下去风险很大，很难看护好架构，而且核心代码应该出自设计者之手，架构师不能纸上谈兵，还要上阵。

　　民主生活会上，大家分组对这一问题展开讨论，同时发现相关的一系列问题也在制约着团队氛围和工作业绩，包括由于频繁出差部门例会无法定期召开、内部沟通不及时、部门对新员工关注不多导致新人融入难等。

　　会上，大家研讨了五条改进措施，包括：

　　（1）主管在沟通 PBC 时要明确 IDP 计划；

　　（2）组内要全员公示 PBC 计划实现任务对齐；

　　（3）每两个月组织一次小部门活动；

　　（4）定期开例会，例会上跟踪重点任务；

　　（5）梳理技术地图，明确技术专家在技术地图中的位置，并进行公示。

　　会议效果如何呢？ HR-COE 跟踪采访了团队员工，发现每周例会已经开始运作了，部门团队活动也在有声有色地进行中，大家感觉部门内沟通氛围明显好多了，也感受到了负责人的重诺守信。

2. 阿里巴巴"裸心会"

　　阿里巴巴"裸心会"是建立团队信任的有效方法。团队作为群体的一种，在形成的过程（如图 9-1 所示）中会经历一系列的震荡和冲突，而在这些冲突中，人际关系或者信任发生问题是最严重的，如果不能有效解决就会影响团队目标的达成。

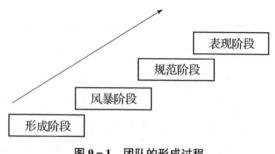

图 9 - 1　团队的形成过程

在外人看来颇为神秘的"裸心会"早在创业初期便已经产生并发挥黏合剂的作用。阿里巴巴创业之初从十几个人发展到几十个人，有创始人被提拔为干部，这使得原来地位平等的局面被打破，团队内也出现猜忌和质疑，逐渐积累成人际矛盾。马云在接到成员反映后意识到了问题的严重性，立即召开所有创始人开会解决问题。这次会议上大家敞开心扉，回顾了创业的初心，剖析了现状，尤其是相互说出了想法和建议。经过坦诚沟通，团队信任得到了修复。

阿里巴巴的文化是"因为信任，所以简单"，倡导用共同的价值观引领员工的拼搏行为，这就对团队的凝聚力提出了很高的要求。"裸心会"便承担了加强沟通、增进信任的作用。会议的召开流程和方法包括以下步骤：

第一，根据团队现状聚焦主题。团队在不同情形下会面临不同的信任问题，典型的如刚组建还比较陌生的团队、彼此不欣赏的团队、老板与下属不信任的团队等，而要解决的问题也是不一样的。陌生团队要解决的是增加彼此认知、建立初步信任的问题；彼此不欣赏的团队要解决的是如何消除误解，建立正常工作关系的问题；老板与下属不信任的团队要解决的是信息沟通、诉求表达、规则优化的问题。确定会议的目标和要解决的问题是开好会的第一步。

第二，根据主题开展团建活动。无论是哪种团队信任问题，都需要将团队置于一种有利于团结的情境下。组织行为学告诉我们，团队成员面临共同的外部压力、困难的时候会空前团结，这一点从我们生活中也能得到验证。所谓多难兴邦，当一个国家遇到外敌或内部发生自然灾害的时候，民众的团结和互助意识会空前提高。在日常生活中，最简单的方式就是与体力运动相关的团建，比如爬山或者游戏等活动，成员高度参与，体力消耗大，对意志磨炼大，在这种共同的外部压力下，成员会自动相互帮助、同仇敌忾，创造出有利于袒露心扉的氛围。

第三，营造氛围进行坦诚沟通。团建之后，团队成员基本置身于共同的情境中，这时会议的主要内容就是主持人引导成员坦诚沟通，达到相互增加认识、增加理解、消除误会的目的。通常可以用三段式来展开介绍：我过去经历了什么，我现在有什么样的心得体会，我未来想达到什么样的目标。除此之外，还可说出自己对他人、对团队、对组织的期许和建议，供团队领导者与组织了解问题所在。

第四，倾听、观察团队成员。在会议的全过程，成员被要求不得进行人身攻击，不得恶意打断他人发言，而是要认真倾听和观察。一方面观察团队成员的特征，更加了解对方；另一方面通过他人的描述加深自我认知。正确认识自己是管理者必备的能力，管理是通过成员认可起作用的。

除了奋斗者生活会以外，还可通过宣誓大会、总结大会、标杆学习、网上社区讨论、员工投诉、合理化建议等方式促进全体奋斗者进行反思与提升，形成以下成果：

● 组织、制度、流程改进建议；

- 文化及理念优化建议；
- 组织氛围及人际信任等合理化建议、解决方案；
- 反思案例集等。

通过持续批判与自我批判，纠正组织存在的问题，保障文化的引领性与适应性。

三、六步打造奋斗者人才工程

奋斗者是企业里具有共同特质的一批人，是那些身先士卒带动大部分人的"火车头"，企业人力资源管理的重心永远是抓住这部分少数人，给火车头加满油，使内部拉开合理差距，扩大组织张力，以达到先进带动后进的目的。

奋斗者的人力资源管理需要有针对性的、闭环的、覆盖奋斗者全生命周期的政策体系，以保障现有奋斗者的激情，促进普通劳动者转变为奋斗者，包括选拔、宣誓、培养、激励、考核与退出、盘点等机制。

（一）奋斗者选拔

1. 奋斗者资格

企业针对奋斗者通常只设置较低的资格门槛，用意就是"人人都是奋斗者"。因此，奋斗者只需要进入企业一定时间，绩效水平达到合格及以上，认同奋斗者价值观就可以具备资格申请成为奋斗者。

2. 奋斗者选拔流程

企业既倡导奋斗者，也尊重普通劳动者，因此，奋斗是自愿选择。

每年初，员工可自主申请成为奋斗者，由人力资源部或奋斗者办公室审核其司龄、绩效等资格条件，所在部门对其价值观与行为做审核，考察其是否符合文化要求，经所在单位奋斗者小组或所在企业奋斗者委员会审批后执行。

奋斗者申请书

回首往昔，集团从改制到上市，靠的是奋斗；展望未来，集团未来持续的领先，更要靠奋斗。集团的成长发展，要靠集体的奋斗；个人的成长发展，和集团一样，也要靠奋斗。我愿意通过不懈的奋斗，实现人生价值，让人生无悔！我愿意成为与集团共同奋斗的"奋斗者"，与集团共同成长，一起分享集团发展的成果，共同承担集团的经营风险。我也理解成为奋斗者的回报是以责任和贡献来衡量的，而不是以工作时间长短来决定。

作为XX人，我十分珍惜在集团的奋斗机会，也相信只有通过不断奋斗，才能为集团发展做出贡献，才能为家人创造美好生活，才能对社会有所贡献。因此，我自愿申请成为集团的奋斗者，持续奋斗、自我超越，不断创造高绩效，担负起集团奋斗者文化和价值观传承的责任。

特此自愿申请成为"奋斗者"，恳请集团批准！

申请人：

申请日期：

（二）奋斗者宣誓

宣誓是通过仪式的方式增进员工对奋斗者文化和价值观的认同，建立与企业的心理契约，强化权利与义务关系。心理学研究显示，当众承诺有利于强化认同，约束自身言行，因此诸多企业将宣誓作为例行性的仪式，如华为组织干部自律宣誓等。

1. 奋斗者公示

经企业奋斗者委员会审批通过后的奋斗者名单，首先应在企业进行公示，接受员工的监督，这也是"当众承诺"的一种方式，可以促进奋斗者本人约束自身言行。

2. 奋斗者宣誓

宣誓前，人力资源部或奋斗者办公室拟定宣誓誓词，将企业奋斗者价值观及行为纳入其中，选取合适的时间及场合，公开进行宣誓。宣誓应逐级进行，如企业高管首先宣誓，接下来是各单位/部门负责人带领所在单位的奋斗者宣誓。

（三）奋斗者培养

奋斗者作为企业的核心人群，其能力提升直接影响组织能力，因此，企业既要提供人才发展的基础设施，为人人成才提供机会，包括职业发展通道、任职资格标准、企业大学等，又要将有限的培训资源向奋斗者倾斜。措施包括：

一是将奋斗者价值观融入新人培训内容。新人包括应届毕业生及社会招聘人员，入模子培训除了企业介绍、制度体系等，一项重要的内容就是企业文化及价值观的宣贯，以加速新人的融入进程。

二是将奋斗者资格作为部分培训项目的门槛条件。培训资源是有限的，要优先向核心人群倾斜，尤其是轮岗式培训、专项集训等，应将奋斗者资格作为条件，符合奋斗者标准方能进入相关培训项目。

（四）奋斗者激励

奋斗者激励的核心是处理好与企业内一般劳动者的分配关系，应避免价值分配均等化，要合理拉开分配差距，充分尊重奋斗者的预期回报，以奋斗者为核心，激励资源向奋斗者倾斜、向一线倾斜、向艰苦地区倾斜，使奋斗者获得超额回报。灵活运用多种激励手段，构建全面激励体系，持续激发员工的使命感和责任感，实现自我驱动。

> 将来在奋斗过程中强调奋斗者和劳动者薪酬可以不同，我们强调对劳动者要严格按法律来保护。比如要有带薪休假、超长的产假……什么都行，但是你的工资水平是和业绩相比，而不是华为内部的标准；只拿固定的年终奖励。奋斗者要自愿放弃一些权利，比如加班费……但他们可以享有饱和配股，分享年度收益。他们的收入是波动的，效益好，收入就高，效益不好，就比劳动者还差，他们的付出总会有回报。
>
> 资料来源：任正非与 IFS 项目组及财经体系员工座谈纪要. https://zhuanlan.zhihu.com/p/264765134.

1. 奋斗者物质激励

探索工资＋奖金＋福利＋利润分享＋股权激励＋分红等一揽子物质激励解决方案，鼓励奋斗者持续创造价值。

工资与奖金、福利部分的通用性强，为岗位、能力、业绩付薪，与普通劳动者差距较小。利润分享、股权激励及分红为超额业绩、未来发展潜力及价值观付薪，能够有效拉开差距，只有奋斗者才有资格享受。

2. 奋斗者非物质激励

一是文化激励。企业可通过文化传播与宣传活动等方式塑造奋斗者文化，激发员工的拼搏活力和自驱力。

物质激励是外因，文化激励是内因，通过改变企业的环境氛围、使员工认同而起作用。文化激励的形式包括领导者讲话或公开信倡导、显性化的标识、文化宣传与研讨、奋斗者案例提炼与宣传等，使员工在这种氛围中加深对奋斗者文化的认同和践行。

二是发展激励。通过使命感召和愿景牵引，让员工发展有方向、有前途、有梦想，企业职业发展机会（包括职级提升、职位晋升等）优先向奋斗者倾斜。

组织的培养与权力资源都是有限的，要优先向奋斗者倾斜。尤其是作为骨干的干部群体，首先必须是奋斗者。在任干部通过绩效评价等方式确认不再是奋斗者的，必须退出职位。

三是荣誉激励。建立荣誉体系，树立榜样力量，引导员工的奋斗行为。

当员工认同并具备奋斗意愿后，到底什么样的行为是奋斗，什么样的结果是奋斗者需要追求的？员工需要有可供学习借鉴的身边的榜样。荣誉体系就是将企业所倡导的行为和结果设置为奖项，通过内部评选、奖励、宣传、培训等一系列做法，使员工感受到榜样的力量，使奋斗者"名至实归"。比如，华为设置了金牌个人、最奋斗团队、最佳客户意识奖、五星职能员工、最专家奖、金笔杆奖等。

荣誉激励的核心不是奖金，而是在于过程的"大张旗鼓"，明确宣传和鼓励有利于客户和企业的行为，包括给奋斗者颁发称号／证书，由奋斗者命名工作室、团队、成果等命名机制，奋斗者轮回宣传分享机制，奋斗者特殊假期，荣誉墙等。

四是目标激励。使奋斗者有机会参与到目标制定中，实现程序公平和交互公平。通过制定合理目标，达成工作结果，鼓舞士气，激励人心，让工作成为工作本身最大的回报。

在分配公平和程序公平的基础上，贝斯和莫格开始关注在程序执行过程中程序的执行者对待员工的态度、方式等对员工公平知觉的影响，他们称其为"交互公平"，他们发现，交互公平也会影响分配公平。至此，企业内员工的公平感包括了程序公平、交互公平和分配公平三个方面。目标激励就是强调充分激发奋斗者的自驱力和创造力，通过OKR等机制和手段，让员工充分参与决策、共同制定目标，进而强化对目标的认同和执行力度，实现自组织、自驱动、自激励。

五是关怀激励。通过环境关怀、精神关怀、发展关怀、健康关怀等多种措施，丰富员工人文关怀体系，追求员工和企业的和谐共赢与长远发展。

根据双因素理论，奋斗者不仅需要激励，而且需要保障。物质激励、荣誉激励、文化激励等给予奋斗者激励因素，提高奋斗者满意度，关怀激励给予奋斗者保健因素，消除奋斗者不满意因素，使奋斗者过上体面生活。所有便利工作环境、增加组织关怀、提供生活便利、消除后顾之忧、增进奋斗者体验感的措施都可称为关怀激励。硅谷高科技企业令人艳羡的工作环境——草评、健身、茶点，腾讯为新员工购房提供的置业基金等，均对奋斗者发挥了较好的吸引、保留作用。

（五）奋斗者考核与退出

1. 奋斗者考核

根据奋斗者画像，奋斗者考核也应当区分要什么和不要什么。首先看在日常工作中应当摒弃的考核导向，避免走入误区：

- 不为学历、认知能力、工龄、工作中的假动作和内部公关付酬；
- 不为辛苦的无效劳动付酬；
- 不为不创造客户价值的工作付酬。

再看真正的奋斗者应当重点关注的考核导向：

- 为责任结果付酬；
- 为贡献付酬；
- 坚持贡献大于成本原则。

奋斗者考核强调业绩导向和价值创造，同时关注能力提升与价值观契合。在全面评价过程中，结果性指标与过程性指标并重，短期目标与长期目标并重，内部目标与外部目标并重，个人与集团结合，刚性与弹性结合，期望与现实结合。奋斗者全面价值评价包括业绩评价、行为态度评价、能力评价等。

奋斗者业绩评价包括工作量、工作质量、工作效率、工作成果、客户满意度、工作能力、工作态度、学习成长、培养人才、技术发展等多个维度。

奋斗者价值观评价包括奋斗者行为自检及上级评价。奋斗者本人结合奋斗者行为标准，在奋斗行为自检表中客观如实地进行自我评价与检视。直接上级结合奋斗者日常行为和关键事件，对照奋斗者评价表，基于事实进行评价。

业绩评价结果与短期薪酬、绩效实行强关联机制，同时影响长期职业发展与晋升、中长期激励。

各级管理者以奋斗者价值观自评及上级评价为依据，于每年评价结束后与奋斗者进行绩效沟通反馈，提出认可，指出不足亟待改进之处。

2. 奋斗者退出

出现以下行为者，应当取消奋斗者身份，给予被取消者一定时期的观察期，观察期结束并具备条件者方可再申请成为奋斗者。奋斗者退出奋斗者身份后，如有管理职位，应当同步退出干部身份。

- 业绩考核不合格；
- 奋斗者行为评价不合格；
- 触犯企业红线行为或商业行为底线；
- 离开企业；
- 无法正常履职。

（六）奋斗者盘点

每年度业绩考核工作结束后，人力资源部或奋斗者办公室应开展奋斗者盘点工作，对奋斗者人才队伍进行盘点，包括奋斗者进入情况、退出情况、荣誉获得情况等，并提出奋斗者文化实践和提升的方案，经企业文化建设／奋斗者委员会批准后，作为下年度奋斗者文化实践和提升的工作依据。

四、奋斗者机制与五大机制联动

奋斗者文化的导入是一个知、信、行、达的过程，只有这四个环节循环往复，企业才能最终养成奋斗者文化。"知"靠企业的培训与宣传、氛围营造来实现，"信"必须要靠一系列机制的联动与刚性执行，否则当员工发现企业说的和做的不一样的时候，"行"和"达"就将化为泡影。机制的联动，尤其是人力资源管理机制的协同也能不断筛选和培育符合企业奋斗者文化的人才，逐步打造一支奋斗者队伍，如图9-2所示。

（一）奋斗者与招聘机制联动

招聘机制应确保所有新加盟企业的员工都具备适应奋斗者文化的潜质：

- 制定奋斗者行为标准与评价工具；
- 招聘选拔根据奋斗者标准制定筛选条件，淘汰和要求不符的候选人；
- 管理者晋升须达到奋斗者要求。

（二）奋斗者与培养机制联动

培训机制应加强对奋斗者文化的宣贯与辅导，不断提升员工认识与认同：

- 将奋斗者文化纳入员工培训计划，并明确学分要求；
- 建立文化导师制，加强奋斗者文化日常辅导。

（三）奋斗者与激励机制联动

激励机制应当体现奋斗导向，把资源向奋斗者倾斜：

- 升职、加薪、奖金、股票等向奋斗者倾斜；

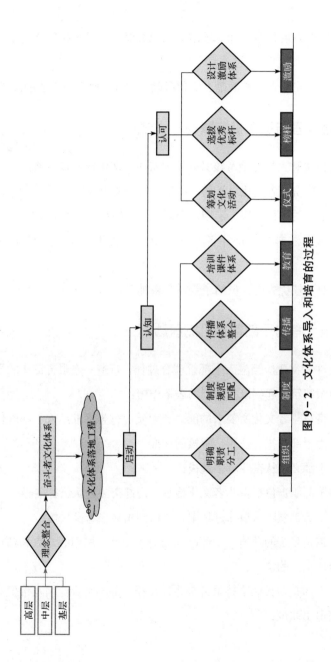

图 9 - 2　文化体系导入和培育的过程

● 职业发展机会，如专项培训、职级提升、职务晋升等优先考虑奋斗者；

● 建立奋斗者荣誉激励、文化激励、关怀激励等非物质激励机制。

(四) 奋斗者与考核机制联动

各机构和人员业绩考核必须体现奋斗者文化导向和要求：

● 明确奋斗者文化对干部、员工的行为要求；

● 采取关键行为法，定期对干部、员工的奋斗者价值观进行评价；

● 每年根据员工奋斗者文化评价结果提出员工改进要求与培训需要；

● 对考核优秀的人员给予物质与精神激励。

(五) 奋斗者与干部管理机制联动

奋斗者文化应当融入干部管理全过程，打造一支艰苦奋斗的干部队伍，对组织氛围起到以身作则的表率作用：

● 将奋斗者文化所要求的能力、素质、行为标准纳入干部胜任力标准，作为干部选拔、任用、考核的标准；

● 干部必须从奋斗者中选拔；

● 干部职责包括奋斗者文化传承、内部奋斗者队伍打造等；

● 干部带领团队奋斗过程中，要做到用兵狠、爱兵切；

● 越是艰苦的环境，干部越应当身先士卒，用内心之火和精神之光激发全体员工的信心；

● 干部必须长期坚持艰苦奋斗，在任干部不符合业绩及价值观要求的应当退出职位；

- 干部在任监督最主要的就是反惰怠；
- 干部必须具备自我批判能力。

每个企业的持续生存和发展都需要奋斗者，战略人力资源管理的核心就是识别和不断培育奋斗者，这需要明确奋斗者画像和标准，建立一整套奋斗者选用育考留退的闭环管理机制，通过硬性制度和软性文化的结合打造一支奋斗者队伍。

第十章

组织绩效：关注战略解码后的关键控制点

绩效考核是世界性难题，也是一把"双刃剑"，用好了，可以推动经营业绩提升，用不好，就会伤及自身。没有绩效考核，万万不行，有了绩效考核，困惑不断。有人高喊"绩效主义过时了"，也有人说"考核永不过时，过时的是负责考核的人"。HR 是绩效考核的直接责任人，想要做好绩效考核，一定要有对绩效考核的整体思考和系统认知，要善于将绩效作为战略责任传递和战略目标分解的工具，要善于区分组织绩效和个人绩效，更要善于将考核模块升级为绩效管理和绩效运营系统。

一、绩效管理要升级为经营管理系统

我们一定要走出传统的认知误区，过去大家都认为绩效管理是人力资源管理的核心职能。人力资源部也积极主动地开展绩效管理工作，但往往陷入老板不认可、各级管理者厌烦、员工不满意的境地。

绩效管理不单单属于人力资源系统，更属于企业经营管理系统。有效的绩效管理体系，首先要区分组织绩效和个人绩效。组织绩效同战略规划、经营计划、预算管理等模块一起，构成整体的经营管理系统。

（一）绩效指标是经营管理系统的关键控制点

华为构建了 BLM-BEM-PBC 的战略绩效管理系统，BLM 解决战略规划与执行问题，BEM 解决战略解码问题，PBC 解决绩效考核问题。

1.BLM 是华为的战略规划与执行系统

BLM（business leadership model）是华为中高层用于战略制定与执行的工具与框架。BLM 从差距分析入手，从市场洞察、战略意图、创新焦点、业务设计、关键任务、组织模式、人才、氛围与文化以及领导力与价值观等各个方面，帮助管理层在企业战略制定与执行的过程中进行系统思考，夯实战略管理基础，有效调配企业资源，实现战略规划与执行跟踪的闭环。BLM 如图 10－1 所示。

2.BEM 是华为战略解码与经营计划系统

BEM（business strategy execution model）即业务战略执行力模型，华为通过 BEM 对战略逐层逻辑解码，导出可衡量和管理战略的 KPI 以及可执行的重点工作和改进项目，并采用系统有效的运营管理方法，确保战略目标达成。BEM 如图 10－2 所示。

华为 BEM 将质量管理方法六西格玛融入战略执行体系，用数据说话，将战略解码为可操作落地的行动，并通过规范的改进达成目标。

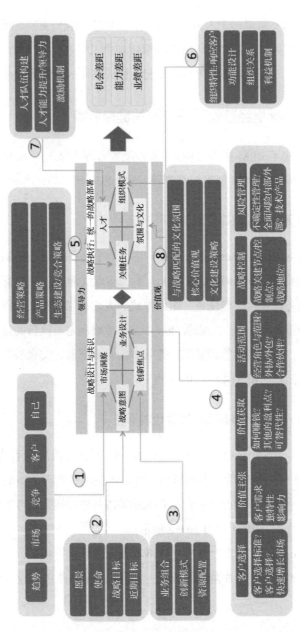

图 10 - 1 BLM

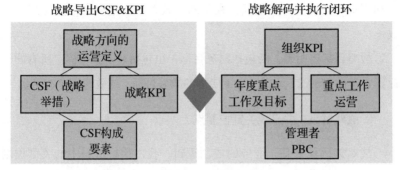

图 10 - 2　BEM

3.PBC 是战略和经营计划落地和传导系统

PBC（personal business commitment）即个人业绩承诺，通过将战略解码后的 KPI 落实到个人层面，来实现从战略规划到日常工作的传导。

PBC 包括四个部分：

- 业务目标：描述员工的工作目标及方向。
- 组织与人员管理目标：主要由管理者填写。
- 价值观和行为：员工自检和上级主管评价。
- 个人发展计划（IDP）：不考核，是个人成长所做出的承诺。

（二）先有战略目标，后有绩效指标

使命决定了企业存在的价值，愿景决定了企业的追求，战略目标明确了企业日常发展的方向。绩效管理作为企业核心经营管理系统中的一环，为战略目标服务是第一要务。

1. 企业的战略目标要明确

企业存在，就需要明确目标。管理者要改变过去自然成长的惯性思维，要把战略前置，基于对未来的洞察和把握，要超越现有的资源、能力和模式，凭借变革与创新，在不断寻找蓝海的过程中，实现跨越式成长。

战略目标要明确，既包括财务目标，也包括非财务目标。所有的目标都要遵循 SMART 原则。有了明确的战略目标，绩效考核才有基础。

2. 战略解码，并寻找关键控制点

战略解码就是基于业务的成功逻辑，找出执行过程中的关键控制点，再将关键控制点细化为关键任务的过程。

战略解码是分层分类的。

● 公司层面：关注各类目标的关键成功因素，明确战略里程碑和重点工作任务。

● 业务和职能层面：细化关键成功因素，落实专项行动计划，明确各模块的战略里程碑和重点工作任务。

可以基于战略地图来进行战略解码，也可以基于价值树和鱼骨图进行战略解码，再用战略地图进行反向校验。

找到企业成长过程中的关键控制点，就找到了企业成长和发展的"发力点"，会起到事半功倍的效果。

3. 建立 PDCA 绩效管理闭环

绩效管理不只有绩效考核，还包括绩效计划、绩效跟踪辅导、绩效考核和绩效改进，即 PDCA 循环。

二、战略解码，寻找关键控制点

战略目标明确后，战略解码可以形成公司可执行的行动计划，战略

的有效执行就有了路径和基础。

有效的战略解码，可以实现以下价值：

● 凝聚共识：公司全体员工对企业的战略和如何实现战略有了统一的理解与认识。

● 责任传递：把公司层面、事业部层面、部门层面、岗位层面的计划层层细化，使全员明确自身战略责任，把战略目标化整为零。

● 加强协同：战略解码过程要透明，结果要公开，"通晒 KPI"有利于各条线相互了解工作目标和工作进展，打破"部门墙"，加强内部信息交流与工作协同。

● 提升战略执行力：战略解码可以细化实现战略所需要的资源、能力、人才和机制，管理颗粒度越细，战略执行力就越强。

当然，战略解码一定是分层分类的，公司层面的战略解码到各事业部 / 中心的业务计划，各事业部 / 中心的业务计划再解码到部门的经营计划，部门的经营计划可以解码到岗位的工作计划和行动计划。

（一）关键成功因素分解

关键成功因素（critical success factors，CSF）是为达成组织目标需要重点管理的用以确保竞争优势的差异化核心要素。CSF 示例见表 10 - 1。

表 10 - 1　CSF 示例

财务	利润最大化	销售额增大	成本持续降低	资产利用率高
客户	市场份额提升	产品单价提升	客户满意度高	品牌形象好
内部流程	采购效率高	交期良好	SCM 优化	周转率高
学习成长	人才密度大	技术壁垒强	数字化程度高	组织氛围好

关键成功因素要分解有效，必须关注以下两个要点：

● 核心成员参与：管理者和核心骨干的深度参与和群策群力是关键成功要素有效分解的基础。

● 熟练掌握流程和方法：在分解过程中，组织上关注团队共创法、头脑风暴法，分解时关注鱼骨图法、价值树法，必要的流程和方法是确保关键成功因素有效分解的关键。

1. 公司级关键成功因素分解

不同公司的商业模式和价值链有明显差异，即使商业模式相同，不同公司的核心竞争力也不同，所以关键成功因素有明显差异。

（1）广泛征求关键成功因素建议。

核心骨干以 6～8 人为一组进行分组，各小组内部每一位参与者提出自己认为的关键成功因素。思考时，可以采取价值树、鱼骨图等方法。

关键成功因素来自以下几点：

● 商业模式的关键成功点；

● 价值链的关键流程点；

● 成功案例的经验萃取；

● 失败案例的教训总结；

● 竞争对手的竞争优势；

● 客户提出的改进重点。

一般初次征求的关键成功因素，可能会有 50～80 个之多，因此，广泛征求后，还需要进行归并。

（2）同类同级归并确定关键成功因素。

针对初步得出的关键成功因素，进行头脑风暴，将同类的关键成功因素进行合并，将次一级的关键成功因素备用。

华为在1998年确定了打造世界一流通信设备供应商的战略目标，经过高管的多轮研讨，确定了公司级六大关键成功因素（如图10-3所示）。

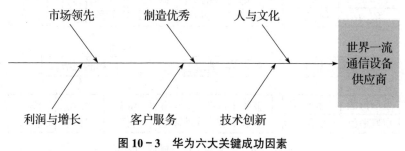

图10-3　华为六大关键成功因素

不同企业的关键成功因素是不同的。

●某制造业上市公司，关键成功因素是市场开拓、客户服务、成本控制、装备能力、品牌、产品与技术、质量稳定、供应链、人才团队、企业文化和组织与机制。

●某工程施工类公司，关键成功因素是市场拓展、风控管理、品牌形象、政府关系、项目管理、客户服务、流程与数字化、成本管理、供应链、人才队伍、激励与约束机制。

●某电信软件供应商，关键成功因素是贴心的客户服务、快速的利润增长、领先的专业市场、严格的质量保证体系、技术领先的人才资源、文化和组织保证。

2.细化为二级关键成功因素

确定公司级关键成功因素后，需要继续将其细化为二级关键成功因素。方法和流程同公司级关键成功因素保持一致即可。

华为在公司级关键成功因素确定后，继续将其细化为二级关键成功因素（如图10-4所示）。

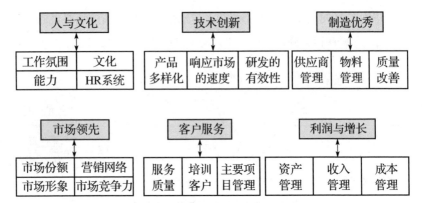

图 10 - 4　华为的二级关键成功因素

3. 确定不同类型部门的二级关键成功因素

确定二级关键成功因素，企业一定要有"精准施策"的管理思路。不同事业部和业务线的市场地位、业务模式、经营质量、人员规模、竞争力有明显差异，所以要差异化地确定不同类型部门的二级关键成功因素。

采用紧急度和重要度二分法，可以确定不同业务线和部门的二级关键成功因素，见表 10 - 2。

表 10 - 2　二分法确定二级关键成功因素

业务	一级因素	市场开拓			成本			×××		
	二级因素	新客户开拓	老客户维系	×××	采构成本	生产成本	×××	×××	×××	×××
业务一										
重要度										
紧急度										
业务二										
重要度										

续表

业务	一级因素	市场开拓			成本			×××		
	二级因素	新客户开拓	老客户维系	×××	采构成本	生产成本	×××	×××	×××	×××
紧急度										
…										

（二）二级关键成功因素细化

1. 确定二级关键成功因素目标并细化为三级分类

二级关键成功因素确定后，公司级和事业部级的目标和指标即可确定，但事业部内部的重点工作目标还需要进一步细化才可确定。

分解公司级和二级关键成功因素时，主要把握关键控制点，而到了三级分类时，则要尽可能地全面，覆盖实现关键成功因素具体工作的方方面面。

继续细化时，可以按照相互独立、完全穷尽（MECE）原则进行分类，也可以按照投入—过程—产出的阶段细化分类。

以 MECE 原则为例，示例见表 10-3。

表 10-3　二级因素据 MECE 原则细化示例

二级因素	目标	细化分类
新客户开拓	A 业务市场占有率上升 10%	欧系市场开拓
		美系市场开拓
		韩系市场开拓
		日系市场开拓
		国内自主品牌市场开拓
		国内新势力集团市场开拓

以投入—过程—产出为例，示例见表 10 - 4。

表 10 - 4 二级因素据投入—过程—产出细化示例

二级因素	目标	维度	细化分类
新客户开拓	A 业务市场占有率上升 10%	投入	目标客户画像及分级管理
			匹配客户需求的方案
		过程	项目管理
			客情关系
		产出	客户数量增加
			客户类型增加
			合同数量增加

2. 明确具体动作 / 行为

确定三级分类后，基于细化分类进一步研讨，确定各维度的行动及动作要求（示例见表 10 - 5）。

表 10 - 5 动作 / 行为确定示例

三级细化分类	动作 / 行为
欧系市场开拓	进入五个欧系主机厂的供应商体系
	获得 ××× 的定点项目
美系市场开拓	×××
韩系市场开拓	×××
×××	×××

3. 确定动作 / 行为下的主要测量指标

动作 / 行为确定后，需要明确该动作 / 行为的测量指标或子目标。示例见表 10 - 6。

表 10-6 主要测量指标确定示例

细化分类	动作/行为	主要测量指标
欧系市场开拓	进入五个欧系主机厂的供应商体系	通过 ××× 体系认证
		进入 ××× 供应商库
		成为 ××× 的战略供应商
		成功进入
		获得相关合同
		……

细化到动作/行为后，战略目标就传递到了日常工作，配套主要测量指标，员工就能明确"干什么""干到什么程度"，至于"怎么干"，则需要进一步解码。

（三）明确里程碑和重点任务

战略解码确定的三级行为和指标，涵盖了企业经营管理的方方面面，是基于质量控制理念勾勒出来的企业经营管理核心控制点，把握住这些核心点，企业就能实现既定的战略目标。

但这些核心控制点的重要性是不一样的，有些控制点是公司级的节点，链接市场、客户、技术和产品等各个维度，有些控制点只是条线内部运作过程中的流程节点。所以要将节点分层分类，一般按层次分为公司级节点、事业部节点；按类型分为里程碑节点、重点任务节点、KPI考核节点。

1. 明确各条线里程碑事件

里程碑是企业战略发展阶段性目标完成的标志性事件，是战略突破和阶段性成就重要的、关键性的大事件，里程碑是在某个时点完成的结果性事件，不是日常的、常规的、经常性的和持续要做的事。

党的十九大对实现第二个百年奋斗目标作出分阶段推进的战略里程碑事件（如图 10-5 所示），值得企业内部管理学习。

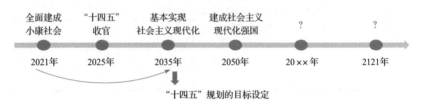

图10-5　第二个百年奋斗目标分阶段推进的战略里程碑事件

企业在制订战略规划时，一般是制订五年规划，三年滚动实施计划和年度经营计划，各业务线细化关键成功因素后，也会按照时间线配套对应的目标和计划。

企业在战略解码时，既要确定公司级的战略里程碑，又要确定各事业部/业务线的战略里程碑。

2.确定各条线十大重点任务

三级关键成功因素解码后确定的行为和指标，在确定公司级和各事业部/业务线的战略里程碑后，要围绕战略里程碑，结合各类关键行为和指标，梳理公司级/各事业部/业务线十大重点任务。

重点任务包括任务名称、任务定义和概述、任务目标和相关责任人等。

（四）战略解码结果应用

三级战略解码得出 N 条行为和指标后，有些行为和指标确定为里程碑事件，有些行为和指标确定为年度十大重点任务，剩余的关键控制点主要用来提取 KPI 和制订专项工作计划。

其中，由过去例行性工作职责所确定的关键控制点，一般提取为 KPI；过去未开展、需要新增加的职责所带来的关键控制点，在提取 KPI 时，无法量化指标，且易流于形式，建议制订专项工作计划，以保障落实。

1. 提取 KPI

三级解码确定的细化行为和指标，作为关键控制点，有明确的量化标准，按照战略相关性、可测量性、可控性、可激发性的原则，分别确定公司级 KPI、各事业部 / 中心级 KPI，解码到位的企业甚至可以由此得出岗位及核心 KPI。

将这些 KPI 作为组织绩效的核心关注要素，才能真正实现战略绩效管理。

2. 制订专项工作计划

对于十大重点任务以及非 KPI 的三级战略解码控制点，要制订专项工作计划。专项工作计划一般包括计划名称、计划描述、战略目标责任人、所需资源概要、计划责任人、计划起止日期、项目小组成员、计划完成标志及细化描述等。专项工作计划示例见表 10-7。

表 10-7　专项工作计划示例

计划名称	进入五个欧系主机厂的供应商体系
计划描述	通过完善一系列工作步骤，进入欧系主机厂的供应商体系，和主机厂建立联系，及时了解客户对技术、质量、设备等方面的要求，为后续定点、拿到项目奠定基础
战略目标责任人	副总经理（×××）

续表

对收益和预期的影响	通过进入五个欧系主机厂的供应商体系，开拓欧系新客户市场，获得 ××× 定点项目				
所需资源概要	人：市场调研人员、市场开拓人员、销售人员等				
	财：必要的经费				
	物：符合主机厂要求的产品生产设备、测试设备以及技术等				
计划责任人	业务拓展总监（×××）				
计划起止日期	2022 年 × 月 × 日至 2022 年 × 月 × 日				
所支撑战略目标	缓冲块市场占有率提升 10%，其中欧系市场新客户开拓 ×××				
项目小组成员	市场部：×××、×××、×××、×××				
计划完成标志	完成日期	标志事件描述	衡量标准	责任人	支持人
明确五个欧系主机厂以及各自准入条件	2022-02-03	明确欧系市场重点发展客户，明确客户要求	调研完成，明确不足项	……	……
对照主机厂要求，对自身资源进行补充	2022-04-10	达到客户的准入条件	资源补充完成，通过 ××× 审核	……	……
和欧系主机厂接触	2022-03-10	和主机厂建立初步的联系	建立对接人的客户档案	……	……
进入第一个欧系主机厂的供应商体系	2022-06-10	进入 ××× 主机厂的供应商体系	通过审核，成功进入 ×××	……	……
对照主机厂决策时的关键决策因素，提升附加价值	……	……	……	……	……
获得定点项目	……	……	……	……	……

　　具备管理基础的企业，可以按照项目管理的方式，以工作分解结构的标准，制订更加详细的专项工作计划，确保将战略目标落实到个体上，落实到日常的动作上。

　　组织绩效包括绩效考核体系、绩效指标、目标值、结果应用等多个模块，其中最核心的部分是要明确绩效指标和目标值。战略解码是提取绩效指标最有价值的方式方法，是真正基于总体目标的分解，是基于业务实现和企业经营的解码，而非基于管理的推演，所以要格外重视。可以说，无解码，做不好组织绩效。

　　目标值如何设计？要有分层分类的思路，合理的目标值并非绝对值，而是相对值，要和行业比、对手比、预算比、历史水平比。

三、分层分类确定组织绩效考核模式

（一）分层确定组织绩效考核模式

　　企业组织可以分为总部、部门/中心、子公司/事业部三种类型。不同类型的组织，在绩效考核模式方面是相通的，但在具体的指标设计、目标值确定、考核结果应用维度方面，略有差异。

1.总部整体组织绩效考核模式

　　总部整体组织绩效一般以财务类 KPI 作为绩效考核指标，但具有不同功能定位的考核指标应有所差异。

　　以国有企业为例，按照企业功能定位、发展目标和责任使命，明确了不同类型企业的经济效益和社会效益指标要求，国务院国资委将下属企业分为商业一类、商业二类、公益类，见表 10 - 8。

表 10 - 8　企业绩效考核指标

企业分类	主考核指标	配套指标
商业一类	利润总额、净利润、经济增加值、净资产收益率等（反映经济效益、国有资本保值增值、市场竞争力）	无
商业二类	利润总额、净利润、经济增加值（反映经济效益、国有资本保值增值）	营业收入、任务完成率等（服务国家战略、保障国家安全和国民经济运行、前瞻性战略性产业，特殊任务）
公益类	成本控制、产品服务质量、营运效率、保障能力等情况指标	利润总额、净利润、经济增加值（反映经济效益、国有资本保值增值）(兼顾)

治理结构完善的企业，其整体的考核指标由董事会下设薪酬绩效委员会负责确定，并经董事会审批后实施。

2. 二级组织绩效考核模式

针对二级组织层面的绩效，主要维度及指标类型见表 10 - 9。

表 10 - 9　绩效指标

维度	指标类型
经济效益类关键指标	利润总额、净利润、净资产收益率、营业收入等
非经济效益类关键指标	市场占有率、成长性、行业排名、客户群等
战略任务类指标	基于战略解码的重大战略任务
结果类指标	综合类、党建文化类、廉政类、安全风险类
管理类指标	制度体系、合规管理、标准化、数字化等
客户类指标	客户满意度等
加减分项目	一票否决项、红线行为项、其他加减分项

作为独立经营的下设机构，子公司/事业部的主要责任是经济责任，当然，基于特定定位和阶段，也可以承担相应的战略责任。

子公司/事业部组织绩效考核一般由战略管理部、经营管理部、财务部协同开展，其中经营管理部负主要责任。战略管理部确定重点任务，财务部提供数据支持。

业务部门定位与子公司/事业部类似，但由于管控关系不同，对组织绩效的指标维度和权重设计应有所不同。职能部门由于工作性质的差异性，关键指标主要以非经济效益类关键指标为主。

不同类型的组织绩效指标及权重应有所区分（见表10-10）。

表10-10　不同类型的组织绩效指标及权重

组织类型	管控模式	指标维度	权重
子公司/事业部（不同功能定位应有区分）	战略管控	经济效益类关键指标	不低于80%
		非经济效益类关键指标	不高于20%
		战略任务类指标	不高于20%
业务部门	运营管控	经济效益类关键指标	不低于70%
		非经济效益类关键指标	不高于20%
		战略任务类指标	不高于20%
		结果类指标	或有
		管理类指标	或有
		客户类指标	或有
		加减分项目	或有
职能部门	运营管控	经济效益类关键指标	无
		非经济效益类关键指标	不低于70%
		战略任务类指标	不高于20%
		结果类指标	不高于20%
		管理类指标	不高于20%
		客户类指标	或有
		加减分项目	或有

（二）分类确定考核目标值

不同类型组织的考核指标和考核主体有所差异，指标确定后，考核目标值也应有所区分，实现"精准施策，一组一策"。

目标值来源主要包括四个维度：预算值、历史值、对标值、最优值，见表 10 - 11。

表 10 - 11　目标值维度

目标值维度	目标值定义
预算值	根据年度企业确定的预算值作为考核目标值，预算值分为自上而下和自下而上两种确定方式
历史值	根据过去一年或三年内实际完成值，按照一定权重确定的考核目标值 例如，净利润目标值＝上年度实际完成值或前三年平均完成值
对标值	按照国家或行业同类型对手的实际完成值确定的对标数据作为考核目标值 例如，净资产收益率＝8%（其中 8% 为行业中位值）
最优值	过去历史最佳年份的业绩实际完成值 例如，利润总额＝历史最高完成值

在不同的组织分类内，目标值四个维度的运用方式不同，示例见表 10 - 12。

表 10 - 12　目标值的运用方式示例

分类	周期	净利润	ROE	收入
商业一类	初创期	同商业二类		
	成长期	目标值＝前三年最高 ×50%＋上年实际 ×50%	目标值＝行业对标值（8%）	目标值＝最优值
	转型期	同商业二类		
商业二类		预算值		

其余非财务类指标也要量化考核，其中量化的方式可以为数量、成本、质量、时限等（见表 10 - 13）。

表 10 - 13　量化方式

量化方式	指标示例
数量	● 产量，销售额 ● 利润
成本	● 利润率 ● 人均劳动生产率
质量	● 合格产品数量 ● 差错率 ● 员工满意度 ● 服务满意率
时限	● 及时率 ● 截至 2023 年 3 月份 ● 2 月 4 日至 3 月 4 日

组织绩效考核的基本逻辑是，首先要明确组织的目标，通过战略目标的牵引性，激发组织和人才的活力，其次要进行战略解码，明确一二三级关键成功因素，并基于关键成功因素提取 KPI 和重点任务，最后再针对战略解码和其他组织运行的基本职能，构建整体性的组织绩效考核体系。

需要注意的是，"精准施策，一组一策"原则要贯穿指标选取和目标值确定的始终。

（三）考核结果确定与应用

1. 考核结果确定

（1）考核分数确定。

企业在开展组织考核时，考核分数的确定有三种方式：全线性、区间线性、半区间线性（见表 10-14）。

- 全线性：按照 0～100 分同 0～目标值之间建立线性关系，得分与完成率直接联动。
- 区间线性：设置保底值和封顶值，完成率低于保底值时，取保底值，完成率高于封顶值时，取封顶值，其余区间，得分与完成率直接线性联动。
- 半区间线性：仅设置保底值或封顶值，其余区间，得分与完成率直接线性联动。

表 10-14 计分方式

计分方式		计分示例
全线性		考核得分 =（指标实际值 / 指标目标值）×100%
区间线性		考核得分 =（指标实际值 / 指标目标值）×100% ● 考核得分 ≥ 130 分时，取 130 分 ● 考核得分 ≤ 70 分时，取 70 分 ● 70 分 < 考核得分 <130 分时，取实际值
半区间线性	上封顶	考核得分 =（指标实际值 / 指标目标值）×100% ● 考核得分 ≥ 130 分时，取 130 分 ● 考核得分 <130 分时，取实际值
	下保底	考核得分 =（指标实际值 / 指标目标值）×100% ● 考核得分 <70 分时，取 70 分 ● 考核得分 ≥ 70 分时，取实际值

（2）考核系数确定。

考核系数的确定有两种方式：直接线性联动和分段确定。得分与系数示例见表 10-15。

- 直接线性联动：考核得分 /100= 考核系数；
- 分段确定：考核得分 /100 确定的分值，分段确定系数。

表 10 - 15　得分与系数示例

考核得分	120分以上	100～120分	80～100分	60～80分	60分以下
系数范围	1.2	1.1	1	0.8	0.6

（3）考核等级确定。

得分确定后，根据考核得分确定考核等级。

考核等级一般为四级或五级。四级为"A—B—C—D"，五级为"S—A—B—C—D"。以四级为例，得分与系数示例见表 10 - 16。

表 10 - 16　得分与系数示例

考核得分（S）	S ≥ 90	75 ≤ S<90	60 ≤ S<75	S<60
考核等级	A	B	C	D
	优秀	良好	合格	不称职

考核得分确定的考核系数和考核等级，在结果应用时，与不同的维度挂钩。

2. 考核结果应用

组织绩效结果一般同工资总额、管理者激励与约束、薪酬内部调整、机构管理等联动。

（1）与工资总额联动。

组织绩效考核系数确定后，同工资总额联动时，可全额联动，也可定额联动。

● 全额联动：实发工资总额 = 预发工资总额 × 组织绩效考核系数；

● 定额联动：实发工资总额 = 预发工资总额 × 定额比例 × 组织绩效考核系数（其中定额比例由企业自行确定）。

（2）与管理者激励与约束联动。

管理者同组织绩效直接相关，所以管理者薪酬、绩效与退出机制应构成整体。

薪酬联动时，要将管理者浮动薪酬部分同组织绩效建立联动关系，因为浮动薪酬仅占薪酬的一定比例，故应全额联动，不可定额联动。

管理者任命：优先选拔在任期内绩效表现优秀的。

管理者退出：根据周期内组织绩效考核结果，考核为 D 的管理者，启动强制退出机制。

（3）与薪酬内部调整联动。

组织绩效是一群人的绩效表现，除了与薪酬总额联动以外，也可以与薪酬内部调整建立联动关系。绩效表现与薪酬调整见表 10 - 17。

表 10 - 17　绩效表现与薪酬调整

考核等级	降薪 1 档的人数	涨薪 1 档的人数	涨薪 2 档的人数
S	无强制比例	不高于总人数 55%	不高于总人数 25%
A	无强制比例	不高于总人数 40%	不高于总人数 20%
B	无强制比例	不高于总人数 25%	不高于总人数 15%
C	无强制比例	不高于总人数 20%	不高于总人数 10%
D	不低于总人数 10%	无涨薪	无涨薪

需要注意的是，子公司／事业部作为独立经营的个体，工资总额与经营业绩强联动时，组织绩效考核结果可不与薪酬内部调整联动。

（4）与机构管理联动。

基于组织分类确定考核指标和目标值，组织效能与组织变革同组织绩效也有直接联动关系。

四、将组织绩效融入经营体系

要将组织绩效融入整个组织的经营体系，可以通过经营绩效月度调度例会，建立集内部经营分析、经营排名、经营答辩、经营兑现、经营表彰、经营分享等模块于一体的综合管理体系，将经营责任持续压实，鼓励"比学赶帮超"，持续超越自我，实现全员经营。

(一) 经营分析

结合财务数据，建立月度经营分析会，深入分析收入、利润、人均指标、成本等各个维度的财务数据，找出各组织自身薄弱点及改进空间。

根据月度经营分析会，确定各组织下月的重点工作任务，并列入月度综合考核计划，月末执行考核。

综合考核与经营绩效考核联动影响各组织的月度奖金和管理者的薪酬兑现。

(二) 经营排名

基于对标思路，建立自我对标和同业对标机制，将经营主体年度经营任务按历史值及目标值细化为各月度经营目标值。

月度经营分析会配套红黑榜机制，按所有经营主体的经营目标完成情况统一排名，并建立不同类型业务经营体的各自排名体系。

将总排名、各模块排名，公示于公司及各组织的办公区域，打造月度"经营看板"。

建立"流动红旗""流动黄旗""流动黑旗"激励机制，针对不同排名区间予以授予。

（三）经营答辩

按月度经营任务完成情况、不达标领域、待改进领域，由各经营主体自行建立专项提升任务，并搭建月度经营答辩例会，邀请一定级别以上的管理者及员工代表现场参会旁听。

由财务、人力、法务等部门组成的经营绩效分析调度委员会现场予以质询、提问、点评、解读、指导。各经营主体负责人也应接受在场管理者和员工的质询。

（四）经营兑现

优化公司经营体的工资总额决定机制，根据月度经营绩效实现情况，确定月度工资总额，根据综合考核完成情况，兑现月度工资总额。

优化管理者薪酬体系，建立管理者月度绩效兑现机制，针对"流动红旗""流动黄旗""流动黑旗"，设计不同的兑现系数。

建立管理者内部淘汰机制，连续获得"流动黑旗"达到一定次数的管理者，启动退出机制，要求其退出管理者队伍，薪酬给予一定程度的降低，且一年内不得提拔。

（五）经营表彰

按季度建立经营表彰机制，表彰先进，鼓励后进，在全公司召开表彰会，并由典型代表发言，总结经验教训。

（六）经营分享

建立月度经营绩效超额奖励分享机制，超预期完成经营任务时，根据超额情况，给予一定比例的现金分红。原则上，经营班子可分享不超过 50% 的分红。

第十一章

个人绩效：从绩效考核到全面绩效提升

大数据、云计算、物联网、移动终端、人工智能等数字技术持续推动着数字化、智能化时代的进步。数智时代，是人才制胜未来的时代，也是技术推动社会进步的时代，更是混序交融、协同共生的时代。新的时代背景下，人的结构意愿和能力发生了变化，人与组织之间的关系也发生了变化，绩效管理也发生了变化。

个人绩效考核是战略管理和绩效管理的"最后一公里"，个人绩效好，企业目标实现度就高。从绩效考核开始，我们经历了绩效考核、绩效管理、战略绩效管理、战略绩效运营、数智化绩效治理等阶段，在不同的阶段，绩效的核心命题和趋势有明显的差异。在战略绩效管理、战略绩效运营、数智化绩效治理混序的背景下，把握绩效管理的发展趋势，才能更好地实现绩效管理的价值。

● 同业务和战略结合度越来越紧密。更加注重有效性，向上承接战略目标，向下引领经营计划，"现实主义"成为绩效管理的追求；避免为了考核而考核，为了奖惩而奖惩，为了管理而管理。

● 从关注结果到关注投入和过程。过去绩效考核重结果、重评价，现在绩效考核重日常、重运营。从考核到管理，从管理到运营，从运营到赋能。

- 同数字化手段结合度越来越紧密。人力资源管理数字化正在从HR系统阶段走向HR-BI体系阶段，未来将实现HR-AI，从数据分析升级为数据判断，从平台展示报告升级为趋势预测报告。

- 从单模块深化到全要素发力，共同治理。现在的绩效管理从单模块视角深化为全要素发力。绩效考核变成了计划、沟通、考核、赋能、提升的全生命周期管理，从过去只关注个人考核，到员工考核、干部考核、组织考核三位一体，深度互联。

- 从裁判员到教练员，关注如何实现目标大于关注目标本身。从绩效管理到绩效使能，HR和干部的角色从过去的裁判员变成了教练员，从过去关注目标实现度到现在更加关注如何实现目标本身。

- 从控制到激活，从管控到赋能。现在的绩效管理，要从控制到激活，从管控到赋能，OKR就是一种激活、赋能的绩效实现工具。通过透明、对齐、赋能、激活，用自上而下和自下而上相结合的方式，鼓励全员参与目标制定与实现的过程，人人创造价值，人人释放潜能，人人都是CEO。

- 从人力资源部的绩效管理到全员高绩效组织的实现。未来想要做好绩效管理，就必须跳出从人力资源管理视角看绩效，要从人力资源部的绩效管理到全体干部的绩效赋能，再到全员的高绩效运营。

- 从目标管理转向对标管理。考核评价时，以目标实现度来评判优良中差。设计目标值时，在关注目标管理的同时，也要关注对标管理。同预算目标比、同历史水平比、同兄弟单位比、同竞争对手比、同行业标杆比，比绝对值、比贡献度、比经营质量和效率。过去，结果好，就是绩效表现好；未来，高质量、持续进步，才是绩效表现好。

● 从关注负向激励转向关注正向激励。活力曲线是一种典型的负向激励方式，虽然有利于激活人才队伍，但本质上是一种控制型思维。未来是正向激励的绩效时代，强制分布也将优化为半强制分布，在数智化绩效治理状态下，任务明确，规则清晰，多劳多得，不劳不得（不是少得是不得）。

● 从大一统绩效模式走向差异化、精准化、场景化。只有实现差异化、精准化、场景化的考核维度、考核指标、考核过程、考核方式、考核结果应用、考核沟通和赋能，才能实现精准赋能。

一、个人绩效：从战略到行为的层层分解

战略规划制订出来后，需要解决上下共识、目标一致、执行闭环三个问题，通过战略解码，将战略规划落实为经营计划、预算管理。组织绩效能实现组织目标一致的问题，让资源配置与战略目标保持一致，只有做好从组织绩效到个人绩效的传导，才能实现战略管理闭环。

（一）先有战略目标，后有绩效指标

没有目标，组织就没有存在的价值。目标是第一位的，目标是绩效管理的目的，绩效管理是手段和方式。绩效管理要为绩效目标的实现服务，指标本身是分层分类的目标。

企业在开展绩效管理实践时，首先要有战略目标，再通过战略解码明确重点任务和关键指标，组织绩效指标体系可以清晰描述战略执行的路径，让各个部门了解自身能够为战略目标做出哪些贡献。

只将战略目标落实到组织绩效是不够的，还要将组织绩效分解至岗位，才能真正实现目标一致。

（二）先有组织绩效，后有个人绩效

组织绩效如何分解至个人绩效，二者又是什么关系呢？从绩效的"结果论"来说，绩效代表产出和效益，组织绩效指组织在某一时期内完成任务的数量、质量、效率及盈利情况。用公式可表示为：

- 公司绩效 = 公司 KPI + 重点任务
- 部门绩效 = 部门 KPI + 重点任务

员工作为组织中的任职者，首要责任是履行组织赋予的岗位职责，对所任职的岗位 / 组织业绩负责。同时，由于员工绩效结果具有不可控性，还应当考虑并鼓励员工做出有利于高绩效结果的过程和行为（潜力、价值观、能力等）。因此，员工绩效用公式可表示为：

- 员工绩效 = 工作业绩 + 行为表现

其中，管理类员工的工作业绩主要是所辖组织的绩效，而专业类员工的工作业绩主要是本岗位 / 本项目 / 本流程的绩效，员工绩效可进一步细化为：

- 管理类员工绩效 = 所辖组织绩效 + 行为表现
- 专业类员工绩效 = 本岗位 / 本项目 / 本流程绩效 + 行为表现

由此可见，组织绩效更强调结果，个人绩效既包括结果也包括过程。组织绩效向个人绩效分解时需要按岗位、项目、流程等逻辑明确个人绩效结果。组织绩效与个人绩效如图 11-1 所示。

在华为，绩效优秀只有一条标准，就是为客户创造价值。组织绩效管理要始终确保经营要素与客户价值主张的一致性，真正以客户为中心。在华为看来，客户的成功（收入增长、利润增长、用户增长、份额增长……）才是华为工作的方向，而客户价值需要哪些价值创造的关键活动来承载，就成为华为重要的组织绩效管理指标。

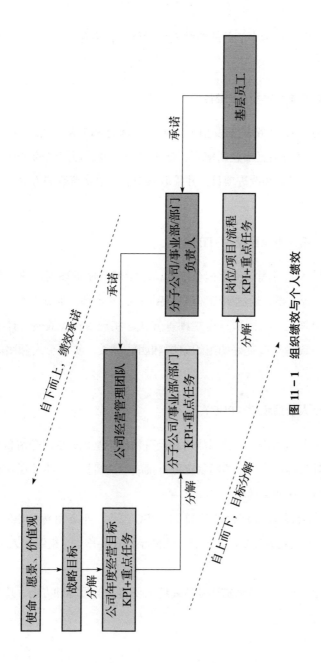

图 11 – 1　组织绩效与个人绩效

华为以客户为中心的战略绩效传导体系，主要有三大法宝：BEM、OTB、PBC。

1. 战略执行模型（BEM）

华为通过业务领先模型（BLM）来制订和分解战略规划，通过BEM系统对战略逐层逻辑解码，导出可衡量和管理战略的KPI以及可执行的重点工作和改进项目，并采取系统有效的运营管理方法，确保战略目标达成。

2. 高绩效组织建设（OTB）

从投入、过程、目标三个维度，思考部门职责如何优化、部门战略意图是否清晰，通过明确部门独特价值，界定部门重点工作，规划部门责任矩阵，明确团队运行规则等方式，实现目标、战略、计划执行的高度一致，打造良好的组织氛围和团队绩效，实现个人和团队共同成长。

3. 个人业绩承诺（PBC）

个人业绩承诺，以公司战略和经营目标为基础，层层分解目标和工作，同时激励每位员工不断制定更有挑战性的目标，其本质是一种围绕业务的绩效管理工具。

为配合绩效管理变革的目的，PBC包含"业务目标""价值观与行为""个人发展计划"三部分，团队干部还要增加"组织和人员管理"部分。

- 业务目标：清晰描述考核周期内要实现的目标和方向，应基于岗位职责，对目标所期望达成的结果及评价标准充分沟通。

● 价值观与行为：基于对员工的了解，结合员工个性制定。重点是考察行为，做正确的事，正确地做事。

● 个人发展计划（IDP）：结合员工个人职业发展的期待，主管给予反馈、指导和支持，旨在达成组织受益与个人提升的双赢目标。

● 制定 PBC 的过程中，主管和员工应就关键岗位职责、业务目标及衡量标准、价值观与行为、个人发展计划达成一致。制定 PBC 的过程，比 PBC 文字本身更重要：一定要通过一对一沟通，协商制定的方式，才能起到提升员工参与感，激发员工主动性、激发潜能的作用。

通过 BEM-OTB-PBC，让每一位员工知道作战方向是什么，通过文化，让员工作战有激情，通过利益，让员工想打仗、打胜仗，配套员工的能力提升计划，让员工能打仗、会打仗。有这样的人力资源管理体系，哪家企业会不优秀？

二、绩效评价：从"结果说"到"全面绩效说"

绩效最常见的含义就是结果、业绩，但个人绩效如果只考核结果，可能出现两方面的副作用：第一，绩效结果受多种内外部因素的影响，并非个人完全可控，仅关注结果可能导致"躺赢"或者"躺平"；第二，结果往往是过去已经形成的既定事实，无法指向未来的发展潜力。因此，考虑到个人绩效影响因素的多元化，理论与实践界逐步形成"四说论"。

1. 结果说

伯纳丁等人将绩效定义为"在特定的时间内，由特定的工作职能或活动产生的产出记录，工作绩效的总和相当于关键和必要工作职能中绩效的总和（或平均值）"，这是"绩效为结果"的典型观点。

"结果说"认为绩效是结果，绩效考核就是对组织和个人所达成的成果进行考核。

2. 投入说

"投入说"即"能力说"，强调员工潜能、人格特质等与绩效的关系，认为绩效考核就是对岗位任职者完成岗位的素质和能力进行考核和评定。

能力类考核方法所关注的是员工在多大程度上具有某些被认为对企业的成功非常有利的人格特质，如品德、工作积极性、团队意识、创新精神、领导力等。如果员工在这些方面表现较好，那么员工的绩效水平的分数就较高。人格特质类考核方法中最常用的是图尺度评价法（graphic rating scales，GRS）及其各种变体。

3. 过程说

"过程说"即"行为说"，认为绩效是行为，绩效考核就是对未实现组织目标的组织或个人的工作过程进行考核。

行为类考核方法通过考察员工在工作中的行为表现，将员工的行为表现与组织希望员工所表现出的行为进行对比，从而确定绩效水平。其中常用的方法有关键事件法（critical incident approach，CIA）、行为锚定等级评价法（behaviorally anchored rating scales，BARS）、行为观察评价法（behavioral observation scales，BOS）等。

4. 全面绩效说

"全面绩效说"强调绩效是员工潜能、行为及结果的综合，只有潜能加态度／行为加结果才是优秀的绩效。

- 从投入方面来说，绩效评价不再仅仅是追述过去、评价历史的工具，而是更关注未来。将个人潜力、能力纳入绩效评价的范畴。
- 从过程方面来说，绩效是指一个人与其工作的组织或组织单元的目标有关的一组行为，包括正确做事的方式、方法等内容。
- 从产出方面来说，绩效要关注结果，包括责任履行度、目标完成度、关键结果领域（KRA）、产量、销量、利润等。

考虑到个人绩效的影响因素，企业在实践中关注绩效形成的各个方面。以华为PBC为例，其考核原则是责任结果导向，衡量"创造了多少价值"，既关注结果与行为，也考核态度及能力（知识／技能），责任结果是业绩项，作为价值分配的依据，关键行为是能力项，作为机会分配的依据。没有责任结果，就没有关键行为，而态度、知识／技术／技能只有转化为结果和行为才有效。在此原则的指导下，PBC主要包括三项目标，以干部为例，见表11-1。

表11-1 干部的PBC

	关键结果性目标——个人承接的组织KPI • 经营指标（KPI） • 市场目标
业务目标	个人关键举措目标（共6～8项） • 个人年度业务目标（战略诉求、山头目标、高层客户管理等） • 个人年度管理改进目标（财务流程梳理、交付流程改进、组织建设等）

续表

人员管理目标	人员管理目标（共 3 ～ 4 项） ● 根据各自负责部门的团队与人员管理挑战，设置目标
个人能力提升目标	个人能力提升目标（共 2 ～ 3 项） ● 根据个人能力短板，设置个人能力提升目标

三、绩效指标：五源合一全面评价

在全面绩效管理的理论指导下，在实际工作中设计员工绩效指标时，可从以下维度出发明确绩效考核内容。

（一）战略解码确定业绩指标

战略解码首先确定各级组织关键业绩指标（KPI），再向岗位层面进行分解，以将组织目标分解到个人。KPI 按指标性质分为财务指标、经营指标、服务指标和管理指标，是对重点活动和核心效果的控制和衡量。其分解逻辑如图 11 - 2 所示。

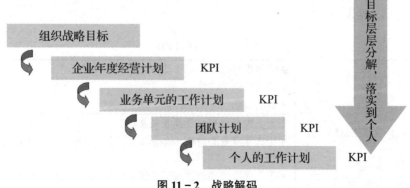

图 11 - 2　战略解码

个人业绩指标就是所承接的组织 KPI，干部和专业类员工的 KPI 有所区别：

● 干部的 KPI 为其所辖组织 KPI；

● 专业类员工的 KPI 一方面来自上级领导指标的分解，另一方面来自其所任职岗位的 KPI，根据其岗位职责进行提炼。

设置个人 KPI 时可参考以下信息：

● 公司领导 / 上级领导的业务目标；

● 公司战略发展思路、年度经营 / 工作计划等相关资料；

● 与领导沟通确定重点工作（参照部门阶段性重点工作）；

● 岗位职责说明书。

设置 KPI 时应当选择与战略相关度高、与工作直接关联的指标，符合"可衡量、重大影响、可操作性、平衡性"原则，避免过于细化、过于烦琐，通常 KPI 指标数控制在 5 ～ 7 个为宜。

（二）重点工作确定任务指标

与关键业绩指标的分解逻辑相同，组织为了落实关键成功因素，还会制定阶段性重点任务，与 KPI 一起构成业务目标。重点任务是动态性指标，是对关键业绩指标的补充和完善。

从周期上看，重点任务包括：

● 五年期、三年期等中长期重点任务，如某重大工程推进等；

● 一年期的年度重点任务，如年度机构改革任务等；

● 季度重点任务，如核心人才的盘点等；

● 月度重点任务，如某项制度的修订等。

组织的重点任务明确后，可通过行动方案予以细化，并分解至个人，形成个人的阶段性重点任务指标。

（三）效率提升确定管理指标

$$企业成功 = 战略 \times 组织效率$$

绩效不仅应当关注当下，还应当为组织的未来发展做好准备。管理指标就是通过提升组织效率、组织能力，促进组织的长期可持续发展。不仅管理类岗位需要明确管理指标，专业类岗位亦应设置管理指标以提升对组织的贡献度。

管理类岗位的管理指标可参考企业胜任能力要求，或者从通常的管理行为出发进行设计，可从以下维度思考指标设置：

- 业务目标对组织建设、员工管理、文化传承的要求；
- 优秀干部应该具备的管理行为，如目标承接、建章立制、团队合作、绩效管理、鼓励创新、发展下属、承认贡献、氛围营造。

专业类岗位的管理指标从企业的技术发展、人才发展方面考虑，思考专业类人员如何对组织做出贡献，通常包括：

- 知识管理，如标准化技术手册制定；
- 人才培养，如技术类人才的传帮带及内部培训等；
- 内部咨询，如为各业务提供技术培训及问题解决等；
- 技术发展，如科技成果转化等。

（四）专项提升确定单列指标

专项提升是针对组织格外关注的职能、专业领域，如重要专项工作、急难险重任务、应对和处置重大突发事件等，聚焦少数关键领域，通过单列指标发挥绩效指挥棒的作用，引起员工重视。单列指标从类别上包括以下几类：

1. 客户类

客户类指标是企业价值创造的过程指标，只有做好客户过程服务与管理才能带来业绩结果。无论是针对 B 端客户，还是针对 C 端客户，客户满意度都是影响绩效的重要因素。为了引导员工重视客户服务，可将客户体验、客户满意度等作为正向引导指标，亦可将客户投诉等作为负面扣分指标。

2. 党建类

国有企业或党政机关、事业单位等为了加强党建工作，可将上级党组织的各项要求落实为党建指标，从而使难以衡量的软性任务变成硬性指标，确保贯彻落地。

3. 安全类

安全责任作为企业经营管理的重大事项，通常通过一票否决制或分级扣分的方式引起员工重视，尤其是在生产类单位，安全类指标作为负面指标可确保其在经济发展过程中守好安全底线。

4. 其他类

企业类型不同、发展阶段不同，可根据实际问题与挑战设置专项考核指标，如金融类企业的风险控制、工程类企业的成本控制及进度管理、生产制造类企业的不良率，部门壁垒严重的企业还可设置内部协同指标。

专项提升类指标贵在精准、指向性强，数量不宜过多，避免面面俱到。

（五）个人发展确定行为指标

行为指标又可称作素质类、能力类指标，和岗位素质模型紧密关联，适用于对能力和态度（价值观）的评价，兼顾个人成长计划。通常而言，行为指标的考核结果应用于人才盘点、选拔、任用、发展培养等，仅作为业绩考核的参考，或在业绩考核中占一定权重。

行为指标主要包括三项内容：序列能力素质、价值观/态度、个人发展。其中：

序列能力素质分为管理类、专业类，主要评价员工冰山下的深层次人格特征、发展潜力等，具体可参考本书第七章。

价值观/态度考核既可独立考核，也可融入绩效考核体系，主要是将企业核心价值观分级为各层级、各类别人员正面、负面行为要求，通过关键事件法进行评价，具体可参考本书第十二章。

个人发展计划（IDP）是为了帮助员工实现职业成长，在一定的周期结束后，由员工自主总结和计划、上级或导师辅导，反馈当前问题，制订下一周期改进、学习提升计划。将个人发展与绩效管理相结合，有利于在工作中培养员工的能力。

一般而言，上述考核维度三四个最佳，不应超过五个，以突出重点，各类考核内容的周期、权重、方法等如表 11-2 所示。

表 11-2　个人发展的考核维度

考核维度	考核周期	考核权重	指标类型	考核方法	考核主体/方式
业绩指标	月/季+年	不低于70%	量化	数据计算	上级/归口部门计分
任务指标	月/季+年		量化	数据计算	上级/归口部门计分
管理指标	年	不高于30%	量化	数据计算	上级/归口部门计分

续表

考核维度	考核周期	考核权重	指标类型	考核方法	考核主体/方式
单列指标	月/季+年	附加考核 不占权重	量化	数据计算	上级/归口部门 加减分/一票否决
行为指标	年	单独考核不 占权重	定性	关键事件法 360度评价	上级/人力部门 计分

四、精准考核：要区分干部和员工考核方式

干部作为组织的核心骨干，承担着实现各级组织目标的职责，员工作为中坚力量，承担着本岗位职责，因此，干部与员工的考核方式在多个方面均存在差异，在日常考核中应当注意区分。

（一）考核周期与主体方面

1. 考核周期

考核周期与工作见效时间、组织期望的关注视角有关系。短期见效的、关注当下的工作，周期短；长期见效的、关注中长期的工作，周期长。因此，从干部到员工，考核周期从关注中长期结果逐渐到关注中短期过程，鼓励干部为结果和目标实现负责，员工为工作过程负责。考核周期与考核对象如图11-3所示。

2. 考核主体

考核主体是指对被考核对象评价、打分的机构或个人，通常有自评、上级评价、同级评价、下属评价、外部评价、360度评价、委员会评价等不同主体。

图 11 - 3　考核周期与考核对象

考核主体与考核内容相关，业绩指标、任务指标、管理指标、单列指标等通常采取以上级评价为主的方式，行为指标通常采取360度评价的方式。

为了提升干部考核的客观公正性，同时避免组织中出现个人权威大于组织权威的不良风气，通常对中高层干部采取以委员会评价为主的方式，如中层领导由经营层评价，经营层高管由薪酬与考核委员会评价。

（二）考核内容与权重方面

回顾前述的个人绩效考核"四说论"，在考核能力、考核过程中的行为、考核结果、综合考核上，干部与员工均更加强调考核结果，对行为及能力的考核相对较弱，但干部在考核结果方面的权重要高于员工，以体现结果导向。

在绩效考核的内容方面，干部与员工主要因其职责、角色不同而有所区别，权重方面均体现业绩为先的原则。干部和员工的考核内容与权重见表11 - 3。

表 11-3　干部和员工的考核内容与权重

考核维度	干部考核		员工考核	
	考核内容	权重（示例）	考核内容	权重（示例）
业绩指标	所辖组织业绩	不低于70%	岗位/项目/流程业绩	不低于60%
任务指标	所辖组织任务		岗位/项目/流程任务	
管理指标	所辖组织/团队管理指标	不高于30%	专业发展类/内部协同类指标	不高于40%
单列指标	视情况设置	加减分项	视情况设置	加减分项
行为指标	管理素质 价值观 个人发展	参考项	专业素质 价值观 个人发展	参考项

（三）考核结果应用方面

1.影响薪酬与中长期激励

在当期薪酬与中长期激励方面，绩效考核结果对干部、员工的应用方式是类似的。考核优秀的干部、员工可以获得当期更高的奖金、下一周期的薪酬上调、配股或获得中长期激励的资格。

2.影响任职资格及晋升、发展等

在任职资格等级、职位晋升、培训培养等人才发展方面，绩效考核结果对干部、员工的应用方式也是类似的。通常将绩效考核结果作为任职资格等级晋升、保级、职位晋升的门槛条件，作为获得组织培养的参考条件，组织中的向上发展机会优先向高绩效的人才倾斜。

3.影响退出

绩效较差时，无论干部还是员工都面临退出岗位甚至淘汰出企业的挑战，但企业往往对干部的淘汰与退出有更严格的要求。比如，华为对排名末尾的干部进行末位淘汰，部分企业对连续绩效考核排名靠后的干部进行警告、职位调整等。

五、绩效考核十大方法

个人绩效在实施中，根据考核内容、侧重点及适用场景的不同，逐渐衍生出各类考核与管理工具，这些工具各有优缺点，可单独使用，也可结合起来使用。

1.KPI

KPI 就是抓关键绩效，是企业战略的落地工具。通过 KPI 可以集中配置资源，引领员工的行为，使得战略能够聚焦，最终驱动企业战略目标的实现。KPI 既适合成熟的企业和商业模式相对稳定的企业，也适合刚刚创立的企业。

2.PBC

PBC 是 IBM 在 1996 年推出的考核方式，华为、海尔等企业也在使用。PBC 除了 KPI，还加了任务、胜任力、价值观等要素，既关注事，也关注人，既强调结果，也强调过程，既关注导向，也关注员工发展，体现了组织与个人发展、短期与长期的平衡。制定 PBC 的过程中，主管和员工应就关键岗位职责、业务目标及衡量标准、价值观与行为、个人发展计划达成一致。制定 PBC 的过程，比 PBC 文字本身更重要：PBC 增加自评环节，有利于及时识别员工对自我绩效的感知。

3. OKR

OKR 适合高科技企业、互联网企业，以及创新性的工作岗位。在一个创新型的企业，很多东西是不确定、属于探索性质的，尤其是颠覆式的创新，所以这时候不可能提出像 KPI 那样非常明确的目标，也不可能把所有的资源都配置在一条线上，而是按照对称性动机资源配置原则，基于客户的需求，基于不确定性，基于企业的发展阶段，来渐进式地配置资源，迭代创新。在这种条件下，OKR 可能更有效。同时，OKR 更强调员工参与，要员工提出有野心、有挑战性的目标，更强调员工潜能的开发。

4. 全面认可评价和积分制管理

全面认可评价和积分制管理，适合 90 后等新生代员工。他们希望更多地对行为进行评价、认可，而且评价完了以后，给积分即可，以精神鼓励为主。现在很多企业推行全面认可评价与积分制管理，员工做了任何有利于客户价值、企业发展、目标实现、个人能力成长的关键事项、关键成果、关键行为都进行认可，进行评分，然后给予积分，在内部进行积分制管理。

5. 360 度评价

360 度评价主要用于领导力发展、内部协同绩效评价等。360 度评价源于反馈的全方位性，包括上级、同级、下级、自我评价等，即全方位地对能力和行为进行反馈的一种评价方法。在绩效考核体系中，360度评价主要应用于企业内部的协同绩效评价及周边绩效评价，依据内部客户关系明确服务方式与标准，建立起评价指标体系。

6.KCI

关键胜任能力指标（key competency index，KCI），通过工作行为对能力、个性、动机、态度等进行量化和定性。

7.GS 考核

工作目标设定（goal setting，GS），同 KPI 结合使用，更偏向于过程型、任务型指标。任务型指标来自例会（年度、季度、月度、周度例会的周期性和临时性任务都应纳入指标）。

8.GRAD

谷歌新优化的绩效考核模式——谷歌员工评估与发展（Googler reviews and development，GRAD），是优化版的 360 度评价方法，注重员工学习、职业发展和影响力，鼓励个体创新，有几个具体的实施要点：期望、反馈和核查、晋升、评价和评级。期望，充分沟通，在重点工作上保持一致；反馈和核查，贯穿全年，其中一项核查将专注于员工在谷歌的学习和职业发展；晋升，每年晋升两次；评价和评级，每年进行一次绩效评级，新评级量表反映日常工作的实际影响力。

9.OGSM

OGSM 是 objective（目的）、goal（目标）、strategy（策略）、measurement（测量）的首字母缩写，是一种计划与执行管理工具，既适用于评价组织绩效，也适用于评价个人绩效。

10. 排序法

排序法是古老但有效的个人绩效考核方法，根据一些衡量因素来比较员工的工作绩效，可以从高到低排列，也可以从低到高排列。

以上各绩效管理方法并非独立存在，在实际应用中可结合其优劣势、企业实际需要进行组合，如以 OKR 为主进行目标管理的企业通常结合 360 度评价，以 KPI 作为绩效管理工具的企业也需要遵循战略绩效管理的逻辑和思路。

六、沟通：绩效管理生命线

（一）绩效沟通：确保信息及时畅通

沟通是绩效管理的生命线，没有沟通就没有绩效管理。企业在实践中进行绩效沟通有几个目的：信息的交互、目标的及时反馈、问题的指出与解决、实时复盘。根据社会学的"镜中我"理论，个人行为取决于自我认知，而自我认知来源于他人反馈，缺乏他人反馈就失去了正确认识自己的机会，更遑论提升自己。在数字时代，好的绩效沟通满足实时化、全场景化、信息化的要求。

绩效沟通要实时化，遇到问题时，随时采取即时通信工具进行沟通，指出问题所在，及时改进工作行为，达成更高绩效。

绩效沟通要全场景化，绩效沟通从过去的目标制定、考核反馈等场景下的沟通变为客户的洞察与研究、目标的制定、组织方式的优化、团队协作机制、日常工作方式、考核反馈、结果改进等多场景应用。

绩效沟通要信息化，过去的绩效沟通主要为书面存档，然而信息化以及即时通信工具、大数据、云计算的普及，都让绩效沟通电子化。实现实时沟通、全场景沟通、电子化沟通记录，形成数字化记录，可为后续的绩效考核和绩效改进提供依据。

绩效沟通的信息化和数字化，可以有效提高沟通效率，但不利于面对面的情感交流，这就要求干部在日常管理过程中，具备设计思维、场景思维、娱乐思维、认可思维，通过游戏化管理、幸福企业、荣誉体系建设、全面认可评价等方式，通过"评分""点赞""打赏""贴标签"等多样化的管理小技巧，提高绩效管理体系的游戏化、娱乐化和场景化，让冰凉的数字体现浓浓的组织温度。

(二) 绩效沟通五步法

要做好绩效沟通，绩效反馈首先要得其要领，以下将用五个步骤描述绩效反馈的要点。

1. 事前要充分准备

绩效反馈是绩效闭环管理的重要一环，处于绩效考评结束后、绩效结果应用之前，主要目的是将考核结果客观地反馈给员工，引导员工进行复盘总结，进而制订改进计划。绩效反馈区别于绩效沟通，绩效沟通指的是伴随绩效管理全过程开展的关于目标、辅导、考核、反馈的横向与纵向沟通，而绩效反馈是对绩效考核结果及后续改进提升进行的面谈交流。

绩效反馈应有备而来，面谈之前干部需要准备以下内容：

● 绩效周期内员工的工作记录，包括工作行为、工作结果，最好以实际案例的形式呈现；

● 已完成的绩效考评表，包括考核目标、方式、结果；

● 对员工能力的客观评价及提升建议，评价最好来自360度评价，包括外部的客户及利益相关者反馈，以及内部上级、平级、下级反馈。

干部的一项重要职责就是培养人才、带队伍，而不能衡量就不能管理。为了更加客观地衡量下属的工作表现，避免近因效应、晕轮效应等心理因素的干扰，做好日常的工作观察与记录很有必要。在工作结果的记录基础上，对员工行为的观察与记录也是考察其态度、能力、价值观的重要依据。

2. 面谈以始为终

绩效管理本质上是实现目标的工具，无论采取 KPI 还是其他诸如 BSC 等考核方式，都是为了实现组织目标。为此，面谈一般从回顾期初目标开始。可以依据绩效目标责任书展开面谈，这一阶段以员工为主进行分析。

好的目标是被认可的目标，"承诺升级"的心理学现象就是当一个人或主动或被动地定了目标之后就会有强化的倾向，继而采取行动实现目标，尤其是当众承诺后。为此目标在制定之初就应公开，正如阿里巴巴从上到下实行的"晒目标"机制。为此，面谈时应当引导员工回顾期初目标，包括：

- 目标是什么，当初基于何种判断制定的目标，是源于岗位职责，部门核心能力的分解，还是重点任务？
- 目标完成情况如何，具体而言，现状和目标之间差距几何？
- 差距产生的原因是什么，归于个人所能控制的原因有哪些？

3. 反馈全面客观

反馈基于事实，力求全面，这一阶段由干部主导，目的是通过客观评价与辅导帮助员工正确认识自己，正如开头所言，正确的自我认知是改进的基础。为了达成共识，反馈包括如图11-4所示的四方面内容。

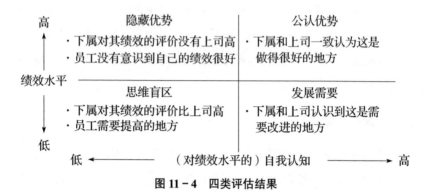

图11-4 四类评估结果

干部反馈是为了让员工全面客观地认识自身，就像为员工打造一个360度的镜子，使优缺点一目了然。除了干部本人的评价外，上、下、左、右、内、外的利益相关者反馈也同样重要，比如对于一线业务人员来说，来自客户的反馈能够让他们知道工作结果如何；对于职能管理部门人员来说，来自业务人员的反馈可以让他们知道是否真的在履行服务职能；对于新任干部来说，来自下属的反馈可以让他知道自己是否真的从独立工作者转变为通过他人取得成果的角色。为此，反馈要点主要包括：

- 本次评估结果说明。
- 来自360度的行为反馈，重在说"事"。
- 工作亮点：员工做得好的地方要及时认可，继续保持优势，力争实现"今天最好的表现是明天最低的要求"。
- 工作不足：干部与员工一致认为需要改进的地方，并探讨解决办法。

● 干部与员工认知不一致的地方，需要通过沟通消除隔阂，建立信任关系。

4. 复盘过程找到根本解

为什么要及时复盘？员工犯过的错误仍然不断再犯、好的做法却如昙花一现或者只在某个员工身上存在难以推广、团队或部门内无确定流程导致事情处理常常混乱不堪……复盘能及时提升员工个人能力，进而提升团队整体能力。联想将复盘纳入管理要求，小事及时复盘，大事阶段性复盘，事后全面复盘，达到了"把失败转换为财富，把成功转换为能力"的效果。

绩效通过找到影响目标实现的根本路径而实现目标，因此，引导员工对周期内绩效表现进行复盘，找到问题所在，找到实现目标的症结所在才能带来下阶段的提升。复盘应该本着开放、坦诚、实事求是和自我反思的态度，强调对事不对人，避免将对事情的争论变成人际关系冲突。

上一步的反馈重在提供来自360度的信息反馈，这一步的复盘重在找到问题的根本原因，为下一周期的改进提供依据。干部引导员工进行自我总结与复盘，要点主要是员工对未完成的目标进行分析，探讨是内部还是外部原因：

● 如确属外部环境变化等不可抗力原因，则审视评价结果是否柔性化；

● 如发现绩效管理制度存在问题，则与人力资源部沟通，对制度进行优化；

● 如确属员工本人问题，则提出改进建议并作为制订提升计划的依据，主要包括行为方面的改进计划、态度方面的调整、能力方面的培养提升等。

5. 制订下一周期提升计划

绩效反馈最终落实为下一周期的提升计划，并通过签字确认或流程流转等外在约束将这一环节固化。在前述沟通基础上，由员工在面谈结束后进行总结并提出提升计划，经主管修订后纳入下一阶段考核计划。表11-4为绩效反馈面谈表。

表11-4 绩效反馈面谈表

_____部门_____月绩效反馈面谈表				
姓名： 部门： 面谈时间：				
本月工作完成情况				
绩效类型	目标	完成	差距	原因
KPI完成情况				
重点任务				
行为考核				
工作亮点（总结亮点并予以鼓励）				
工作不足（落实到可操作的工作）				
_____月提升计划表				
工作内容	工作事项	行动计划	反馈时间	反馈方式
面谈人签字（直接上级）：				
受评人签字：				

(三) 提升绩效 "三赢" 领导力

绩效管理是人力资源职能范畴，绩效实现与提升是领导力范畴，企业要持续关注"三赢"（赢得胜利、赢得人心、赢得全局）领导力的提升。

1. 赢得胜利

干部作为影响企业发展的决定性因素，除了要对绩效考核负责外，也是绩效实现的第一责任人。干部首先要能带领团队打胜仗。如何打胜仗？搭建平台，建立标准化体系，开展能力提升工程，提高组织赋能力。

2. 赢得人心

绩效沟通的价值在于绩效反馈与辅导，要善用三明治反馈法，提高员工的信息接受度。同时，基于意识激发和责任感确立 GROW 辅导模式。

干部要构建一种辅导环境来激发意识和树立责任感。所谓激发意识就是通过提问，让员工意识到自己该做什么，该怎么做，让员工自己说出答案。当员工自己说出答案的时候，就是对目标和工作做了承诺，就具备了对事情负责的责任感。

干部要提升两个重要技能，一是有效地提问，二是有效地倾听。提问和倾听密不可分，提问的同时要注意倾听，而且倾听要多于提问。

GROW 模型要落地，首先，明确目标（goal）。目标包括最终目标和绩效目标，两者缺一不可。明确最终目标就是明确理想，帮助员工找到工作的意义，明确绩效目标就是明确近期可控目标，即在员工的能力范围内，就像摘桃子一样，员工跳一下就可以够得到，通过短期努力可以达到的目标，绩效目标支撑最终目标的实现。

其次，帮助员工梳理现实（reality）。目标明确了，那么现实是什么？员工在知识技能和经验方面存在哪些欠缺，在人财物资源配置方面有哪些不足，外部环境是什么样的，什么人可能会影响目标的实现，什么人支持，什么人反对？等等。

再次，帮助员工探寻可能的解决方案（options）。正式面对目标和现实，有哪些方案可以选择，是 3 个还是 5 个，还有更多吗？

最后，帮助员工下定决心（will）。目标明确了，现实已经判别清楚，可供选择的方案也已经找到了，那么什么时候开始？这些方案是否都有十足的把握？如果有些方案只有七成甚至更低的把握，就继续探讨，如果经过再次探讨，还是认为把握不大，就剔除它，只定自己有八成以上把握的目标，当然前提是这些目标和最终目标相关联。

3. 赢得全局

提高"三赢"领导力，一定要有全局视野，赢得业绩只是干部的基本职责，作为优秀的干部，还要带领团队赢得人才梯队建设、赢得文化价值观传承、赢得管理和组织能力提升。全面赢，才是真的赢。

第十二章

价值观考核决定人才长期发展机会

为什么很多企业的价值观落不了地,最后沦为"墙上挂挂、嘴上说说"的口号,关键就是缺乏制度的载体。价值观只有制度化以后,才能具有自身的生命力,发挥其应有的整合、凝聚、导向作用。

新员工常常表现出不符合企业预期的行为,是他们不想或者不能吗?其实往往是由于"无知者无畏"。只有当价值观被具象化为行为标准后,员工才能知道企业倡导什么、反对什么,进而做出符合预期的行为。

价值观考核就是将企业的价值观明确为工作中的行为要求,通过定期对照、检视、评价,促进员工的认同、践行,从而使得价值观从文化的软性约束转向制度的硬性约束。

一、价值观适配决定人才长期发展机会

价值观考核就是找到那些与企业有共同方向、共同价值判断的同路人。当我们去问 100 个管理者,更喜欢价值观一致但能力一般的人,还是更喜欢能力强但价值观不吻合的人,可能 99% 的管理者都会选择前

者，因为能力可以培养，价值观作为人的深层特质和动机却很难改变。这就是大部分人秉持的观点：要找到那些合适的人，而非花大力气改造一个不合适的人。

任正非说，不管他（员工）是真积极还是假积极，只要他在企业里面装了一辈子积极，那我认为他就是真积极。这个观点和上述"特质论"的不同就在于，员工行为是可以影响和塑造的，只要组织有明确的制度和激励约束机制，就可以促使员工做出符合企业要求的行为。

无论是塑造员工行为，还是寻找长期志同道合的伙伴，价值观评价都是一杆秤，筛选那些符合的、纠正那些不符合的，为企业人才的选拔、培养、激励及发展、约束提供依据。

（一）从利益共同体升级到命运共同体

柯林斯和波拉斯在《基业长青》中写道："能长久享受成功的公司一定拥有能够不断地适应世界变化的核心价值观和经营实务。"企业价值观只有被员工共享和认可的时候，才能够形成合力，支撑企业不断适应外部环境变化，获得持续生存和发展。

大部分员工加入企业考虑的都是个人和短期因素，和企业仅仅是基于利益的雇佣关系。只有创始人等少数人会真正思考企业整体、长期发展。如何解决个人目标和企业目标不一致的问题呢？基于企业文化这一战略制定并明确企业的核心价值观，并通过一系列的管理措施使其深入人心、进而被认同并践行，能够将利益关系升级为长期合作关系，打造命运共同体，真正做到"力出一孔，利出一孔"。

（二）"气味相投"很重要

价值观共享的第一步是找到合适的人，找到与企业气味相投的人。

阿里巴巴在招聘中设置"闻味官"就是出于这一目的，选择一位认可阿里巴巴价值观的老员工，在面试中观察候选人，看他是否具有和阿里人共同的气质。选择同路人能够大大降低候选人进入企业后融入的失败率，也能够减少很多后续的培养和管理成本。

（三）价值观要起到诱导和说服价值

价值观是动态变化的，以确保企业始终适应外部环境的变化。新东方曾在快速发展时期注重培育内部明星老师，但在进入规模化发展后，发现个人英雄主义的文化必须转向规范化和团队协作。

价值观共享的第二步就是不断将变化的要求导入员工认知与行为，不断塑造员工行为。除了价值观宣传、奖励等传播方式外，还应通过制度化的考核评价使员工更新对价值观的认识，起到"知、信、行、达"的目的。

二、行为体系是价值观评价的基准

价值观评价不能拍脑袋确定，而必须有明确的行为标准作为衡量依据，一方面要告诉员工什么是企业倡导的，一方面也要明确企业的高压线，既要有正面行为，也要有负面行为。

（一）战略和文化细化正向行为描述

1. 分层确定角色要求

员工在组织中处于不同层级时，其角色是不同的，表现在所需要承担的责任、具备的能力、管理的范围都是有差别的。《领导梯队》一书将员工到首席执行官的整个管理过程划分为六个阶段（如图 12-1 所示）。

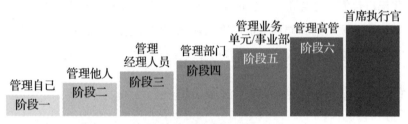

图 12-1 领导力梯队

在日常工作中，我们根据组织层级，通常将管理层级分为高层、中层、基层。不同层级的行为定位在时间取向、影响范围、挑战内容、面对问题、能力侧重等因素上都有所差别（见表 12-1）。

表 12-1 高、中、基层的行为定位

行为定位	高层	中层	基层
时间取向	长期	中期	短期
影响范围	整体	部门	个人
挑战内容	自我	目标	岗位
面对问题	抽象	抽象 / 具体	具体
能力侧重	概念	人际	专业

管理的职能通常包括计划、组织、协调、控制等，按照承担的职能、所需的技能，不同层级的干部及员工角色如下：

高层干部：对企业长期战略负责，洞察机会，创建匹配的组织架构；引领创新方向，寻找企业新的增长极；培育引领性的组织文化并推动落地；在组织中处于决策层，具备决策能力；搭建企业人才梯队；整合内外部资源，带领组织达成目标。

中层干部：对所辖组织的经营绩效负责，对本组织的制度、流程、商业模式等进行经营创新；传承和落实企业文化，整合团队，具备管理能力；实现本组织的人才发展，协调内外部资源，实现业绩目标。

基层干部：制订工作计划，开展计划管理，通过团队建设、督导执行等实现团队业绩目标，以身作则地表率和宣传企业文化，对下属进行培训与指导。

员工：基于岗位职责开展工作，具备成本意识及信息收集能力，关注细节，不断提升自身履职能力并为担任更高职位做好准备。

2. 分类确定行为维度与解读

行为维度是指明确企业的价值观在哪些方面对员工提出要求，应当以战略、企业文化为依据，根据各层级的共性职责，提炼出行为标准的出发点。比如，华为对干部的胜任力标准从发展客户、发展组织、发展个人三个维度出发明确要求，客户是价值创造的出发点，组织是价值创造的平台和载体，个人是价值创造的主体。基本的客户、组织、个人三个维度确认后，还可根据企业面临的实际问题进一步丰富行为维度，如组织维度还可细分为经营业绩、团队建设、文化传承；个人维度还可细分为个人动机、文化践行，从而将三个维度扩充为更多维度。

行为维度明确后，应当按照上述管理层级解读各行为维度的差异化体现。以客户维度为例，高层应当从长期战略和社会责任的视角做到利他和成就客户；中层应当超越、满足客户需求；员工应当具有服务客户的意识，做到及时响应客户需求。

不同层级在各个维度上的侧重点解读完成后，可使用较为简洁的语言进行提炼，形成分层分类的行为维度与解读，如图12-2所示。

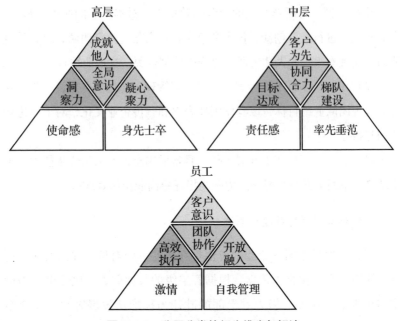

图 12 - 2　分层分类的行为维度与解读

3. 行为描述与案例解释

行为描述就是对行为维度的含义、指向、程度等进行细化，告诉员工在客户、组织、个人等方面有哪些行为要求。通常有以下三种方式。

第一种是明确行为维度下的正向、负向行为。明确倡导的行为和反对的行动，倡导的行为做到位即可，后续在价值观评价时，按照行为锚定，逐个赋分。这种方式比较典型的是龙湖的"操心员工"行为标准，以"团队协作"为例（见表 12 - 2）。

第二种是对前述行为维度进行分级描述。从基本符合到一贯符合，分为需提升、良好、优秀、卓越四个等级，按照行为履行的程度从低到高分级并赋分，便于员工理解、考核评价。阿里巴巴在进行原"六

表 12 - 2　行为维度：团队协作

定义：与关联人员建立联系并运用共同目标及协作规则；理解并承认个体差异；理性看待自身能力，欣赏团队成员的优点，优势互补形成团队合力；相互信任，既坚持原则又善于妥协；创造并积极融入合作、坦诚、双赢的工作氛围。

正向行为：	负向行为：
● 理解、尊重他人的不同，并因此采取不同的协作方式 ● 注重与协作伙伴就共同目标达成一致 ● 在团队协作中主动界定自己的角色 ● 在一个工作流程中，主动与上下游对接 ● 在协作中，注重与他人达成双赢 ● 主动与相关人员建立并保持多赢的工作关系 ● 职责界限不清晰时不推卸责任而首先注重解决问题 ● 对他人的需求、感觉给予及时、充分的反应 ● 与团队成员保持经常性的沟通 ● 在原则框架内，懂得并善于妥协 ● 在协作中，乐于领导他人也接受被领导 ● 及时向协作伙伴提供坦诚的、有建设性的意见、反馈 ● 及时将重要信息传递给相关人员 ● 及时、真诚地给予他人赞誉 ● 积极尝试团队成员提出的有建设性的意见 ● 积极帮助他人发挥其独特价值 ● 有效运用协作规则来解决协作中的问题 ● 身体力行地进行经验推广和资源共享	● 有意见会上不提，会后不尊重团队决定，我行我素 ● 拒绝分享和提供有利于目标实现的关键资源、信息 ● 遇到问题时不是去寻找解决方案而是先推卸责任 ● 在解决冲突中以牺牲公司原则和员工个人利益来换取他人的合作 ● 在背后说三道四，或传播未经证实的小道消息 ● 总是挑别人的毛病而不承认别人的贡献和优点 ● 只关心本人、本部门工作任务的完成而不考虑与全局的协调一致 ● 过度竞争，造成"我们对他们"或者"输赢"式的关系 ● 以自尊的名义"唯我独尊" ● 1 + 1 小于 2 ● 单打独斗 ● 对人不对事 ● 对局部的、非原则性的问题绝不妥协 ● 不分场合随意评价他人 ● 凭感觉片面地评价他人 ● 补位时越位

脉神剑"价值观的考核时即采取此种方法，以"客户第一"为例（见表 12 - 3）。

表 12 – 3　行为维度：客户第一

行为分级描述	得分
尊重他人，随时随地维护阿里巴巴的形象	1
微笑面对投诉和受到的委屈，积极主动地在工作中为客户解决问题	2
在与客户交流的过程中，即使不是自己的责任，也不推诿	3
站在客户的立场思考问题，在坚持原则的基础上，最终使客户和公司都满意	4
具有超前服务意识，防患于未然	5

第三种是对行为维度进行细化，列出几条典型的行为要求。在这种方式下，需要对每一个行为维度提出详细的行为描述，每个行为描述都是并列的、同等重要的，在考核时赋予相同分数。2019 年阿里巴巴"新六脉神剑"就是采取这种方式，以"因为信任，所以简单"为例（见表 12 – 4）。

表 12 – 4　行为维度：因为信任，所以简单

含义	• 世界上最宝贵的是信任，最脆弱的也是信任 • 阿里巴巴成长的历史是建立信任、珍惜信任的历史 • 你复杂，世界便复杂；你简单，世界也简单 • 阿里人真实不装，互相信任，没有那么多顾虑猜忌，问题就简单了，事情也因此高效
行为描述	• 诚实正直，言行一致，真实不装 • 不欺上瞒下，不抢功甩锅，不能只报喜不报忧 • 善于倾听，尊重不同意见，决策前充分表达，决策后坚决执行 • 敢于把自己的后背交给伙伴，也能赢得伙伴的信任

为了使行为描述更生动、形象，给员工留下深刻印象，还可以配套案例，有利于在评价时作为参考。案例通常是与行为描述对应的，如行为描述已有分级，则案例也应当在每个级别后分别配套正面案例和负面案例作为支撑。以阿里巴巴原"六脉神剑"价值观中的"客户第一"为例（见表 12 – 5）。

表 12-5　客户第一的正面案例及负面案例

行为分级描述	得分	行为维度：客户第一	
		正面案例	负面案例
尊重他人，随时随地地维护阿里巴巴的形象	1	暂无	1）管理者不尊重员工，辱骂攻击下属； 2）在公司里给同事脸色看，和同事吵架； 3）和会员打交道时，不顾会员的感受，态度比较强硬，对会员进行不负责任的评论，对内部客户同样如此； 4）客户对公司某项服务不满意，责任在客户方，客户专员不注意方式方法，对客户讲"这完全是你们的责任，和我们公司无关""我们公司的制度就这样，我也觉得不合理，不过没有办法"； 5）在公共场合吵架，语言和行为不文明； 6）不守信用，比如取消订餐后不通知，造成饭店对阿里巴巴的坏印象。 本条通常没有半分，除非员工一贯表现还不错，在某种情况下，员工有一定责任，但情有可原，才有机会得 0.5 分

续表

行为分级描述	得分	行为维度：客户第一	
		正面案例	负面案例
微笑面对投诉和受到的委屈，积极主动地在工作中为客户解决问题	2	1）安全助理在晚上值班时，认真仔细检查，在有些部门集体开会时，特别关注他们桌上遗留的物品； 2）饮水机没水了，主动帮助换水； 3）遇到员工晚上忘记收车，还会在桌上留一个温馨提示纸条，让员工感觉很温暖，并得到员工的表扬	1）客户投诉时，情绪激动，抱怨，不冷静； 2）同事有意见时，不以解决问题为主，闹意见为主，将情绪带到工作中； 3）员工用不正确的方法处理客户投诉时，没有正面积极地对待，引起了后续的不良影响； 4）讨论此事时，员工强调是用以前的方法在处理，不认为自己有错，这是一个没有积极主动地为客户解决问题的例子
在与客户交流的过程中，即使不是自己的责任，也不推诿	3	暂无	1）将客户随意推到其他同事那里，没有明确的说明，不愿意在客户面前承担责任； 2）明明是该自己做的事情，却推到其他同事那里，令客户被推来推去，感受很差； 3）接打错的电话时，不礼貌； 4）某采购人员在和市场部、客服部合作购买发放奖品项目中，早期市场部认为自己有渠道自己处理，但到了时间点却没到位不了，客服部收到客户投诉，发邮件来催，此采购人员将邮件转给了市场部，但迟迟得不到解决，最后采购的任务还是落到员工身上，该员工在收到投诉邮件时，不能做到即使不是自己的责任也不推诿

续表

行为分级描述	得分	行为维度：客户第一	
		正面案例	负面案例
站在客户的立场思考问题，在坚持原则的基础上，最终使客户和公司都满意	4	1）在某大会的筹备过程中，筹备组的员工把许多采购品通过系统提交，接收请求的采购人员不是简单单地去执行，而是充分和提交人员交流，站在客户的立场上思考，了解采购的实际需求，利用自己的专业给出非常好的建议，后来更是主动参与了场地的设计工作，把大会的花费整整降了1万元，而且效果比原来更佳； 2）拍摄人员在拍摄过程中不但管理客户期望，符合公司规定，而且获得了客户好评的案例	暂无
具有超前服务意识，防患于未然	5	暂无	暂无

案例征集后应当注重编写方式，使其更有感染力，可采取"故事五要素"模型编写案例，以某种情境下面临的冲突开始，重点强调员工所采取的行动和达到的结果，此外，增加情感描述，如人物的心路历程等，与读者建立情感链接，使其身临其境。"故事五要素"模型如图 12-3 所示。

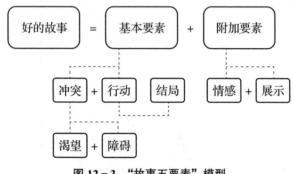

图 12-3 "故事五要素"模型

（二）文化反思建立负面行为清单

社会、组织、个人的自发趋势都是滑向怠惰和封闭，而非创新和开放，组织如果没有自我批判与反思的能力，就会止步不前甚至被时代淘汰，个人如果没有反思能力，而是认为自己趋于完美，这也就代表着再无进步的空间。

建立文化复盘与反思的机制就是形成制度化的批判与自我批判环境，不断更新企业核心价值观及行为体系，增强对内对外的适应力，确保核心价值观的生命力。

1. 文化复盘与反思

文化复盘与反思是为了达到成就客户、成就组织、成就自我的目的，内容包括组织、思想、行为等。组织方面的反思主要是消除惰性，强化组织能力、提升组织效能；思想方面的反思主要是统一思想，达成共识，建立承诺；行为方面的反思主要是协调行动，持续赋能，激发潜力。

文化复盘与反思要建立多样化渠道，广开言路，尤其是倾听反对的、负面的、批判的声音，以闻过则喜的心态将来自各个渠道的意见、建议作为改进文化、价值观及行为体系的契机。常见的渠道包括：

● 来自客户的投诉。组织应当设置畅通的客户意见反馈渠道，通过投诉电话、邮件，满意度调查，客户拜访等多种形式获得客户对产品、服务的评价，尤其注意采集负面评价。

● 来自社会的评论。通过关注新闻媒体报道、网上评论等舆情信息，获知企业在社会上的形象，获得改进建议。

● 来自员工的投诉。企业可设置内部论坛、员工信箱，或通过当面沟通的方式获得反馈，如华为开辟心声社区专门用于员工内部沟通、交流及提出意见，管理者应持续关注员工反馈，作为改进自身领导力及组织管理的有力方式。

● 来自与竞争对手相比的差距。通过外部对标，寻找自身与标杆企业的差距，包括制度、流程、机制、做法等，并提出提升建议。

● 来自自我反思。企业应建立批判与自我批判的氛围、文化，通过述职演讲、年度总结等方式促使员工对组织、个人提出改进意见。

企业最危险的就是成长到一定程度后，沉浸在过去的成功经验中故步自封，听不见外部的声音。因此，以上总结与反思应该固化为流程、机制，定期总结成果供全员学习借鉴，促使全员时刻保持开放心态和危机意识。文化复盘与反思的成果包括：

● 组织优化建议。根据总结与反思，对企业的组织流程与管理制度进行改进，对文化理念及行为体系进行更新。

● 合理化建议。对总结的现实问题提出提高质量、降低成本或优化管理等可操作实施、可固化的改进意见。

● 案例集。将总结与提升涉及的问题写成案例，形成案例集，作为后续管理者的参考，使后人避免前人所犯的错误。

● 负面行为清单。把针对个人的，包括管理者及全员的负面行为进行梳理总结，作为价值观考核的红线行为。

批判别人是人性，自我批判是反人性的，为了保障组织能有效地总结与反思，必须通过一系列措施进行保障。

第一，企业高层领导者必须以身作则带头反思：为员工反思建立标杆，指出方向。

第二，企业应为新员工提供如何进行批判与自我批判的培训课程：指导员工要勇于自我总结，教授员工进行自我总结的方法、如何正确处理工作挫折和如何进行自我超越。

第三，在用人要求中明确自我批判能力：将自我批判能力作为后备管理者选拔的必备标准，对于没有自我批判能力的管理者，原则上不能提拔。

2. 负面行为清单

负面行为清单是在文化总结与反思中形成的员工应当遵守的行为规范，是全员都应当遵守的一般性商业行为底线。除此以外，员工还应当遵守所在部门、所在业务领域或所在国家/地区的其他规则。负面行为清单重点规定了红线行为，并明确了监督与投诉机制，员工一旦违反，将会受到相应处罚，轻则降职降级，重则将解除劳动合同甚至追究法律责任等。比如，华为员工商业行为准则规定了基本准则，以及对内业务行为、对外业务行为、个人行为等方面的行为规范。

> **某企业红线行为**
>
> ● 利用工作之便接受任何形式的回扣；
>
> ● 未经同意在外界兼职或担任顾问；
>
> ● 未经同意，参股或与他人合伙开办企业；
>
> ● 不遵守保密规定，有意或者无意泄露集团机密；
>
> ● 利用个人职权，贪污、受贿、公权私用，为自己或他人谋利；
>
> ● 以任何形式（网络、媒体等）散布对集团不利的言论；
>
> ● 无正当理由不服从集团工作安排；
>
> ● 其他触犯国家法律法规和劳动合同约定的违规违法行为。

三、行为锚定开展价值观考核

有些企业的价值观考核作为绩效考核的附属，只占其中20%～30%的权重，被视为对员工工作态度的评价。此种方式由于权重较小，员工与管理者不甚重视，导致量化不足、流于形式，往往成为管理者对员工绩效考核的一个调节手段，难以发挥应有的作用。

价值观考核应当独立于绩效考核，员工的最终考核结果由价值观考核、业绩考核共同决定，且价值观考核应当具有一票否决的作用，即当员工价值观考核不合格、触犯负面行为时，即使员工绩效考核得分很高，企业也应当采取严厉措施，包括减少奖金、限制晋升等，避免造成不良组织氛围。

（一）价值观考核目标与原则

价值观考核的目的是建立一套固定机制，驱动员工自发向企业倡导的行为靠拢，形成组织认同。通过价值观行为体系的宣传、考核，使员工了解自身行为与企业要求之间的差距，塑造员工行为。通过价值观考核结果的应用，为组织选拔、奖惩员工提供依据，使符合价值观要求的员工得到更多发展机会，强化表率作用，最终打造企业与员工的命运共同体。

价值观考核应坚持以下原则：

● 长期导向：价值观考核侧重于员工的长期表现，宜粗不宜细。

● 公正透明：公正、公平、公开，考核依据是考核人通过观察和记录员工表现所获取的事实或关键行为。

● 正向激励：考核结果主要应用于员工正向的认可、奖励与晋升，但对红线行为给予严厉惩处。

● 打分的合理分布：坚持 20%-70%-10% 的正态分布规律，合理区分并拉开差距，避免流于形式。

价值观考核的框架与绩效考核类似，如图 12-4 所示。

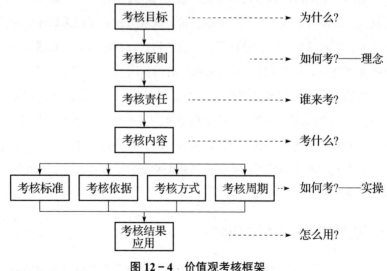

图 12-4 价值观考核框架

（二）价值观考核责任主体

价值观考核的责任主体与文化建设的责任主体一致，需要对文化建设委员会、文化建设办公室、人力资源部门、文化推进小组、各级管理者及员工的职责进行明确，如表 12-6 所示。

表 12-6 价值观考核责任主体与主要职责

责任主体	主要职责
文化建设委员会	● 审批高层、中层、基层的价值观行为体系 ● 审核价值观考核制度 ● 考核高管人员的价值观行为表现 ● 审核企业价值观考核结果及其应用方式 ● 审核价值观考核的申诉处理结果
文化建设办公室	● 组织各层级研讨，明确价值观行为体系 ● 组织制定负面行为清单 ● 根据内外部形势变化，对价值观行为进行更新
人力资源部门	● 制定与完善价值观考核制度 ● 组织各级管理者进行价值观考核培训 ● 处理价值观考核申诉事件
文化推进小组	● 负责对员工及各层级行为考核结果进行复核，确保复核考核规则，确保事例真实准确
各级管理者	● 以身作则，践行价值观行为要求 ● 观察与记录下属在考核周期内的价值观行为 ● 与下属沟通，教导、辅导、纠正与提高员工做人做事标准 ● 考核直接下属的价值观行为表现 ● 审核间接下属（下属的下属）的价值观考核结果
员工	● 积极配合价值观考核工作。对考核结果存疑的员工，可以向人力资源部门提出申诉

(三) 价值观考核流程

价值观考核流程包括员工自评、他评、初审、复审、申诉、公示等，企业应注重考核程序的公开、公正，确保结果的客观性。价值观考核流程如图 12 - 5 所示。

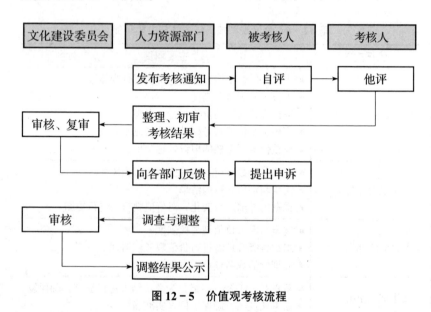

图 12 - 5 价值观考核流程

(四) 价值观考核方式

价值观考核的频率不宜太高，可采取季度、半年或年度考核，一方面时间太短难以衡量员工的真实价值观，另一方面过于频繁会造成管理成本较高、员工过于关注行为而带来形式主义等问题。

考核主体可以采取上级考核、员工互评、员工自评、360 度评价、委员会考核等方式，每种方式各有利弊，比如，上级较为了解员工的真实价值观但只由上级评价客观度不足，员工互评及 360 度评价的优点在于信息来源多，缺点是成本较高且容易造成内部公关问题，员工自评的优点是给员工自查自省的机会，缺点是客观度不足。因此，中基层人员通常采取直接上级评价、隔级上级审核、HR 复核的方式，高层人员采取总经理评价、委员会复核的方式。自评结果仅作为参考，考察员工的自我认知，但不计算结果。

（五）价值观考核计分标准

价值观考核的计分方式与价值观行为体系的设置相关，行为描述的方式不同，计分方式不同。

● 正负向行为对比的行为描述。首先针对所有正向行为进行赋分，按照是否符合的二分法进行计分，符合计 1 分，不符合则不计分，对所有正向行为的得分进行加总；其次针对所有负向行为进行赋分，触犯后减去 1 分，计算所有减分情况；最后正向行为的得分减去负向行为的扣分，作为最终的价值观得分。

● 行为分级描述。在价值观行为描述为分级的情况下，价值观考核也应逐级认定，当员工完全符合较低级别的行为后，方有可能打更高一级的得分。每个行为等级 1 分，部分符合时可打 0.5 分。如某企业的"客户意识"行为维度分为 4 级，分别赋为 2、3、4、5 分，分别代表需提升、良好、优秀、卓越，如图 12-6 所示。

● 典型行为列举描述。典型行为列举是对行为维度提出若干行为描述，每个行为描述是并列的、同等重要的，在考核时赋予相同的分数，符合的得 1 分，不符合的得 0 分，最后对所有行为维度的得分进行加总，即为员工最终得分。

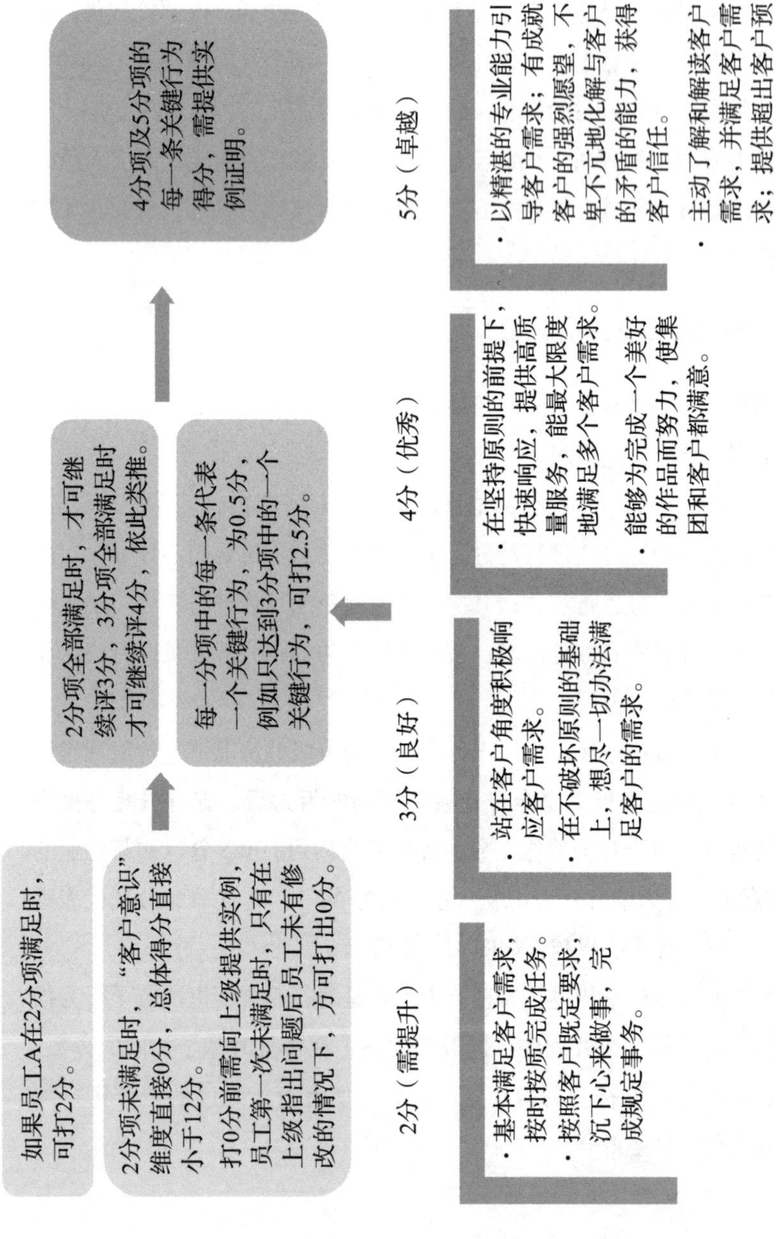

如果员工A在2分项满足时，可打12分。

2分项未满足时，"客户意识"维度直接得分0分，总体得分小于12分。

打0分前需向上级提供实例，只有在员工第一次未满足时，上级指出问题后员工未有修改的情况下，方可打出0分。

2分项全部满足时，才可继续评3分，3分项全部满足时，才可继续评4分，依此类推。

每一分项中的每一条代表一个关键行为，为0.5分，例如只达到3分项中的一个关键行为，可打2.5分。

4分项及5分项的每一条关键行为得分，需提供实例证明。

2分（需提升）

- 基本满足客户需求，按时按质完成任务。
- 按照客户既定要求，想尽一切办法满足客户的需求。

3分（良好）

- 站在客户角度积极响应客户需求。
- 在不破坏原则的基础上，想尽一切办法满足客户的需求。

4分（优秀）

- 在坚持原则的前提下，快速响应、提供高质量服务，能最大限度地满足多个客户需求。
- 能够为完成一个美好的作品而努力，使团队和客户都满意。

5分（卓越）

- 以精湛的专业能力引导客户需求；有成就客户的强烈愿望，不单单地化解与客户的矛盾的能力，获得客户信任。
- 主动了解和解读客户需求，并满足客户需求；提供超出客户预期的服务。

图 12-6　行为分级描述的计分标准

（六）价值观考核结果确定

价值观自评作为参考，主要采纳直接上级的打分，为确保公平公正，可设置保障措施：一方面针对极端打分情况，要提出具体事例予以佐证；一方面设置两级复核机制，由隔级上级、HR 或文化推进小组再次复核。

为便于结果应用，将考核结果排序并按照 20%-70%-10% 的正态分布比例进行划分，确定员工考核等级。人数较多的部门（如超过 20人）可按部门进行强制分布，人数较少的部门可按几个部门进行大排名再分布。

四、价值观考核"九宫格"及结果应用

价值观考核结果的应用主要是"两级应用"，即重点激励价值观高度符合的员工，使其"名利双收"，同时惩罚价值观考核不合格甚至触犯负面行为、红线行为的员工，起到警示作用。

价值观考核作为制度化推动企业文化落地的手段，其结果应用应具有一定的刚性，并与人才的选拔、激励、考核、退出挂钩，以发挥价值观的筛选、整合、行为塑造作用。

（一）价值观考核与绩效考核联动

1. 确定九宫格

结合价值观考核结果与绩效考核结果，可绘制出人才盘点九宫格，如图 12 - 7 所示。

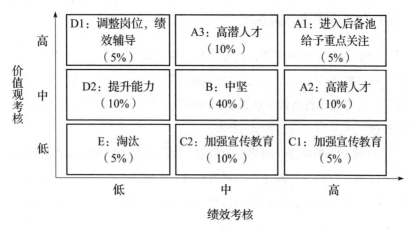

图 12 - 7 人才盘点九宫格

2. 差异化结果应用

针对九宫格内各区域的人，应当采取差异化的人才策略。

A 区域：包括 A1、A2、A3，价值观吻合度高、绩效高的人，应进入后备池，重点提拔使用。

B 区域：价值观基本吻合、绩效水平较高的人，这类人群占企业人数的大部分，是企业的中坚力量，按照人岗匹配的原则使用即可。

C 区域：包括 C1、C2，绩效较高但价值观吻合度较低的人，应重点加强价值观的培训，引导其行为向企业要求靠拢。在提拔使用时应谨慎对待，关键、核心管理岗位避免使用价值观不吻合的员工，以免造成更大损失。

D 区域：包括 D1、D2，价值观比较吻合但绩效水平一般的人，对这类人群应加强知识、技能、能力的提升，或通过岗位调整发挥其能力。

E 区域：价值观考核及绩效考核结果均为末位的人，针对这类人应制定退出机制，如退出岗位或解除劳动合同。

（二）价值观考核正向联动

1. 转正、晋升联动

员工转正条件为企业价值观考核结果达到合格及以上等级。

组织的资源，尤其是权力资源是有限的，干部队伍必须符合企业价值观。只有价值观考核合格，员工才有机会进入上一级管理者后备池，在职级晋升、职务晋升等方面具备参与资格。

2. 激励资源获取

价值观考核合格后，员工有资格享受分红、配股等中长期激励，有资格参选荣誉激励。价值观考核为优秀或卓越的员工，企业可通过优秀个人等荣誉激励方式进行表彰。

（三）价值观考核负向联动

1. 惩罚

奖金主要根据绩效考核结果发放，但受到价值观考核结果的约束。价值观考核不合格的，绩效考核等级应受到限制，绩效奖金应受到影响。

价值观考核不合格的员工，将退出企业的核心人才队伍，失去奋斗者等身份，失去相应的晋升与激励机会。

价值观考核不合格的管理者不能进入上一级管理者后备池，已进入的应动态退出，原则上不能提拔。已在任的管理者价值观考核不合格的，应当退出职位，观察期的价值观考核合格后方有资格再次参与管理者选拔。

触犯红线者解除劳动合同，严重者追究法律责任。

2. 培训

价值观考核不合格者，应当由管理者开展面谈，提出下一周期的改进计划与培训计划。人力资源部或文化建设办公室针对价值观考核中发现的共性问题，应制订针对性的全员文化宣传、培训、提升计划并组织实施。

基于企业战略和文化的价值观导入是一个久久为功的过程，不能一蹴而就。在价值观落地的过程中，除了软性的宣传、表扬、氛围营造外，价值观考核作为强制性的机制，是硬性的规则保障。企业应注重软硬结合，持续导入与提升，形成精神合力。

第十三章

一级激励机制：导向冲锋，激励价值增值

钱不是万能的，但是如何发钱可以带来激励效果，发钱代表着一种尊重和认可，能够强化"为什么发钱"的行为。作为稀缺性的战略资源，薪酬资源应向高价值领域倾斜，鼓励战略贡献、鼓励经营质量、鼓励发展潜能。基于此，我们提出了物质激励六要素和非物质激励七种武器，其中物质激励六要素主要包括工资总额、组织绩效、中高管薪酬、薪酬内部分配、个人绩效、发展通道等维度。

其中工资总额、组织绩效和中高管薪酬是外延性、扩展性的管理措施，业绩好则工资总额高，组织绩效符合发展方向，工资总额兑现就高，所以我们将其定位为一级激励机制，通过规则的设计，鼓励"做大蛋糕"，以持续突破，创造高绩效。

一、四类工资总额决定机制

工资总额也叫粮食包/工资包，是指在一定时期内直接支付给公司内全部职工的劳动报酬总额。工资总额包括：计时工资、计件工

资、奖金、津贴和补贴、加班加点工资、特殊情况下支付的工资（见表 13 - 1）。

表 13 - 1 工资总额的内容

计时工资	● 按计时工资标准（包括地区生活费补贴）和工作时间支付给个人的劳动报酬
计件工资	● 计件工资是指对已做工作按计件单价支付的劳动报酬
奖金	● 支付给职工的超额劳动报酬和增收节支的劳动报酬
津贴和补贴	● 为了补偿职工特殊或额外的劳动消耗和因其他特殊原因支付给职工的津贴，以及为了保证职工工资水平不受物价影响支付给职工的物价补贴
加班加点工资	● 按规定支付的加班加点工资
特殊情况下支付的工资	● 根据法律、法规和政策规定，因某些特殊原因按计时工资或计时工资标准的一定比例支付的工资；附加工资、保留工资

工资总额决定机制，主要解决以下几个问题。

●账算清：可消除股东付出多、员工感知少的现象，实现"到账到心"。

●规则治理：变"发工资/分工资"为"赚工资"，不用扬鞭自奋蹄，真正激发员工干事创业的内在热情。

●增量分享：不做"零和博弈"，以存量为基础，鼓励增量分享，鼓励"做大蛋糕"，鼓励股东和人才双赢。

●导向明确：导向冲锋，人才为自己的奖金而努力工作，销售、市场、研发、生产、质量、职能部门的方向一致，都是客户和订单。

工资总额管控，既适用于单体企业管控自身的工资总额，也适用于集团公司管控机关、下属企业的工资总额。集团公司管控工资总额及二次分配规则，内部分配则可授权给下属企业。

工资总额的管控周期一般为一年，行业周期性明显、效益年度波动较大的可考虑三年周期。在周期初根据规则确定工资总额预算，月度执行及备案，周期末进行清算。

不同类型的组织，工资总额决定机制应有所差异。

（一）按组织分类确定工资总额决定机制

无论是国企还是民企，内设机构的功能定位都是有所区别的。一般有市场类、战略类、职能类。

● 市场类（商业一类）是在充分的市场竞争领域，以经济效益最大化为目标。

● 战略类（商业二类）处于不完全市场竞争领域或承担上级单位一定的战略使命，以经济效益为目标，但要兼顾战略任务。

● 职能类（公益类）不以经济效益为目的，主要追求职能履行到位。

基于功能定位的一次分类以后，还要结合企业不同的发展阶段（见表 13-2）进行二次分类，一般分为初创期、成熟期和整合期。进行不同周期的划分，也是为了结合下属单位和部门的发展阶段，配套针对性的管理措施。

表 13-2　企业不同发展阶段

	初创期	成熟期	整合期
定义	新成立的公司，尚处于战略投入期，经营尚未进入正常状态	进入稳定发展且持续盈利的业务板块或二级公司	由于内外部环境的影响，经营不善，进入衰退期的业务或企业
里程碑节点	1～3 年的战略投入期，以实现财务盈亏平衡为节点，进入成熟期	效益持续提升，以跨行业周期的效益持续下降为节点，进入整合期	以完成资产重组或机构重组为节点，业务或公司进入初创期

不同的功能定位和发展周期，工资总额决定机制、工资总额专项调节机制、组织绩效考核模式及高管薪酬应有所差异。不同时期、不同部门的工资总额机制如图 13 - 1 所示。

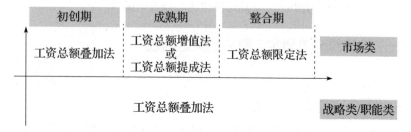

图 13 - 1　不同时期、不同部门的工资总额机制

（二）增量分享的工资总额增量法

工资总额增量法也叫业绩增量法，强调经营导向，鼓励提升效益，持续做大资产规模。

以增量法确定工资总额，即工资总额＝工资总额基数 ×（1＋增量比例）。以增量法确定公司工资总额，与业绩强联动，经营质量越好，则增量比例越多，同时鼓励进步，业绩持续向好，则工资总额持续增加。

1. 工资总额基数确定

首次开展工资总额管理，要先确定工资总额基数。工资总额基数的确定会影响该单位后续多年工资总额盘子大小，所以要首先剔除数据极端值（特殊情况下高发、低发）。同时要通过多轮沟通，和各单位形成共识。

在核定工资总额基数时，有三种核定方式，分别如下。

（1）上年度历史值。

以上年度实际发生值（剔除极端值后）作为工资总额基数，例如 A

公司 2021 年工资总额为 5 000 万元，则开展工资总额决定机制时，其 2022 年工资总额基数即为 5 000 万元。

（2）三年历史平均值。

以前三年实际发生值的平均值作为工资总额基数。例如，A 公司 2019 年工资总额为 4 500 万元，2020 年工资总额为 4 800 万元，2021 年工资总额为 5 000 万元，则 2022 年工资总额 =（4 500+4 800+5 000）/3=4 766.67 万元。

（3）三年历史加权平均值。

依然以前三年实际发生值为基础，但加权平均。还以 A 公司为例，2022 年工资总额 =4 500×20%+4 800×30%+5 000×50%=4 840 万元。

增量法确定工资总额的增幅同该单位当年业绩联动指标的增幅直接相关。不同类型的企业，挂钩指标选择不同。

2. 增量比例确定

基数确定后，根据当年度经营业绩完成情况，工资总额可同向增加或减少。经营业绩完成情况主要以挂钩指标的实际完成值为依据，一般企业在选择指标时，多选择利润总额、净利润、归母净利润等直接关联性指标，同时也可增加净资产收益率（ROE）、经营业绩、工资利润率等调节性指标。

以 A 公司为例，选择净利润作为关联性指标，确定工资总额（见表 13-3）。

表 13-3　以净利润确定工资总额　　　　　　　单位：万元

	2021 年	2022 年	增幅
净利润	40 000	43 000	7.5%
工资总额	5 000	5 000×（1+7.5%）= 5 375	

以上即为基于工资总额基数的增量法确定工资总额的基本逻辑。从示例不难看出，工资总额同经营业绩构建了直接联动机制，实现了多劳多得。但细究之下，以上逻辑仍有需要优化之处。

例如，若 A 公司的净资产规模 1 000 亿元，2022 年仅实现 4.3 亿元净利润，ROE=4.3%，低于资本成本率，表示该公司在消耗价值，而非创造增量价值，工资总额理应下降，不能增加。

再如，若 A 公司的净资产规模 10 亿元，2021 年净利润 100 万元，2022 年净利润 1 000 万元，净利润增长 10 倍，按规则工资总额增量也应有 10 倍，但 10 亿元净资产规模仅产生 1 000 万元净利润，ROE=1%，同样工资总额应下降，不能增加。

为了避免以上场景出现，增量法一定要增加关联性指标，例如 ROE 指标、经营业绩指标、工资利润率指标等。

（1）ROE 指标联动。

根据 ROE 实际完成值，结合净利润增幅，确定工资总额增量比例（见表 13-4）。

表 13-4　以 ROE 和净利润增幅联合确定工资总额增幅

	ROE＜资本成本率	ROE ≥资本成本率
净利润增长	工资总额增幅应小于净利润增幅	工资总额增幅 = 净利润增幅
净利润降低	工资总额降幅应大于净利润降幅	工资总额降幅 = 净利润降幅

（2）经营业绩指标联动。

以多年经营业绩完成情况做指标联动，连续盈利且经济效益持续增长的，可获取更大的工资总额增量比例；虽然连续盈利，但经济效益下降的，可根据 ROE 联动情况，确定降幅比例（见表 13-5）。

表 13 - 5   以经营业绩和 ROE 联合确定工资总额降幅

经济效益情况		资本成本率（S）> 当年 ROE ≥ 0	当年 ROE ≥ S
连续盈利且经济效益持续增长的	当年净利润 ≥ 上年净利润 >0	工资总额增幅不高于 20% × 净利润增幅	工资总额增幅 = 净利润增幅
连续盈利但经济效益下降的	上年净利润 > 当年净利润 ≥ 0	工资总额降幅不低于 80% × 净利润降幅	工资总额降幅不低于 50% × 净利润降幅

（3）工资利润率指标联动。

不同的二级单位之间，经营能力差异较大，可以采取工资利润率作为调节指标（见表 13 - 6）。

表 13 - 6   工资利润率指标联动

	工资利润率优于同业	工资利润率劣于同业
净利润增长	工资总额增幅 = 净利润增幅	工资总额增幅应小于净利润增幅
净利润降低	工资总额降幅可小于净利润降幅	工资总额降幅 = 净利润降幅

需要注意的是，工资总额增量法因为有工资总额基数存在，所以在基本的规则下，不同的经营业绩应该有不同的决定机制。

（三）价值核算的工资总额提成法

提成法也叫经营核算法，不同于增量法，提成法是一种零基数的工资总额决定机制，即无论 2021 年工资总额基数多少，2022 年重新清零，按规则重新计算。

提成法下，工资总额 = 经营指标 × 提成比例 + 关联性指标影响。

1. 确定工资总额基数

在"尊重历史、增量分享"原则下，提成法首先要确定工资总额基数，具体方式见上文。

2. 建立联动关系

上一周期工资总额基数＝上一周期经营指标 × 提成比例，则提成比例＝上一周期经营指标／上一周期工资总额基数，提成比例 a 确定后，即可确定基础性联动公式，$Y=aX$，其中 Y 为工资总额，a 为提成比例，X 为经营指标完成情况。

一般选取毛利作为经营指标。为何？从财务角度，净利润＝主营业务收入－主营业务成本－费用＋其他收益／营业外收支－所得税。其中，所得税和其他收益同员工没有关系，所以不能用来联动工资总额。费用包含管理费用、销售费用、研发费用等，如果以营业利润为经营指标做工资总额联动，必要的费用支出可能会受到影响。该花的钱不花，虽然给企业带来了营业利润，但也失去了更长久的发展机会，得不偿失，所以，工资与毛利挂钩较为合理。部分财务数据关系如图 13-2 所示。

以 A 公司为例，2021 年工资总额 5 000 万元，营收 10 亿元，毛利 1.5 亿元，则 a=0.5/1.5=33.33%，即 Y=33.33%X，若 2022 年营收 10 亿元，毛利 1.8 亿元，则工资总额为 6 000 万元。

3. 确定调节关系

$Y=aX$ 的基本规则确定后，还需要关注其他关联性指标的调节因素。例如在 A 公司，Y=30%X，2021 年营收 10 亿元，毛利 1.5 亿元，2021 年工资总额为 5 000 万元，2022 年营收 30 亿元，毛利 2.1 亿元，按规则工资总额应为 7 000 万元。

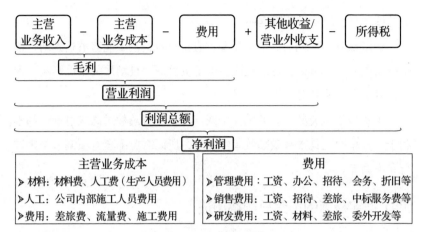

图 13-2 部分财务数据关系

但细究之下，营收增加 3 倍，而毛利并没有同比增加，毛利率从 2021 年的 15% 降至 2022 年的 7%，经营业绩大幅度下滑，工资总额却增加了 40%，显然不合理。

正是基于此，在联动关系确定后，还需要增加调节关系，通过关联性指标的影响因素判定，最终形成工资总额的决定机制。

$Y=aX+b+c+\cdots$，其中 b 和 c 代表关联关系，而并非简单的加减关系。

例如，某企业工资总额 = 预发工资总额 + 利润指标影响 + 费用率影响 + 回款率影响，其中：

● 预发工资总额 = 销售毛利 ×30.93%。

● 利润指标达成，分段计提超额利润分享；利润指标未达成，预发工资总额扣减未完成利润额。

● 费用控制达标完成时，对费用节省部分进行分享；费用控制未达成时，预发工资总额扣减超出费用。

● 应收账款回款率未达成，按未完成比例等额扣减工资总额，做计提处理，直至回款后予以返还。

提成法规则明确后，简单粗暴，直接有效，员工能够清晰判断，根据已完成的经营指标，可以提成多少工资总额，且增加关联性影响因素后，可实现多劳多得、优劳优得。

但提成法也有弊端，业绩突增或陡降，工资总额过高或过低，都不利于工资总额工具本身激励效果的实现，所以需要配套专项调节包来进行专项调节。

（四）据实核算的工资总额叠加法

针对强调战略及任务导向的单位，若完全关注经营指标，极有可能使得该单位全体员工失去对战略任务的关注度，同时，因为经营指标不见得非常亮眼，最后导致工资总额常年徘徊不前，工资总额不高，既不利于充分配置人才队伍，也不利于优秀人才的加盟。

据实核算的工资总额叠加法，根据实际在岗人数确定工资总额基数，新增人员据实核算叠加工资总额。

$$工资总额＝存量人员工资包＋增量人员据实支持$$

1. 据实支持 ≠ 数人头

按人头 × 人均工资确定工资总额增量，会带来三大矛盾。

● 高级别人才不敢招：当吸纳高级别人才时，为其赋予更高薪酬，将导致现有人员薪酬降低，让管理者没有动力吸引高级别、高薪酬人才。

● 低级别人才钻漏洞：当招收低于人均薪酬水平的人才时，高于实发工资的部分将分享至现有人员，容易产生"搭便车"涨工资现象。

● 定编制成博弈焦点：定编不单单是人员的数量问题，还是人员数量和工资总额问题，会加大二级单位博弈的动力，不利于定编管理。

据实核算指的是新增人员要按照岗位、职级，结合工资标准据实支持。

例如，A 公司 2021 年工资总额 5 000 万元，新增加 1 名高管，1 名项目经理，3 名工程师，其薪酬分别如表 13 - 7 所示，则 2022 年的工资总额 =5 000+150+50+35+60+25=5 320 万元。

表 13 - 7　A 公司新增员工薪酬

人员	高管 A	项目经理 B	工程师 C	工程师 D	工程师 E
薪酬（万元）	150	50	35	60	25

2. 存量人员工资包 = 保障性工资基数 + 效益性工资基数

存量人员工资包不能一成不变，既可以分享整体发展成果带来的工资增幅，也应该承担基本的效益考核。

保障性工资和效益性工资占比一般在 20% ～ 80%，即 A 公司工资总额 5 000 万元，1 000 万元保障性工资即为 20%，剩余 4 000 万元即为效益性工资。

保障性工资增幅可以结合 CPI，也可以结合整个集团的效益情况确定，例如保障性工资每年增长 6%。

效益性工资要同关键性效益指标挂钩，传递业绩压力，体现激励导向。

$$存量人员工资包 = 保障性工资基数 \times （1+ 保障增资）$$
$$+ 效益性工资基数 \times （1+ 效益增幅）$$

（五）只减不增的工资总额限定法

任何一个组织都有生命周期，无论是行业环境巨变还是自身经营不善，组织的经营能力和产出可能日趋下降，这时投入再多的激励资源也是一种浪费，所以要采取工资总额限定法。

所谓工资总额限定法，是以该单位进入转型期节点时的历史薪酬基数为基准，工资总额酌情打折。一般而言，以高管绩效工资扣减50%～100%，管理者绩效工资扣减20%～50%，员工绩效工资不得增加为基本原则。

以 A 公司为例，各类人员工资总额如表 13 - 8 所示。

表 13 - 8　A公司各类人员工资总额　　　　单位：万元

类型	工资总额	绩效工资
公司	5 000	1 400
高管	500	300
管理者	1 000	400
员工	3 500	700

限定法工资总额 =3 500+600+400×50%+200+300×10%=4 530

按工资总额限定法确定工资总额后，工资总额原则上不允许调增，遇到特殊情况和专项任务时，可根据实际情况处理，上级审批后确定。

需要注意的是，转型期企业通过裁员来实现经营好转的，所裁员工的工资总额应一并上缴，即"原则上不得增人，减人即减资"。

若转型期企业经过重组或内部业务结构调整，经营状态持续向好，实现盈亏平衡后，可申请重新进入初创期，即可按照初创期重新明确工资总额决定机制。

以上四种工资总额确定方法，各有其特点及适用场景，具体如表 13－9 所示。

表 13－9 四种工资总额确定方法的特点及适用场景

方法	特点	适用场景
增量法	• 基数联动，增量分享 • 同经营指标挂钩，也要考虑经营质量 • 避免有"数字增幅"无"价值增幅" • 管理更系统，场景更丰富	业态较多，经营状况良好但行业环境波动较大，且经营质量参差不齐
提成法	• 零基联动，完全线性 • 无保底，无封顶 • 直接指标引导多劳多得，关联指标确保优劳优得	经营状况良好，且行业环境较为稳定，无暴增无骤减
叠加法	• 同经营指标挂钩，也要考虑经营质量	初创期和非市场类单位，无法以经营指标体现价值时
限定法	• 避免有"数字增幅"无"价值增幅"	关停并转准备期，资源暂停投放

二、N 个专项调节包配套管理导向落地

（一）要根据管理导向和重点任务设置专项调节包

通过以上四种工资总额核定方法不难看出，企业的场景极其丰富，任何一种工资总额方法都有其特点，也有其不足之处。

●业绩暴增，当年薪酬暴增，既推高员工预期，也不利于激励资源长线化。

●业绩骤降，薪酬暴跌，员工的基本生活水平都无法保障，引发员

工大面积离职后，更不利于企业下一步发展。

● 同经营指标直接挂钩后，专项任务落实缺少抓手。

基于此，在工资总额一次确定机制明确后，还需要增加二次调节机制，即专项调节包，以强化管理导向和重点任务落地。一般企业可以设置表 13 – 10 中的专项调节包。

表 13 – 10　专项调节包

专项调节包	专项价值
超额利润分享	根据超额利润目标值标准，超出后，按照规则，可获取一定比例的超额利润收益
战略薪酬包	上级公司鼓励开拓和创新，对认定的战略初创型业务，给予一定比例的工资总额支持
重大专项任务薪酬	将核算工资总额包中的一定额度，与某重大（专项）任务的完成情况挂钩，也可给予工资包外专项任务奖励额度，可单独列支
以丰补歉 / 预借归还	建立整体调配资金池，在一次核算工资包的 0.8 ～ 1.2 之外的额度，启动蓄水调节机制
总成本预算	按年初确定的预算情况，超出预算后，扣减相应工资总额，预算节约后，可酌情给予工资总额奖励
递延支付 / 追索扣回	按照业务状态，提取部分工资总额递延支付，确保当期业绩不影响长期发展后，予以兑现，若出现问题，则启动追索扣回机制

不同类型、不同周期、不同业务模式的单位，专项调节包应有所差异。下文举例说明几种常用的专项调节包的使用规则。

（二）超额利润分享鼓励持续突破

所谓超额利润分享，是指单位综合考虑战略规划、业绩考核指标、历史经营数据和本行业平均利润水平，合理设定目标利润，并以该单位实际利润超出目标利润的部分作为超额利润，按约定比例提取超额利润分享额，分配给激励对象的一种中长期激励手段。

1. 设定目标利润

开展超额利润分享时，年度目标利润原则上不低于以下利润水平的高者。

- 单位的利润考核目标；
- 按照单位上一年净资产收益率计算的利润水平；
- 单位近三年的平均利润；
- 按照行业平均净资产收益率计算的利润水平。

需要注意的是，确定超额利润要剔除重大资产处理、并购重组、外部政策性因素等各类非经营性活动带来的利润贡献。

2. 分配比例确定

国有企业的年度超额利润分享额一般不超过超额利润的 30%，民营企业分享比例一般不超过 50%。

也可根据超额利润的目标值设置分段分配比例，以 A 公司为例，利润目标设置目标值和挑战值，目标值提取比例 20%，挑战值提取比例 30%。超额利润分享分配比例的确定如图 13-3 所示。

分配总额确定后，内部分配规则也要明确，要关注管理、技术、营销、业务等核心骨干人才。国有企业每一期的激励人数不超过员工总数的 30%，高管分配比例不得超出工资总额的 30%。民营企业可不受比例限制，工资向突出贡献者和价值贡献者倾斜。

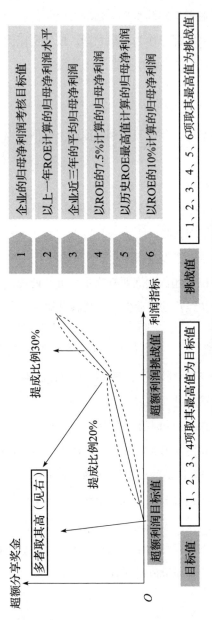

图 13 – 3　超额利润分享分配比例的确定

3. 分享兑现

超额利润分享额在工资总额中列支，一般采取递延方式予以兑现，分三年兑现完毕，第一年支付比例不高于50%。同时针对递延兑现，也应设计针对性措施，避免"突击赚钱""短期吃饱，长期跌倒"。

（三）战略薪酬包鼓励储备战略性人才

组织绩效和工资总额一般都以年度为周期兑现，优点是能够快速反馈，评定价值，持续改进和提升，缺点在于缺乏中长期导向。例如新技术研究、新产品开发、战略性人才储备这些需要长线投入、短期见不到成效的工作，管理者可能会避而远之。

为了解决短期视角，在不影响整体工资总额原则的基础上，鼓励各单位主动开展创新创业，上级单位可以对下级单位开展新业务，承担一部分薪酬成本，用以储备战略性人才。

战略薪酬包 = 反哺比例 × 补贴基数

1. 补贴基数

补贴基数即按照在岗人数的据实工资确定，例如A公司招聘5名技术研发人员，合计工资总额为300万元，则补贴基数为300万元。

2. 反哺比例

战略薪酬包有一定的反哺期限，一般以三年为准，反哺比例逐年递减。战略薪酬包的反哺比例与方式见表13-11。

表 13 – 11　战略薪酬包的反哺比例与方式

反哺比例	反哺方式
80% – 50% – 30%	<ul><li>第一年，对于该业务或该类人才，工资总额的 80% 由集团承担，二级单位仅需承担 20%</li><li>第二年，集团承担 50%，二级单位承担 50%</li><li>第三年，集团承担 30%，二级单位承担 70%</li><li>第四年，集团不再承担</li></ul>
100% – 50% – 20%	<ul><li>第一年，对于该业务或该类人才，工资总额 100% 由集团承担，二级单位无需承担</li><li>第二年，集团承担 50%，二级单位承担 50%</li><li>第三年，集团承担 20%，二级单位承担 80%</li><li>第四年，集团不再承担</li></ul>

未被上级单位认定为战略性新业务或战略性人才的，可不予反哺；三年后，无论业务成熟与否，一律不反哺。

需要注意的是，因为战略薪酬包是由上级单位承担的额外支出，所以对于反哺业务产生的利润（无论正负），进行工资总额核算时，不再纳入计算范畴。

除战略薪酬包方式外，华为采取的按年度确定战略薪酬包，直接分配给各业务单元，用以招聘高质量、战略性人才，该笔资金不纳入各业务单元的核算范畴，按年度消费，节约不归己。

(四) 重大专项任务薪酬有增有减

工资总额决定机制明确后，为了强化某些重点专项任务，可以再单独设置专项调节包。一般重大专项任务为一项，可在 KPI 考核外重复应用，加强该单位管理者和员工的重视度。

年度重大专项任务考核得分可为 0 ～ 1.0 的线性得分，也可设置保底值，以 0.5～1.0 为得分区间。以目标值和实际完成值建立线性量化计分规则。结果可直接同组织绩效考核结果连乘，也可拿出工资总额一定比例，做直接兑现。

以 A 公司为例，为强化风险资产盘活责任，建立风险资产重大专项任务考核，专项任务完成率 = 实际值 / 目标值，其中：

- 得分超过 1，取结果为 1 分；
- 得分在 0.5～1，取实际值；
- 得分低于 0.5，取 0.5 分。

A 公司 2021 年工资总额为 5 000 万元，取 1 000 万元同重大专项任务考核联动，若考核得分为 0.5，则工资总额 =4 000+1 000×0.5=4 500 万元。

对于重大专项任务，可以设置扣减规则，也可以增设奖励金额。

（五）利用以丰补歉和预借归还平滑工资总额曲线

从激励理论来看，工资水平的突增和陡降，都不利于激励效果的产生，因此要设置专项调节包，确保工资总额整体平稳，避免因行业波动而大起大落。

1. 以丰补歉

按照工资总额核算规则，确定的当期工资包超出上一年度实际工资总额 120% 时，可将超出部分纳入调剂基金，采取名义记账法，将额度留存，待后续使用。

例如，A 公司 2021 年业绩 1 亿元，工资总额 5 000 万元，2022 年业绩 2 亿元，工资总额理应为 10 000 万元，但启动以丰补歉机制后，2022年 A 公司实发工资总额为 6 000 万元，剩余 4 000 万元，挂 A 公司工资总额账户，既可递延支付，也可用于业绩不好年度的工资总额补齐。

2. 预借归还

按照核定规则，当期工资包低于上一年度实际工资总额80%时，按照80%予以发放，以保障员工生活水平和核心人才稳定性，对于差额部分，优先从名义账户中扣减，仍不足的可由上级单位预借补齐，待业绩提升后予以返还。

需要注意的是，如果连续三年启动预借归还机制，则需考虑是否将该单位纳入转型期，另行确定工资总额机制。预借归还机制如图13-4所示。

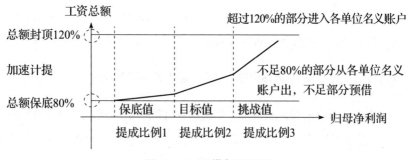

图13-4 预借归还机制

三、四种典型高管薪酬模式实现价值引领

高管指的是各单位的经营班子成员，包括董事长、总经理、副总经理、总经理助理、董事会秘书、党委书记、工会主席、财务总监等相关职位，是一个单位核心中的核心。高管薪酬管理要遵循以下基本原则。

- 激励与约束相统一；
- 短期激励与长期激励相结合；

● 效率优先，兼顾公平。

作为组织的负责人，实现战略目标、传承价值观、提升组织能力、建设人才梯队都是管理者的分内之事。所以要将工资总额、组织绩效同管理者薪酬建立直接联动机制，工资总额高，个人薪酬高，组织绩效好，个人薪酬高，先有共同利益，才有共同事业。

高管薪酬同样适用"3P1M"模式，拆分薪酬结构时，代入针对性管理导向，一般拆分为基本工资、岗位工资、年度绩效、任期激励，比例分别为20%、20%、40%、20%，体现个体差异和组织差异，追求年度绩效，更鼓励长期视角。

确定高管薪酬，首先要确定薪酬标准，再按照3P进行全面付薪。

（一）市场对标定薪法关注外部公平

高管薪酬在以市场对标定薪时，要避免绝对薪酬水平的对标，要参考行业经营数据分位值来综合确定薪酬数据分位值。

1.行业经营数据分位值

按照高管所处行业，选取30～50家对标企业，要涵盖不同的发展周期和经营规模，以净资产、净利润等经营数据为对标指标，通过回归分析确定该单位经营数据所处分位值。

一般分位值处于10分位、25分位、50分位、75分位、90分位等不同区间。

2.行业高管薪酬数据分位值

按照所选取对标企业的高管薪酬数据，明确不同分位值（见表13-12），形成高管薪酬数据调研表。

表 13 - 12　高管薪酬数据分位值　　　　　　　单位：元

	10 分位	25 分位	50 分位	75 分位	90 分位
董事长	1 000 000	1 200 000	1 500 000	2 000 000	2 500 000
总经理	900 000	1 100 000	1 400 000	1 800 000	2 400 000
党委书记	850 000	1 050 000	1 300 000	1 600 000	2 200 000
副总经理	800 000	900 000	1 100 000	1 300 000	1 500 000
总经理助理	…	…	…	…	…
财务总监	…	…	…	…	…

3. 结合经营数据分位值，确定薪酬数据分位值

高管薪酬外部市场对标，要参照经营数据分位值（见表 13 - 13），否则确定的对标数据没有指导意义。

表 13 - 13　经营数据分位值

引领型	跟随型	滞后型
50 分位	25 分位	10 分位

例如，A 公司经营数据分位值为 25 分位，则 A 公司高管薪酬数据分位值也应落在 25 分位。

考虑到不同公司的薪酬策略有所差异，也可根据不同的薪酬策略来明确高管薪酬水平。一般的薪酬策略包括三种：

● 引领型：在经营数据分位值之上，向上落位确定薪酬数据分位值。

● 跟随型：薪酬数据分位值等于经营数据分位值。

● 滞后型：薪酬数据落位分位值低于经营数据分位值。

一般情况下，不建议采取滞后型策略。

市场对标定薪主要关注外部公平，确定的薪酬水平为点值，任何一个因素发生变化，静态的点值都不利于全面反映高管的价值。同时很多集团公司需要关注内部公平，所以可以采取综合管理系数法来确定高管薪酬标准。

（二）综合管理系数法关注内部公平

按照历史薪酬水平，结合市场数据对标，确定整体薪点表。一般薪点表（见表 13 - 14）包含薪级和薪档，纵向为薪级，横向为薪档。

表 13 - 14　薪点表（年度）　　　　　　　　　　单位：元

薪级	薪档							
	1	**2**	**3**	**4**	**5**	**6**	**7**	**8**
8	109 886	120 171	130 457	140 743	151 029	161 314	171 600	181 886
7	84 171	92 743	101 314	109 886	118 457	127 029	135 600	144 171
6	63 600	70 457	77 314	84 171	91 029	97 886	104 743	111 600
5	48 171	53 314	58 457	63 600	68 743	73 886	79 029	84 171
4	37 886	41 314	44 743	48 171	51 600	55 029	58 457	61 886
3	35 143	37 886	40 629	43 371	46 114	48 857	51 600	54 343
2	17 143	19 714	22 286	24 857	27 429	30 000	32 571	35 143
1	16 286	18 000	19 714	21 429	23 143	24 857	26 571	28 286

1. 确定综合管理维度

根据经营和管理两大维度，选取相关指标，确定综合管理维度。一般选取指标包括业务模式、业务类型、总资产规模、市场竞争度、市场化程度、营收规模、利润规模、经营范围、人员规模、安全责任、历史遗留问题等。

根据不同的指标进行分级赋分，形成综合管理系数评价表（见表 13－15）。

表 13－15　综合管理系数评价表

一级维度	二级维度	评分标准
经营难度	业务模式	主营业务依靠技术、专业或品牌为 3 级，依靠服务或资本为 2 级，依靠资源（如主业资源）为 1 级
	总资产规模	15 亿元以上为 3 级；3 亿～15 亿元为 2 级；3 亿元以下为 1 级
	营收规模	营收 10 亿元以上为 3 级；营收 3 亿～10 亿元为 2 级；营收 3 亿元以下为 1 级
	利润规模	利润 3 000 万元以上为 3 级；利润 1 000 万～3 000 万元为 2 级；利润 1 000 万元以下为 1 级
	经营范围	全国经营为 3 级；部分区域或全省经营为 2 级；本地市区域经营为 1 级
管理难度	人员规模	1 000 人以上为 3 级；500～1 000 人为 2 级；500 人以下为 1 级

不同级别对应不同分值，所有维度加总分数一般为 1 000 分。

2. 根据维度得分，确定薪级

根据经营难度和管理难度确定综合得分，落位后，即为该单位高管薪酬的薪级（见表 13－16）。薪级确定后，可根据任职年限、个人能力等因素，综合确定薪档。

表 13－16　薪级与综合管理得分

薪级	综合管理得分
8	800 以上
7	700～800

续表

薪级	综合管理得分
6	600 ～ 700
5	500 ～ 600
4	400 ～ 500
3	300 ～ 400
2	200 ～ 300
1	100 ～ 200

综合管理系数法主要关注同一集团内，各二级单位的经营难度和管理难度，构建一套基准法则，便于各二级单位横向对比，也有利于后续的干部调动和发展。

（三）联合基数定薪法关注价值公平

市场对标关注外部公平，综合管理系数关注内部公平，除此之外，格外关注各单位价值创造能力和经营质量的企业，还可以采取联合基数定薪法确定高管薪酬标准。

联合基数定薪法，通过摘牌子的方式自定目标与薪酬，可以解决上下级之间信息不对称的问题，核心要义是"自定基数、工资标准、少报惩罚"。

1. 自定基数

在前两种薪酬标准确定法中，高管薪酬是静态值，但对于动态的业绩波动，静态值显然不足以应对。自定基数主要关注 ROE 和净利润等核心经营数据，根据不同的经营数据确定不同的得分，不同的得分对应不同的薪酬标准（见表 13-17）。用联合基数法确定薪酬，没有静态的薪酬点值，每年度的薪酬都同业绩直接联动，预算高，则薪酬高，预算低，则薪酬低。

表 13-17 业绩标准

要素	要素级数	要素分级	权重	得分
ROE	1	$0 \leqslant ROE < 1$	15%	75
	2	$1 \leqslant ROE < 2$	20%	100
	3	$2 \leqslant ROE < 3$	25%	125
	4	$3 \leqslant ROE < 4$	30%	150
	5	$4 \leqslant ROE < 5$	35%	175
	6	$5 \leqslant ROE < 6$	40%	200
	7	$6 \leqslant ROE < 7$	45%	225
	8	$7 \leqslant ROE < 8$	50%	250
	9	$8 \leqslant ROE < 9$	55%	275
	10	$9 \leqslant ROE < 10$	60%	300
净利润	1	0 以下	5%	25
	2	0 ~ 200	8%	40
	3	200 ~ 500	10%	50
	4	500 ~ 1 000	15%	75
	5	1 000 ~ 2 000	20%	100
	6	2 000 ~ 3 000	25%	125
	7	3 000 ~ 5 000	30%	150
	8	5 000 ~ 8 000	35%	175
	9	8 000 ~ 10 000	40%	200
	10	10 000 ~ 15 000	45%	225

2. 工资标准

不同的得分，对应不同的等级和不同的薪酬标准（见表 13 - 18）。

表 13 - 18　根据业绩得分确定绩效工资基数

得分	绩效工资基数等级	绩效工资基数标准
500 ～ 600（含）	6	360 000
400 ～ 500（含）	5	300 000
300 ～ 400（含）	4	240 000
200 ～ 300（含）	3	180 000
100 ～ 200（含）	2	120 000
100（含）以下	1	60 000

上述例子中，业绩是用 ROE 与净利润两个指标衡量，各占 50% 的权重，高管可根据自身情况选择相应的业绩目标值，比如 ROE 为 9%，净利润为 1.5 亿元，则以该业绩标准确定的薪酬水平为 36 万元。

也就是说，在业绩标准中将 ROE 对应得分、净利润对应得分相加，得到 525 分，在绩效工资标准表中对应的是 36 万元。

工资标准同经营绩效直接相关，业绩高，则薪酬高，联合基数法的价值即在于此。

3. 少报惩罚

由于信息不对称，为了防止在定目标前高管隐瞒信息，故意少报，应规定一个少报惩罚系数 Q（$0 < Q \leqslant 1$），如果期末该单位的实际利润大于目标值，则该单位高管必须上交"少报罚金"。

少报罚金 =（实际完成值 - 目标值）× Q

同上，这个惩罚实质上也是在绩效（本质上是完成度）基础之上的加大惩罚力度，鼓励尽量精准地上报预算。

具体系数应该定为多少，各家企业可因地制宜，提醒大家要做"敏感度分析"和详细的模拟测试，避免因为机制设计不合理导致有机可乘。

高管薪酬标准确定后，可以基于薪酬标准进行内部切分，一般按照岗位、能力、绩效（3P）三个维度，切分高管薪酬。

（四）3P法构建全面付薪体系

无论以何种方式确定高管全薪标准，一般都以"总经理"一职作为基准值，取系数为1，董事长、副总经理等人以系数进行联动，一般系数区间如表13-19所示。

表 13-19　系数区间

总经理	董事长	党委书记	副总经理	总经理助理	财务总监
1	1.05～1.15	1	0.75～0.85	0.65～0.75	0.65～0.7

全薪标准确定后，可以按照3P法，进行全薪标准拆分。

● 为岗位付薪：岗位职责重、价值高，则岗位薪酬高。岗位薪酬是指同级别岗位对应相同的固定薪酬区间。

● 为个人能力付薪：根据个人能力、资历、职务等综合因素，确定的薪酬水平。

● 为绩效付薪：岗位绩效责任重，则薪酬水平高，在实践中，绩效薪酬可拆分为年度绩效和任期绩效两大模块。

岗位、能力与绩效薪酬的比例，一般建议设置为2∶2∶6，其中在绩效薪酬中，年度绩效与任期绩效比例为5∶5。

以 A 公司为例，其全薪标准确定如表 13 - 20 所示。

表 13 - 20　A 公司全薪标准　　　　　　　　　　单位：元

岗位	全薪标准
董事长	1 100 000
总经理	1 000 000
党委书记	1 000 000
副总经理	800 000
总经理助理	700 000
财务总监	700 000

1. 岗位薪酬标准

岗位工资 = 岗位工资比例 × 标准全薪（一般比例为 20%），根据二级单位不同岗位属性，可设置岗位工资标准表。一般岗位工资表仅参考董事长、总经理等岗位确定，不同公司的经营难度和管理难度可在绩效薪酬中体现。示例见表 13 - 21。

表 13 - 21　岗位薪酬标准示例　　　　　　　　　单位：元

岗位	薪酬标准
董事长	220 000
总经理	200 000
党委书记	200 000
副总经理	160 000
总经理助理	140 000
财务总监	140 000

2. 能力薪酬标准

能力工资＝能力工资比例 × 标准全薪（一般比例为20%），根据干部序列中不同能力等级要求，可设置不同薪酬区间。比如，A公司按能力等级分为三级（干部3级、干部2级、干部1级），可得能力薪酬标准表（见表13－22）。

表13－22　A公司能力薪酬标准　　　　　　　单位：元

职级	能力薪酬标准
9	220 000
8	200 000
7	180 000

若A公司张总的职级为9级，职位为总经理一职，则岗位薪酬＋能力薪酬=200 000+220 000=420 000元。

企业也可根据个人任职年限，增加能力薪酬区间，如每任同职级年限满两年可上升一档，最高10档（见表13－23）。

表13－23　能力薪酬区间　　　　　　　单位：元

职级	1档	2档	3档	…	8档	9档	10档
9	220 000	230 000	240 000	…	290 000	300 000	310 000
8	200 000	210 000	220 000	…	270 000	280 000	290 000
7	180 000	190 000	200 000	…	250 000	260 000	270 000

3. 绩效薪酬标准

绩效薪酬以岗位为基础，薪酬标准＝全薪标准－岗位薪酬－初始能力薪酬，即可得出高管绩效薪酬标准表。

以 A 公司为例，全薪标准－岗位薪酬－初始能力薪酬后，绩效薪酬标准表见表 13－24。

表 13－24　A 公司薪酬标准表　　　　　　单位：元

岗位	全薪标准	岗位薪酬	能力薪酬	绩效薪酬
董事长	1 100 000	220 000	220 000	660 000
总经理	1 000 000	200 000	200 000	600 000
党委书记	1 000 000	200 000	200 000	600 000
副总经理	800 000	160 000	180 000	460 000
总经理助理	700 000	140 000	180 000	380 000
财务总监	700 000	140 000	180 000	380 000

若 B 公司确定标准全薪时，与 A 公司有所差异，则应按以上逻辑，明确 B 公司绩效薪酬。若全薪标准是一企一岗一薪，则绩效薪酬亦为一企一岗一薪。

绩效薪酬标准中，可按 5∶5 比例拆分年度绩效和任期绩效（见表 13－25）。

表 13－25　年度绩效和任期绩效　　　　　　单位：元

岗位	全薪标准	岗位薪酬	能力薪酬	年度绩效	任期绩效
董事长	1 100 000	220 000	220 000	330 000	330 000
总经理	1 000 000	200 000	200 000	300 000	300 000
党委书记	1 000 000	200 000	200 000	300 000	300 000
副总经理	800 000	160 000	180 000	230 000	230 000
总经理助理	700 000	140 000	180 000	190 000	190 000
财务总监	700 000	140 000	180 000	190 000	190 000

以上即为基于全薪标准拆分的各模块高管薪酬。

具体运行方式如下：

以 A 公司张总为例，2021 年，其岗位薪酬 22 万元，能力薪酬 20 万元，年度绩效 33 万元，任期绩效 33 万元。

2022 年，其调任为 B 公司总经理，岗位薪酬为 20 万元，能力薪酬不变，依然为 20 万元，B 公司总经理绩效全薪为 70 万元，则其全薪标准为 20+20+70=110 万元。其中，能力薪酬随能力变化而调整，年度绩效和任期绩效同绩效表现结果联动，根据绩效考核系数，予以兑现。

第十四章

薪酬内部分配：持续关注公平感

　　企业的薪酬分配包括两个层级：第一层是劳动要素或者说人力资本要素与其他生产要素的分配关系，即一级激励机制；第二层是劳动者之间的分配关系，即二级激励机制，或者叫薪酬内部分配机制，包括高管薪酬和员工薪酬。从功能上说，一级激励机制应当导向冲锋，激励价值增值，鼓励做大蛋糕，二级激励机制则应兼顾当期公平和长期公平，做好价值分配，鼓励分好蛋糕，以推动长期可持续的价值创造。薪酬分配如图 14-1 所示。

　　华为成功的秘诀之一就是分钱分得好，这里不仅指大家通常所说的全员持股机制，还指在内部分配时坚持"以奋斗者为本"，在同一岗位，对绩优者的奖励数倍于平庸者。正是基于高绩效得高工资、发展机会向奋斗者倾斜的企业文化，华为才能够持续吸引和激励奋斗者，为客户创造高价值，进而让奋斗者获得高回报，形成良性循环。

　　可见，内部分配机制虽然是分蛋糕，但分得好就能促进做蛋糕，分不好则会损害做大蛋糕的积极性，其重要性不言而喻。薪酬内部分配要做好，主要关注以下几个方面：

　　第一，关注员工对薪酬的感知度，注重公平感的提升。

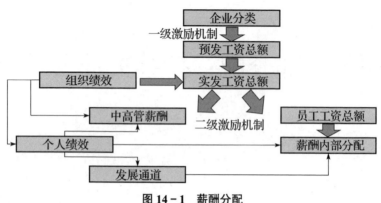

图 14 - 1　薪酬分配

第二，夯实薪酬管理的岗位、能力、业绩、市场薪酬水平对标等基础工作，通过薪点表、薪酬全景图等形成完整的薪酬管理体系。

第三，针对不同性质的岗位、不同类型的人群设置差异化的薪酬模式。

第四，处理好内部分配的几对关系：一是薪酬中的激励性因素与保健性因素的关系，前者能提高员工积极性，后者能减少不满意因素。二是短期与长期的关系，既要有即时激励，也要有长远发展空间。三是刚性与柔性的关系，刚性工资保障基本生活，浮动工资激励业绩创造。四是劳动者与奋斗者的关系，一般劳动者取得与市场持平的薪酬水平，但奋斗者应获得超额回报。五是平衡与打破平衡的关系，奖金激励机制要更多地向那些创造绩效的员工倾斜。差距是动力，没有温差就没有风，没有水位差就没有流水。六是历史贡献者与当前贡献者的关系，承认前者的贡献及薪酬水平，确保不降低，但增量收益要向当前贡献者倾斜，以时间换空间。

一、从两个方面开展内部薪酬调研

无论是进行薪酬体系的优化还是薪酬改革，调研都是必不可少的一部分。外部薪酬调研主要是看水平，实现外部竞争性目的，内部薪酬调研主要是看满意度及运行状况，实现内部公平性、经济合理性、战略匹配性的目的。

(一) 内部薪酬满意度调查

所谓内部薪酬满意度，是指员工对获得企业的经济性报酬和非经济性报酬，与他们的期望值相比较后形成的心理状态。内部薪酬满意度调查可通过访谈、问卷等形式开展，包括如图 14-2 中所示的内容。

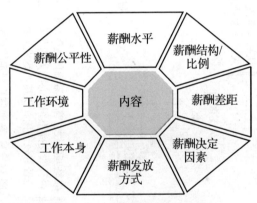

图 14-2　内部薪酬满意度内容

(二) 内部薪酬运行状况调查

薪酬体系常见的一个问题就是制度惯性（一旦确定很难更改），导致企业战略与业务需要已经变了而薪酬体系却未及时跟进。薪酬运行状况分析就是通过指标与数据的分析发现存在的问题，审视其是否在战略上符合业务发展策略、在财务上具有经济合理性、在员工层面具有内部公平性、在市场层面具备外部竞争性（如图 14-3 所示）。

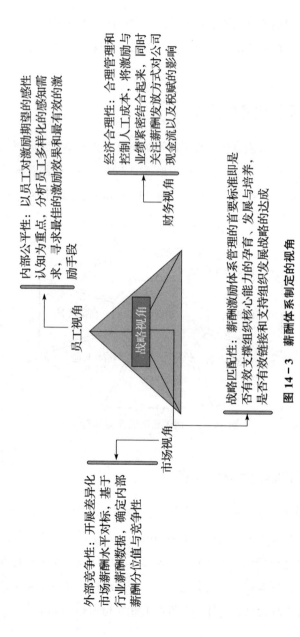

内部公平性：以员工对激励期望的感性认知为重点，分析员工多样化的感知需求，寻求最佳的激励效果和最有效的激励手段

员工视角

经济合理性：合理管理和控制人工成本，将激励与业绩紧密结合起来，同时关注薪酬发放方式对公司现金流以及税赋的影响

财务视角

战略视角

外部竞争性：开展差异化市场薪酬水平对标，基于行业薪酬数据，确定内部薪酬分位值与竞争性

市场视角

战略匹配性：薪酬激励体系管理的首要标准即是否有效支撑组织核心能力的孕育、发展与培养，是否有效链接和支持组织发展战略的达成

图 14 - 3 薪酬体系制定的视角

1. 薪酬制度合理性分析

薪酬制度分析就是通过对价值评价、价值分配相关的政策机制进行梳理，结合员工满意度调研结果、各级主管日常反馈的问题对制度本身进行定性审视，包括战略匹配性、机制完备性、运行高效性等维度。

2. 薪酬支出结果合理性分析

薪酬支出结果的定量分析（见表 14-1）能够实现经济合理性判断，同时有利于外部对标，在提高投入产出比的同时完善薪酬结构，包括投入类指标、产出类指标、薪酬差距等维度。指标应用时主要是进行历史纵向比较，看变化情况，进行外部横向比较，看在行业中所处的位置。举例来说，将薪酬福利费用占收入的比率进行内部纵向比较，可以反映总体薪酬的增长幅度，是人力资本相比其他生产要素而言的分配比。进行外部横向比较，制造加工业通常为 10% ~ 15%，服务业及 IT 业通常为 10% ~ 30%，物业等劳动输出型企业为 50% ~ 80%。

表 14-1 薪酬支出结果的定量分析

指标名称	指标定义	指标解释
薪资与福利费用占营业收入的比率	（薪资费用＋福利费用）÷营业收入	反映薪资福利支出的经济性；理想状态是 25 分位
福利费用占薪资费用的比率	福利费用 ÷ 薪资费用	反映员工总收入构成；理想状态是中位值
高管薪资费用占总薪资费用的比率	高管薪资费用 ÷ 总薪资费用	反映总薪资费用的构成
中层管理人员薪资费用占总薪资费用的比率	中层管理人员薪资费用 ÷ 总薪资费用	反映总薪资费用的构成
员工薪资费用占总薪资费用的比率	员工薪资费用 ÷ 总薪资费用	

二、薪酬管理基础：3P1M

夯实薪酬管理基础要首先明确企业为什么付薪，即薪酬分配中应当考虑哪些因素。目前理论界及实践界已基本达成共识，为"3P1M"付薪：岗位、能力、绩效、市场。3P1M付薪见图14-4。

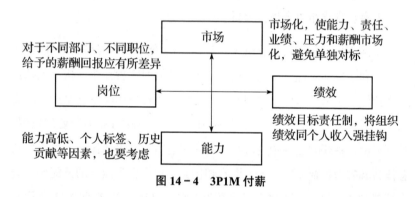

图 14 - 4   3P1M 付薪

（一）对标市场，确定企业薪酬水平

企业要从劳动力市场获取合适的人才，就要接受劳动力市场价格，因此企业的薪酬水平首先是由市场供需关系决定的，在此基础上受企业支付能力的影响上下浮动。

1. 选取对标对象

企业选择薪酬水平对标对象应充分考虑地域、行业、管理体制、规模、效益等因素，确保可比性。对标时可选取标杆岗位，参考市场标杆岗位之间的薪酬分配关系确定内部岗位间薪酬的对应关系。如将市场上某高层管理岗位与某中层管理岗位薪酬水平的对应关系，作为确定企业内部高层岗位与中层岗位薪酬关系的参考。

2. 明确薪酬策略

企业可建立市场薪酬水平例行调研机制，通过业绩、薪酬双对标，确定合理的员工薪酬策略及水平。一般薪酬策略包括四种类型：领先型、匹配型、滞后性、混合型。

- 领先型：总体薪酬水平处于市场 75 分位以上。
- 匹配型：总体薪酬水平围绕市场 50 分位波动。
- 滞后型：总体薪酬水平围绕市场 25 分位波动。
- 混合型：分层分类确定薪酬水平，如核心岗位的薪酬采取领先型策略，可替代性较强的岗位的薪酬采取匹配型甚至滞后型策略。

薪酬策略的确定主要受企业业绩、劳动生产率的影响，企业可结合发展战略、岗位价值评价结果等因素，分类制定薪酬策略，重点向支撑企业竞争力、具有市场稀缺性的核心岗位、一线岗位及紧缺岗位倾斜。

- 企业经济效益较好，劳动生产率处于行业较高水平的，可采取领先型薪酬策略，整体薪酬水平可保持在 75 分位左右，核心岗位可上浮 10% 以内（总人数应控制在 20% 以内）。
- 企业经济效益处于行业中位值，劳动生产率处于行业平均水平的，可采取匹配型薪酬策略，薪酬水平保持行业平均水平即可。
- 企业经济效益处于行业较低水平的，除受政策调整等非经营性因素影响外，薪酬水平应低于行业平均水平。

（二）岗位评估，确定岗位价值等级

1. 工作分析

岗位是组织的最小分工单元，企业可基于行业特点，通过内部流程梳理、关键职责分解、同业对标等方式，确定内部岗位管理体系。

企业可从组织结构、主要活动、管理范围、工作关系、能力要求等维度开展岗位分析工作，形成岗位说明书，作为岗位价值评估的依据。

2. 岗位价值评估

岗位价值评估是实现不同岗位之间价值比较，体现企业薪酬分配内部公平性的重要基础工作。企业应开展岗位价值评估，实现以岗定级，易岗易薪。岗位工资等级应以岗位价值评估结果为基础。

进行岗位价值评估一般有四种方法：

一是排序法。将企业全部岗位视为一个系列，根据各个岗位对组织的贡献度和作用度，对岗位价值进行排列，一般适用于工作性质单一、岗位较少的企业。

二是分类套级法。将企业全部岗位分为若干系列、每个系列分为若干级别，分类别对岗位价值进行排列。

三是因素比较法。事先确定测评要素和若干主要岗位（或称标杆岗位），将每一个主要岗位的每个影响因素分别加以排序或评价。其他岗位按影响因素与已测评标杆岗位各因素测评结果分别进行比较，进而确定岗位的价值等级。

四是要素计分法。根据预先规定的衡量标准，对岗位的主要影响因素逐一进行评比、估量，由此得出各个岗位的价值。

企业在评价要素的选择、评价权重的设置、评价过程的组织等方面应贯彻公正、公开原则，得到员工认可。企业应选取熟悉标杆岗位职责情况、公信力高的岗位价值评估代表进行评价打分，以确定不同岗位的得分。

3. 明确岗位价值等级

企业根据岗位价值评估打分结果，加权统计每个岗位的最后平均得分，绘制岗位价值曲线。以岗位最低分、最高分为最低级和最高级，根据岗位价值评估得分集中程度，合理界定得分区间，划分岗位等级，形成岗位价值评估矩阵。

（三）设计职级，体现员工能力等级

职级体系是在企业岗位体系的基础上，形成横向按工作性质、内容等因素划分不同序列，纵向按角色、专业知识、技术技能、资历经验等因素划分层级的有机系统，既体现个人能力，又反映岗位差别。

1. 明确职级序列

根据工作性质与内容，职业发展通道一般包括管理类、专业类、技能类等序列，序列间并行设置，层级互相对照。

企业可结合发展需要、岗位价值评估结果等因素设置不同类别之间的对应关系。专业类、技能类的正常成长通道最高可与部门正职/分厂厂长/分支机构正职等中层正职相当，高精尖的高端专业、高技能领军人才可与企业高层管理岗相当。

企业可结合不同类别岗位间的相关性，在满足任职资格条件的基础上，设计不同职业发展通道间的转换关系。

2. 明确职级数量

纵向成长通道一般应基于不同类别岗位的重要程度、复杂程度等因素，并考虑不同类别岗位人员的职业发展规律作出差别化安排。纵向成长通道的具体层级设置可根据企业发展战略、主体业务、员工队伍状况等实际进行调整。

职业发展通道要有效运转需定好数量，即根据企业战略和相应的人力资源规划，参考企业所在业务领域专业细分结果，结合企业对各职位的需求以及人员结构情况，制定各职级的职数标准和比例结构。

设置职位数量的规则，一般采取两头放开、中间择优的方式安排。高层职级一般按资格条件管理，不设具体职位数量，成熟一个聘任一个，宁缺毋滥；基层职级一般不设职数，符合条件即可正常晋升；中间层级可按照细分专业数量设置职数，也可以按照一定比例进行安排。

3.明确职级标准

职业发展通道要有效运转需定资格，即根据履行职位职责的要求，对任职人员所应具备的任职资格标准做出统一规范和界定。

任职资格标准包括知识标准、行为标准、能力标准、经验成果标准，作为员工定级定薪的依据。

- 知识标准：包括但不限于公司的制度规定、通用知识和专业知识。

- 行为标准：不同等级的人员开展工作时，应具备的行为要项描述，以及开展工作时应具备的实际操作技能。

- 能力标准：包括但不限于管理能力、执行能力、基本能力、专业能力、通用能力。

- 经验成果标准：包括但不限于行业工作年限、组织工作年限、学历要求、职称要求、技能等级要求、工作经验要求。

最后，企业应明确各类人员进入所在职级通道的考评办法，根据考评结果组织聘任，实现能上能下，并实现薪酬待遇联动及动态管理。

（四）完善绩效，体现员工业绩水平

企业应完善全员绩效管理，坚持考核的正确导向、按照岗位职责考核，实现公开公平公正、持续改进。

1. 明确绩效目标

企业每年应根据长期战略目标和年度经营计划，确定年度绩效目标，并将其分解为组织绩效目标和个人绩效目标，签订业绩目标责任书。

组织绩效目标包括业绩类指标、重点任务类指标、管理能力类指标、党建等专项考核类指标，其中业绩类指标应当占主要权重。

个人绩效目标由业绩类指标、能力态度类指标构成，其中业绩类指标应当占主要权重。

目标值的制定应统筹考虑历史完成情况、行业发展情况、整体预算情况，实现企业持续增长。

2. 明确考核周期及考核结果

企业可综合考虑行业特点、岗位特征、考评可操作性等因素确定绩效考核周期。考核期末，根据期初确定绩效指标和目标值计算考核结果。企业应开展绩效考核结果的应用与反馈，合理确定绩效考核结果的分级比例，将考核结果与薪酬分配、职务任免和岗位调整挂钩。

考核期末，企业根据所属企业／部门、各级职工当期绩效目标完成情况计算考核结果，可结合绩效考核得分及内部排序情况分别确定绩效考核等级、绩效考核系数。最高绩效考核等级的组织、职工根据考核得分，要结合企业国际国内对标、行业对标情况综合确定，数量从严控制。

3. 加强考核结果应用

组织绩效考核结果的应用方式主要包括工资总额分配、员工绩效强制比例分布、职级调整比例等，实现组织绩效与个人绩效的联动，强化绩效考核的导向性。

个人绩效考核结果可作为员工绩效工资兑现、薪酬调整、职级提升的重要依据。

三、七种差异化的薪酬模式

根据不同岗位职责特点，企业应设计差异化的薪酬管理模式，具体包括岗位绩效工资制、年薪制、协议工资制、业绩提成制、计件工资制、项目工资制、劳务工资制等类型。

（一）岗位绩效工资制

岗位绩效工资制适用于职能管理者和员工，是根据岗位评估结果、外部市场对标确定其目标薪酬水平。岗位绩效工资制有标准薪点值和系数两种体现方式。

岗位绩效工资制一般采取宽带薪酬模式，纵向薪级体现岗位价值等级和能力等级，横向薪档体现学历、工作年限、绩效结果应用等。

薪级以岗位价值评估结果为基础，根据企业规模、岗位数量确定级数。薪档以职工工作成熟度为基础，根据同一岗位的在岗人员规模、薪酬标准差异等因素确定档数。

岗位绩效工资制包括岗位工资、绩效工资等工资单元。

●岗位工资单元是指为保障员工基本生活需要，根据社会经济水平、公司经营状况、岗位价值评估结果、劳动力市场工资水平对标确定的具有相对稳定性的薪酬项目。岗位工资制有明确的薪点表，每月按时发放。

●绩效工资单元是体现员工实际业绩差别的工资单元，根据绩效考核结果浮动发放，对发挥工资的激励功能具有重要作用。企业可按照绩效工资总量考核发放、授权二次分配、加强监控指导的管理原则，建立绩效工资与企业整体效益、本部门绩效考核结果、本人绩效考核结果联动的分配机制。

（二）年薪制

年薪制是以年度为单位，依据生产经营规模和经营业绩，确定并支付薪酬的分配方式。年薪制一般适用于公司经营班子成员以及承担财务损益责任的分子公司负责人。

年薪制一般采取宽带薪酬模式，薪酬标准区间参考劳动力市场水平，结合企业付薪策略确定。

年薪制的薪酬标准根据经营管理者、高级专业技术、高技能领军人才所处职务层级划分，每个层级采取一级多薪的薪点值或宽带制。企业可根据经营管理者、高级专业技术、高技能领军人才的能力水平、资历等在宽带范围内确定其具体薪酬标准。

年薪制一般适用于承担经营风险、业绩显现周期较长且需建立有效激励约束机制的具有稀缺性、价值贡献较高的高层次人才，企业应合理确定使用范围。

年薪制一般包括基本年薪、绩效年薪等工资单元。企业主体薪酬制度中的岗位工资、津补贴等分配方式不再适用。

●基本年薪单元占比较小，一般在年薪标准的 40% 及以下，按月发放，以保障劳动者基本生活水平。

●绩效年薪单元占比较大，一般在年薪标准的 60% 及以上，根据年度考核情况发放，以体现业绩导向。

（三）协议工资制

协议工资制是企业和劳动者双方协商谈判确定薪酬的分配方式，主要适用于人力资源市场上稀缺的核心关键岗位人才或企业重点吸引和留用的紧缺急需人才。

协商确定目标年薪时应当关注以下方面：一是劳动力市场价格，企业应在调研的基础上掌握劳动力市场价格的水平范围；二是综合考虑薪酬内部公平性及企业支付能力；三是同步协商业绩目标及聘任周期，签订《绩效目标责任书》，根据考核结果兑现绩效工资、任期激励。

协议工资制的工资结构可协商确定，一般包括固定工资、绩效工资、任期激励工资等单元。企业主体薪酬制度中的岗位工资、津补贴等分配方式不再适用。

- 固定工资单元占比较小，一般在目标年薪的30%及以下，按月发放，以保障劳动者基本生活水平。
- 绩效工资单元一般在目标年薪的40%及以上，根据年度考核情况发放，体现业绩导向。
- 任期激励工资单元一般在目标年薪的30%及以上，根据任期考核情况发放，体现长期业绩导向。

协议工资制应当实行动态管理：一是业绩考核连续不合格者应退出协议工资制；二是劳动力市场上具备本专业及能力的人才数量供需发生变化时，不再属于市场稀缺人才的应退出协议工资制。

（四）业绩提成制

业绩提成制是根据能力水平确定基本工资、根据职工业绩的一定比例计发提成工资的薪酬模式，主要适用于销售等业务人员。

业绩提成制由底薪、提成等工资单元构成。

● 底薪是为保障员工基本生活需要，根据社会经济水平和企业经营状况所确定的具有相对稳定性的薪酬项目。根据员工能力水平设立不同工资标准。

● 提成是按照销售业务类型，以一定周期内的销售额或利润的一定比例进行提成。提成比例根据所销售产品和服务的难度、市场竞争度等因素综合确定。

（五）计件工资制

计件工资制是指在劳动定额的基础上，按照所生产的合格产品的数量或作业量、结合预先确定的计件单价计算薪酬水平的薪酬模式，主要适用于生产制造岗位的从业人员。

计件工资制包括固定工资、计件工资等工资单元。

● 固定工资是指为保障员工基本生活需要，根据社会经济水平和企业经营状况所确定的具有相对稳定性的薪酬项目。根据员工工龄、工种、岗位评价结果等因素设立不同工资标准，并随着员工工龄、工种变化定期调整。

● 计件工资是以月度或季度等为周期进行计算，根据员工在周期内完成的工作量和计件提成标准确定的工资收入。员工在周期内的工作量可设置标准值、基准值、挑战值，标准值一般根据劳动定额、员工历史平均工作量确定，基准值在标准值以下一定比例确定，挑战值在标准值以上一定比例确定。

（六）项目工资制

项目工资制是根据能力水平、角色确定基本工资，主要按照项目经济效益及完成情况确定薪酬水平的薪酬模式，主要适用于以项目制开展工作的工程管理、研究开发、规划设计类岗位从业人员。

项目工资制包括固定工资、项目奖金等工资单元。设计项目工资制的薪酬标准时，固定工资一般在40%及以下，项目奖金一般在60%及以上。

● 固定工资是为保障员工基本生活需要，根据社会经济水平和企业经营状况所确定的具有相对稳定性的薪酬项目。根据员工能力水平、角色等因素设立不同标准。

● 项目奖金以半年度、年度为周期，结合项目里程碑节点计划完成情况、项目承担角色、项目内部贡献度、绩效考核结果综合确定。

（七）劳务工资制

劳务工资制是根据职工提供的劳务活动，以劳动力市场价格为主要依据、结合劳务工作数量及质量确定薪酬水平的薪酬模式，主要适用于流动性大、可替代性强的工勤辅助人员。

劳务工资制包括固定工资和绩效工资等工资单元。

● 固定工资是指为保障员工基本生活需要，根据社会经济水平和企业经营状况所确定的具有相对稳定性的薪酬项目。根据员工能力水平、资历等因素设计不同的工资标准，并根据工龄、绩效等进行调整。

● 绩效工资是按一定比例确定的，体现员工工作业绩的工资单元，一般根据工作特点设计月度、季度、年度绩效工资，结合绩效工资基数、绩效考核结果发放。

四、设计薪点表，形成薪酬全景图

薪点表可明确不同岗位级别、能力级别的薪酬标准，是薪酬管理的依据。无论何种薪酬模式，其发放标准都应落实为薪点表，便于薪酬确定及调整，同时有利于员工了解薪酬标准及增长空间。

年薪制、计件工资制、提成制、劳务工资制由于适用人群范围相对较小，在固定薪酬的基础上，浮动薪酬各有规则，因此其薪点表通常单独设计，表现为一定级别、一定薪点的较为简单的薪点表或宽带薪酬。销售人员固定工资薪点表见表 14-2。

表 14-2　销售人员固定工资薪点表 　　　单位：元 / 月

销售经理	9 000
销售主管	7 000
销售员	5 000

绝大部分员工采取岗位绩效工资制，即薪酬由岗位级别、能力水平、绩效水平综合确定的薪酬模式，其薪点表包括薪点制、宽带制两种方式。

（一）薪点制

薪点制即薪酬标准是相对明确的，根据岗位价值评估结果，每级岗位对应若干薪点，根据员工能力、绩效积分等情况确定薪点。公司工资总额明确后，即可明确点值，每位员工的薪点与点值相乘即可得到工资标准。

这种薪酬模式适用于人数较多、价值创造主要靠岗位的企业，薪酬管理相对规范清晰，但缺点是不够灵活，员工必须落在相应的薪点上，因而在薪酬体系改革时容易出现套入误差。

薪点制的设计方式包括以下几个。

（1）确定薪级、薪档数。

薪级数可根据岗位价值评估后的岗级数确定。企业组织结构越扁平，级数越少；人员规模越小，级数越少；内部薪酬差距越小，级数越少。薪级数通常为 8 ～ 24 级。

薪档数可根据同一岗位级别上的人员薪酬差异进行确定，差异越小，档数越少；员工人数越少，档数越少。薪档数通常为 6 ～ 10 级，个别企业为增加员工薪酬增长空间，会设置 20 个薪档。

（2）确定关键薪点值。

薪点表中的最低值、中位值、最高值为关键数。

最低值应大于最低工资标准，通常为企业现有最低工资的 80%，以容纳现有薪酬标准。

中位值即员工现有薪酬标准数的中位值，并参照市场薪酬水平进行修正。

最高值应高于现有最高薪酬标准，并参考市场薪酬标准进行放大，通常为现有标准的 1.5 倍。

（3）确定级差、档差、重叠度。

级差即两个薪级间薪酬中位值的差距，通常为 8% ～ 15% 的比例，薪级越低时级差越小，代表基层员工的薪酬增长为小步快跑。

档差即同一薪级内两个薪点的差距，通常为 3% ～ 5% 的比例。薪级越低时，档差越小。

重叠度是两个相邻的薪级之间的重合程度，重叠度越高，代表员工在不同岗级上的薪酬差距较小，反之则薪酬差距越大。相邻两个薪级的重叠度通常为 30% ～ 50%，计算方式为：

$$重叠度 = （低薪级最高值 - 高薪级最低值）/（低薪级最高值 - 低薪级最低值）$$

（4）设计初步薪点表并模拟测算、优化。

根据前述关键点值及级差、档差绘制出整个薪点表。

关于薪点表是否合适，可将原有员工薪酬套入后进行测算验证，如果吻合度较高且误差较小，就代表薪点表能够较好地兼容现有人员。同时，应审视员工套入后是否留出足够的薪酬增长空间，薪档套入不应超过薪档数的一半。

（5）按固浮比拆分薪酬各部分标准。

全年薪点表设计完成后，根据固浮比拆分，形成固定薪酬、绩效薪酬薪点表。

薪点制示例见表 14-3。

（二）宽带制

宽带制的薪酬标准有明确范围，但无具体薪点。根据岗位价值评估结果，每级岗位对应一个薪酬范围，明确最低值、中位值、最高值，根据员工能力、绩效等情况在范围内确定薪酬标准。

这种薪酬模式适用于人数较少、价值创造主要靠能力、以知识型员工为主的企业，薪酬管理的灵活度高，但缺点是不够清晰具体，员工对同一岗位不同薪酬标准的差距接受度较低。

宽带制的薪点表与薪点制的设计方法基本相同，在确定薪级、薪档数、关键薪点值后，根据级差明确各级薪酬的最低值、最高值及中位值，即可形成完整的薪点表，再进行测算验证，并根据固浮比对各个员工进行薪酬各部分的拆分。

宽带制示例见表 14-4。

表 14－3　薪点制示例

单位：元

薪层	薪级	管理序列	专业技术序列	1	2	3	4	5	6	7	8	9
高管层	18	总经理 1 级		180 000	180 001	180 002	180 003	180 004	180 005	180 006	180 007	180 008
	17	总经理 2 级		170 000	170 001	170 002	170 003	170 004	170 005	170 006	170 007	170 008
	16	副总经理 1 级	首席专家 1 级	160 000	160 001	160 002	160 003	160 004	160 005	160 006	160 007	160 008
	15	副总经理 2 级	首席专家 2 级	150 000	150 001	150 002	150 003	150 004	150 005	150 006	150 007	150 008
	14	总经理助理 1 级	专家 1 级	140 000	140 001	140 002	140 003	140 004	140 005	140 006	140 007	140 008
	13	总经理助理 2 级	专家 2 级	130 000	130 001	130 002	130 003	130 004	130 005	130 006	130 007	130 008
经理层	12	经理 1 级	总监 1 级	120 000	120 001	120 002	120 003	120 004	120 005	120 006	120 007	120 008
	11	经理 2 级	总监 2 级	110 000	110 001	110 002	110 003	110 004	110 005	110 006	110 007	110 008
	10	副经理 1 级	资深主管 1 级	100 000	100 001	100 002	100 003	100 004	100 005	100 006	100 007	100 008
	9	副经理 2 级	资深主管 2 级	90 000	90 001	90 002	90 003	90 004	90 005	90 006	90 007	90 008
	8	经理助理 1 级	高级主管 1 级	80 000	80 001	80 002	80 003	80 004	80 005	80 006	80 007	80 008
	7	经理助理 2 级	高级主管 2 级	70 000	70 001	70 002	70 003	70 004	70 005	70 006	70 007	70 008
主管层	6		主管 1 级	60 000	60 001	60 002	60 003	60 004	60 005	60 006	60 007	60 008
	5		主管 2 级	50 000	50 001	50 002	50 003	50 004	50 005	50 006	50 007	50 008
	4		主管 3 级	40 000	40 001	40 002	40 003	40 004	40 005	40 006	40 007	40 008
员工层	3		专员 1 级	30 000	30 001	30 002	30 003	30 004	30 005	30 006	30 007	30 008
	2		专员 2 级	20 000	20 001	20 002	20 003	20 004	20 005	20 006	20 007	20 008
	1		专员 3 级	10 000	10 001	10 002	10 003	10 004	10 005	10 006	10 007	10 008

表 14-4　宽带制示例

单位：元

职级	管理序列	区间下限	区间中位值	区间上限	专业技术序列	区间下限	区间中位值	区间上限
10	总经理	—	—	—	首席专家	365 694	457 118	548 541
9	总经理助理	386 978	483 722	580 466	高级专家	348 280	435 350	522 419
8	部门总经理	368 550	460 688	552 825	专家	331 695	414 619	497 543
7	部门副总经理	263 250	329 063	394 875	高级经理	236 925	296 157	355 388
6					经理	205 078	246 094	287 109
5					高级主管	195 313	234 375	273 438
4					主管	156 250	187 500	218 750
3					高级专员	125 000	150 000	175 000
2					专员	104 167	125 000	145 833
1					见习	100 000	110 000	120 000

五、三维立体薪酬调整机制

为了动态、即时地激励员工，企业应建立例行薪酬调整机制，根据国家政策变化、物价水平变化、行业/地区竞争激烈程度变化、企业发展战略调整、企业整体效益变化，启动薪酬普调工作。

除全员薪酬调查外，企业可根据经营业绩和工资水平变化开展局部薪酬调整。

进行局部薪酬调整时，薪酬资源应优先向偏离市场薪酬较大的、关键岗位、稀缺岗位、一线岗位倾斜。

（一）绩效变化调薪

企业可建立绩效考核体系，实行区间强制分布。员工根据年度绩效考核等级，确定下一年度的绩效调薪方向和档次。

绩效调薪可根据业绩考核的正态分布结果，对绩效优秀者予以上调，上调比例通常为 20% ～ 30%，对绩效较差者予以下调，下调比例通常为 10% ～ 20%，绩效居中者保持不变。

绩效调薪幅度较小，对应薪点表中一档或两档，通常为年薪的 5% ～ 8%。

（二）能力变化调薪

根据员工发展通道和任职资格标准，企业以一年或两年为周期进行员工能力评定。任职资格等级晋升时，薪酬可向上晋一级，在横向档位内，就近就高落位。能力纵向升级调薪幅度小于横向晋档幅度时，员工薪酬落位可在升级调薪后的档位向右晋一档，确保薪酬不降低。

能力调薪比例根据员工当年度的职级晋升比例确定。能力调薪幅度较大，对应薪点表中的一个等级，通常为年薪的 10% ～ 15%。

（三）岗位变化调薪

员工主动申请调岗时，符合新岗位对应能力的等级标准要求时，薪酬可不做调整。员工能力不符合新岗位要求时，应在对应薪层起始档落位，降薪额度由员工自行承担。

普通员工晋升为管理者时，可在管理者对应层级起始档落位，若该档薪酬水平低于员工现有薪酬，则以现有薪酬为基准，向上晋级，就高就近落位。

管理者降级为普通员工时，薪酬应在员工对应薪层中落位，其薪酬应在管理者起始薪级薪档继续向下调整不低于两个薪级落位。

六、福利与津贴

福利与津贴根据国家法规政策确定，包括法定福利、公司福利、津贴补贴等类型。作为保健性因素，福利与津贴能够一定程度地消除员工不满意，但在提升员工满意度方面激励性不高，因此企业应当结合行业情况、市场情况及本公司实际情况，酌情确定此部分薪酬在工资总额中的比例及作用，一般应控制在 15% 及以下。

法定福利包括社会保险、公积金及法定节假日等。对于社会保险及公积金，公司按员工社会保险关系所在地的政策执行，个人部分由公司代扣代缴。法定节假日按国家规定执行。

公司福利包括补充医疗保险、企业年金、体检、外派福利、假日福利、防暑降温费、住宿补贴、交通补贴、工会福利、供暖费、生日礼金等。

专项津贴是对特殊条件下的额外劳动付出的补偿，一般是补偿劳动者的额外劳动消耗或额外费用支出。企业可针对各岗位的工作特点，结合实际需求设置，如高温津贴、野外工作津贴、夜班津贴等。

七、中长期激励工具箱

中长期激励是区别于短期激励、实施时间超过一年的激励工具，目的是使员工与企业共享发展成果，达成持续激励效果的一种分配方式，需要以经营效益作为员工获得激励成果的条件，具有分期兑现、持续性激励等特点。一般包括现金类、股权类、投资类等工具。

企业可根据业务性质、发展阶段、人员特点等实际情况选取中长期激励工具，具体可见第十五章。

在开展以上工作的基础上，企业应定期开展薪酬调研，外部薪酬调研主要是看薪酬水平，实现外部竞争性目的，内部薪酬调研主要是看满意度及运行状况，实现内部公平性、经济合理性、战略匹配性的目的。薪酬管理是一个稀缺资源的分配过程，在价值创造、价值评价、价值分配中处于最后但至关重要的一环，应动态更新完善以确保薪酬体系的科学性。

中长期激励：企业和个人命运与共

很多企业都面临这样的困惑，明明花在员工身上的综合成本并不低且连年刚性增长，然而员工感知仍然不高，总觉得和企业是博弈关系，更难以留住那些真正有潜力、创造价值的核心骨干员工，薪酬体系看似科学规范，实则并未发挥激励效果。

薪酬体系失灵背后的道理很简单，长期以来企业发工资的方式让员工觉得自己是"打工人"而非"主人翁"，企业做得好与坏和自己关系并不大，自然就不愿意全力以赴，也不愿意把企业的事情当成自己的事情。

解决这一问题的方法很简单，就是在短期激励的基础上实行全面薪酬激励，重点建立中长期激励机制，把员工利益和企业利益进行捆绑，让员工看到"企业好、员工好；企业差、员工差"的正向关联关系。理论研究与实践案例均表明，中长期激励针对企业长期发展所需关键成功因素进行激励，能够有效调动员工的工作积极性，将员工与企业从利益共同体关系打造为休戚与共的事业共同体、命运共同体。

一、利益共享机制：人才参与分享企业利润增值

现代企业制度广泛存在委托代理关系，即所有者和经营者是分开的，不仅国有企业如此，诸多私营企业亦如此，企业所有者（委托人）拥有公司，但职业经理人（代理人）管理公司。

从委托代理理论来看，委托人和代理人都追求自身效用的最大化，然而两者的目标往往并不完全一致：委托人追求企业长期、可持续发展，但代理人出于自身利益考虑，往往追求短期利益，且由于信息不对称的原因，双方难以充分达成共识。因此，委托人必须设计出一个能有效激励代理人的契约，使代理人在追求自身效用最大化的同时，实现委托人的效用最大化。到目前为止，理论界普遍认为，建立委托人与代理人之间的一种利益共享机制，即设计一种长期激励与约束机制，是调动代理人积极性并推动组织中长期战略目标达成的有效方法。

从人力资本理论来看，知识经济下的现代企业，人力资本与货币资本已成为企业价值增值的两个源头。人力资本具有资本属性，其回报不应仅限于劳动收益（工资），而应对企业的利润增值享有分享权（分红权及增值权等），基于企业长期价值的中长期激励正是对人力资本的承认与肯定。

二、三类中长期激励工具各有所长

从时间周期看，中长期激励是区别于短期激励、实施时间超过一年的激励工具。从性质看，中长期激励区别于相对固定的工资性收入，是把与企业共享发展成果作为动因达成激励效果的一种激励方式，需要以

经营效益作为员工获得激励成果的条件，具有分期兑现、持续性激励等特点。

（一）中长期激励工具分类及优劣势

按照激励标的不同，中长期激励工具主要分为现金型、股权型、投资型（如图 15 - 1 所示）。

现金型	股权型	投资型
·工资总额内 ·现有工资总额内部合理优化 ·常用工具：奖励基金、超额利润分享等 ·工资总额单列项 ·常用工具：岗位分红激励、项目收益分红、科技人员工资包激励等、虚拟股权、业绩单元、递延奖励、任期激励	·权益让渡型 ·国有权益的部分让渡 ·常用工具：限制性股票、股票期权、股权激励、股票增值权等 ·公允投资型 ·兼具投资性和激励性 ·常见工具：股权出售、员工持股等	·常见方式：项目跟投类 ·常用工具：股权项目跟投、基金跟投

图 15 - 1 中长期激励工具分类

有关中长期激励的调研显示，在已实施或有明确长期激励计划的企业中，采用股权型激励的居多，其次为现金型激励，实施项目跟投等投资型激励的较少。

现金型工具的逻辑是"经营者价值贡献—公司业绩提升或目标达成—给予经营者价值分享"，它通常以企业增量效益为激励标的，当企业满足效益目标时即对目前人群进行现金奖励。现金型激励门槛较低，实施过程简单，员工对即时性、可控性等感知较强，且不影响企业的治理结构，这种激励工具的不足之处在于企业现金流、员工个税压力较大。非上市公司采用现金型激励的居多。现金型激励的具体形式以项目收益分红、业绩单元、递延奖励、超额利润分享和虚拟股票等为主。

股权型工具的逻辑是"经营者价值贡献—公司业绩提升或目标达成—公司市值增加—给予经营者价值分享"，它通常以企业股权为激励标的，以公司价值增值带来的股票增值为收益来源。股权型激励以上市为条件，实施过程相对复杂，监管政策与法规环境变化性大，股价亦无法实时反映公司业绩，但企业发展前景较好，资本市场认可度高，对员工的激励性较强。

投资型工具是将项目收益作为激励标的，指跟投人员以自身资金与所在企业共同投资，实现风险共担、利益共享的激励工具。项目跟投最早被应用于风险投资领域，以激励投资团队在项目甄选、尽职调查、管理运作以及择机退出等环节降低风险、提高收益率，后逐渐被地产项目等市场化业务广泛应用，适合市场化且未来收益不确定的项目。这种激励工具的优势在于通过利益捆绑实现跟投人员的项目投资、运营水平，提升投资安全性及盈利性，但适用范围有限，一方面业务应有项目制特征，另一方面应建立基于项目制的财务核算机制。

表15-1为常用股权型工具与现金型激励的对比。

（二）国有企业中长期激励工具选取

国有企业实施中长期激励时要符合国家政策规定，不同类型的企业适用不同的中长期激励工具（见表15-2）。

表 15 - 1　常用股权型工具与现金型激励的对比

类型		股权型			现金型			
		期权	限制性股票	员工持股	分红权	股票增值权	虚拟股票	业绩单位
对公司	企业激励成本	较低（利用资本杠杆）	中等	无	较高	高	较高	中等
	利益捆绑效果	中等	较高	高	中等	中等	高	中等
	留用效果	较高	高	高	中等	较高	高	中等
	现金流要求	低（如定增补充现金流）	高	无	较高	较高	较高	较高
	股东权益	现有股东权益的摊薄或稀释			不摊薄股东权益，减当期未分配利润和每股利润			
	激励力度	高	高	较高	较高	高	较高	中等
	税负压力	较高	相对低	最低	高	高	高	高
对激励对象	激励风险	低	较高	高	低	低	较高	低
	资金要求	较低	较高	高	无	无	中等	无
	与业绩挂钩	密切	密切	无	中等	密切	中等	密切挂钩
操作性	企业治理	可行使股东权利			不可行使股东权利			
	内部操作性	相对复杂，国有企业操作严格			简单清晰，国有企业操作严格性高			国有企业工资总额管理，董事会决策
	审批流程	严格	受监管		审批简单			绩效要求高，审批简单

表 15-2　不同类型企业适用的中长期激励工具

科技型企业	上市公司	混改企业	其他国有企业
股权激励 股票期权 科技成果作价入股 项目收益分红 岗位分红	限制性股票 股票期权 股票增值权	员工持股	虚拟股权 项目跟投 超额利润分享

三、中长期激励设计"六定"法

中长期激励工具的设计方法基本包括以下六个方面，具体每种工具在此基础上有所差异。

1. 确定激励方式与管理机构

企业根据自身发展阶段、体制、业务特点等实际情况选取一种或多种激励工具的组合，并对内部管理机构及权责、审批流程等进行明确。

应注意的是，激励计划的管理与审批应避免"自己为自己制订计划"，通常应明确公司内部、上级单位、主管部门等审批决策流程及权限，完善董事会、薪酬与考核委员会等内部决策机制，以强化外部监督与约束。

2. 确定激励标的来源及激励水平

激励标的就是用以激励员工的手段，如增量利润、企业股权、项目收益等，激励标的通常由企业所有者让渡而来。

激励水平通常包括总量、个量两个方面。一般在实操中有两种方式：第一种是先总后分，根据股东意愿和业绩表现，首先确定授予总量。然后综合考虑激励对象的岗位价值、能力水平、业绩表现、历史贡献等进行总量范围内的二次分配。此种方式的优点在于总量可控。第二种是先分后总，首先参考市场激励水平、政策允许的个体激励水平（如科技型国有企业的激励对象获得的岗位分红所得不高于其薪酬总额的2/3）和参与人员的薪酬水平，计算每个激励对象合理的激励额度，再反推企业总体的激励额度。此种方式的优点在于确保了个体的激励力度，效果更为直接。除当期分配外，企业通常会在总量中预留出一定比例给新进入者及关键岗位的人员变动，以保证内部公平。

3. 确定激励对象

激励对象的选择有普惠制、精英制两种模式，具体采用哪种模式取决于企业的业务模式、员工队伍结构、体制背景等。

从企业性质来看，高科技、创业型等知识密集型企业通常采取普惠制，传统企业、资金密集型企业通常采取精英制。

从激励工具来看，长期激励计划主要覆盖管理层与核心骨干，股权型激励计划通常覆盖管理层，现金型激励计划则包括管理层、核心专业技术人员等，覆盖范围更广。激励对象的选择依据主要包括岗位价值、能力水平、绩效表现、市场稀缺性等。

4. 确定激励周期

企业可根据业务特性、业绩成果显现周期等确定激励周期，通常在3～5年，可滚动实施。其中还需要规定期间的重要节点，如授予日、锁定期、解锁期、兑现期、递延期等。

5. 确定业绩目标

业绩目标即所选取的企业级、项目级、个人级绩效考核指标，激励计划不管是股权型还是现金型，业绩考核条件主要有利润、营业收入、每股收益、净资产收益率等相关指标，以实现激励与约束同步。

从上市公司长期激励计划考核条件来看，国资委央企倾向于使用多种考核条件组合形成的考核方式，包括净利润及其增长率、营业收入及其增长率、净资产增长率等。地方国企和非国务院国资委监管的央企多使用净利润及其增长率作为考核条件。民营企业和外资企业则更多地使用营业收入及其增长率作为考核条件。少数公司会使用具有行业特色的考核条件。例如，电子行业公司多使用主营业务收入占营业收入的比重等相关指标；冶金行业公司使用主营业务毛利率；医药行业公司使用制药业务研发费占制药业务销售收入的比重；社会服务行业公司使用现金运营指数及应收账款增长率。

除所选取的业绩指标外，目标值的确定也是激励机制中备受关注的要点，因为目标值决定了收益获取的难度，通常包括与自身历史比较有所成长、与标杆比较缩小差距、与战略目标相比确保基本完成等基准值。

6. 确定员工退出方式

设计激励机制时应格外关注退出机制，一种是在激励有效期内因被激励对象不符合业绩或管理要求的非正常退出，一种是被激励对象在调动、离职、退休等情况下的正常退出。两种情况下退出的收益有所不同，前者应有相应的惩罚措施，以实现机制的动态适应性，防止利益板结。

除上述关键问题外，企业还应考虑资金安排、计划期内的公司行为变动等，包括会计科目、计提方式、个税安排、公司控制权变化等。

四、企业实操：典型中长期激励工具箱

(一) 限制性股票

限制性股票是指上市公司按照股权激励计划规定的条件 (业绩目标、工作年限) 以低于二级市场上的价格授予激励对象一定数量的转让等权利受到限制的本公司股票。

价格的法定下线为市场价格的 50%，需要自筹资金购买。

激励对象自授予日起享有限制性股票的所有权，但在解除限售前不得转让或者偿还债务，继承、司法划转的限制性股票由公司按有关办法予以回购。

限制性股票如图 15-2 所示。

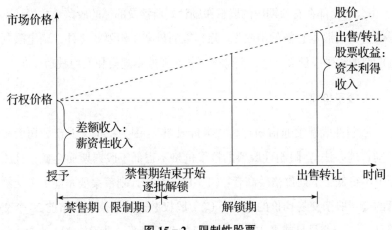

图 15-2　限制性股票

1. 激励对象

限制性股票适用于市场上较为稀缺、人才竞争激烈的人员，如高管、研发人员等，或公司需重点留用的人员。通常包括：

- 董事；
- 高级管理人员；
- 核心技术人员或者核心业务人员；
- 对公司经营业绩和未来发展有直接影响的其他员工。

不包括：

- 持股 5% 以上的股东或实际控制人，以及他们的直系亲属；
- 出现违法、违规等情况，被认为不适当的人选；
- 独立董事和监事。

2. 发行规模和比例

发行规模和比例是指对于多次发行股权激励计划累计的总额度，根据 2016 年颁布并在 2018 年修正执行的《上市公司股权激励管理办法》，"上市公司全部在有效期内的股权激励计划所涉及的标的股票总数累计不得超过公司股本总额的 10%"。除政策的最高比例限制之外，确定限制性股票的激励股份额度时，要综合平衡企业股本规模和人均激励程度。

3. 授予价格

限制性股票被通俗地称为"半价股票"，因为根据《上市公司股权激励管理办法》，限制性股票的授予价格不得低于股票票面金额，且原则上不得低于下列价格较高者：（1）股权激励计划草案公布前 1 个交易日的公司股票交易均价的 50%；（2）股权激励计划草案公布前 20 个交易日、60 个交易日或者 120 个交易日的公司股票交易均价之一的 50%。

4. 期限

激励计划的总时间跨度一般不超过十年，为激励计划分期实施、分期解禁提供了相对宽裕的时间段。

限制性股票需确定首次授予日，由于可以进行不超过 20% 激励股票的预留，因此对于有预留股份的上市公司而言，还要有间隔不超过 12 个月的后期授予日。

《上市公司股权激励管理办法》规定，"限制性股票授予日与首次解除限售日之间的间隔不得少于 12 个月"。也就是说，每一次授予的限制性股票，最少有一年的时间是不能在市场流通和转让的，企业可以基于此根据自己的情况确定禁售期的长度。

在限制性股票有效期内，上市公司应当规定分期解除限售，每期时限不得少于 12 个月，各期解除限售的比例不得超过激励对象获授限制性股票总额的 50%。

5. 考核

上市公司的股权激励需要有明确的考核目标来衡量和评价，根据评价结果决定是否能够行使激励的权利。业绩考核直接决定公司和个人是否有资格实现解除限售。

为兼顾规模增长、收益增长和资产利用效率的提高，指标通常有：

- 净资产收益率；
- 净利润增长率；
- 主营业务收入增长率。

考核指标的目标值，由与历史上近三年或近一年进行比较的纵向对比法确定，也可以采用与行业同类指标的横向对比法确定。

确定公司整体考核目标后，激励对象要有个人考核指标，达成后才能获得限制性股票的激励解锁。

6. 股份变动

由于是上市公司的股票,限制性股票激励计划势必会涉及在多年存续期间内的公司股本总量的变动问题。根据政策规定,出现资本公积转增股本、派送股票红利、股份拆细、配股情况时,按照通常市场做法对应调整限制性股票数量。出现增发情况时,限制性股票不做调整。

(二) 股票期权

股票期权是指上市公司授予激励对象在未来一定期限内以预先确定的价格和条件购买本公司一定数量股票的权利。激励对象有权行使这种权利,也有权放弃行使这种权利,但不得转让、质押或者用于偿还债务。股票期权适合初始资本投入较少,资本增值较快,在资本增值过程中人力资本增值效果明显的公司,例如创业初期的高科技公司。股票期权如图 15 - 3 所示。

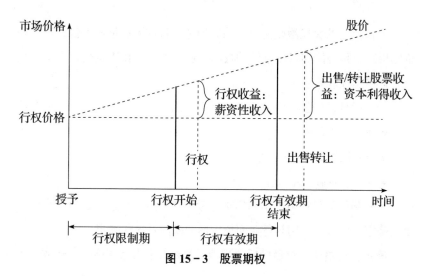

图 15 - 3 股票期权

1. 特点

● 授予的是在未来一定期限内以预先确定的价格和条件购买本公司一定数量股票的权利；

● 行权有效期一般在 5 ～ 8 年；

● 授予数量总量不超过流通股的 10%，初次授予数量不超过 1%。

2. 激励对象

适用人群通常包括高管和企业核心人员。

3. 授予价格

授予价格原则上不得低于下列价格中的较高者：

● 股权激励计划草案公布前 1 个交易日的公司股票交易均价；

● 股权激励计划草案公布前 20 个交易日、60 个交易日或者 120 个交易日的公司股票交易均价之一。

4. 限售要求

股票期权授权日与获授股票期权首次可行权日之间的间隔不少于 12 个月。在股票期权有效期内，上市公司规定激励对象分期行权，每期时限不得少于 12 个月，后一行权期的起算日不得早于前一行权期的届满日。每期可行权的股票期权比例不得超过激励对象获授股票期权总额的 50%。

5. 股票期权案例

某国有科技型上市公司开展了股票期权激励计划，通过向核心骨干人员倾斜，在政策规定范围内尽可能提高激励力度，以从严确定业绩考核目标的方式传递了企业的经营管理导向。

（1）授予总量。

授予总量为 1 434 万份股票期权，占本计划公告时公司总股本的 2.9%，其政策依据为：上市公司首次实施股权激励计划授予的权益所涉及标的股票数量原则上应当控制在公司股本总额的 1% 以内。中小市值上市公司及科研技术人员占比较高的科技型上市公司可适当上浮首次实施股权激励的权益授予数量占总股本的比例，原则上应当控制在公司股本总额的 3% 以内。该企业科研技术人员占比为 50.1%，比例较高，因此可以提高授予总量。

（2）分配导向是向核心骨干人员倾斜。

分配向核心骨干人员倾斜，其股权分配见表 15-3。

表 15-3　股权分配

人员类别	数量（万份）	占比（%）
董事、高管	6	1.5
中层管理人员	26	6.5
其他核心骨干人员	368	92
合计	400	100

（3）针对人员特点设置差异化的股权分配方式。

一次分配包括中层、准高层干部和职能部门骨干。

●以岗位价值为依据确定股权激励的分配，有效区别、衡量激励体系中各种岗位工作的差别以及对公司整体目标相对贡献的大小，实现公平性。

●赋予岗位分配系数，结合激励对象人数进行分配。

二次分配包括业务部门和子公司骨干。

● 衡量参与股权激励的各业务部门、子公司对公司战略目标及整体业绩的贡献，结合激励对象人数、调节系数等因素，确定各业务部门和子公司的股权及股比。

● 以参与股权激励的各业务部门和子公司为单位，根据激励对象在本单位的岗位相对价值和个人贡献，采取内部二次分配方式，确定激励对象的个人股权激励股比。

（三）业绩单元计划

业绩单元计划是公司根据业务发展关键指标，以目标达成情况为依据，对参与团队给予按目标提成的激励方式。通常以收入、销量等指标为基准，以目标达成率、每个业绩单元的提成系数为手段进行激励设计。业绩单元能够非常直观地传递公司价值导向，激发业务人员创造业绩。

1. 业绩单元的激励规则

业绩单元的激励包括计划阶段及兑现阶段：

● 计划阶段：E（收益）$=A$（业绩单元数量）$\times V$（业绩单元价值）。

● 兑现阶段：E 受多个系数调节并实施递延兑现。

2. 激励对象

激励对象是与业绩单元计划的完成相关的人员，通常按照关键成功因素分解的方法确定。

3. 业绩条件

业绩条件包括企业级关键指标、附加指标、个人指标。其中，关键指标是与业绩单元计划直接挂钩的指标，附加指标是对业绩单元收益进行调节的指标，个人指标是个人绩效考核结果。

$$最终兑现收益 \, E = A \times V \times 调节系数 \times 个人绩效考核影响系数$$

4. 兑现安排

业绩单元可规定 3 ～ 5 年的锁定期，从实施当年开始进行递延兑现，则每年末的收益为当年收益加上年递延收益。此处应注意，所递延的收益兑现的前提是当年业绩目标达成并不超过当年公司总净利润的一定比例。

5. 业绩单元案例

某外贸公司的战略目标是"既追求市场份额的快速拓展，又保证合理的回报率"，为此，该企业选择了销量、销售净利润率作为指标来设计业绩单元计划。董事会将业绩目标定为：全年销量应达到 ××× 支，销售净利润率达到 ××%。

（1）激励规则。

在计划阶段，收益取决于销量、销售净利润率，以销量确定业绩单元数量，关系为 1 : 1，即有多少销量就有多少业绩单元数量；以销售净利润率确定业绩单元价值，此处可分段，当年度销售净利润率达到目标值 ××% 但低于目标值的 1.2 倍，业绩单元价值为 1 元，超过目标值的 1.2 倍后，业绩单元的价值为 1.5 元。

在兑现阶段，个人实际收益 = 目标完成率 × 个人业绩数量 × 业绩单元价值 × 调节系数 × 个人绩效考核影响系数，所计算的个人实际收益实行递延兑现，其中：

- 目标完成率＝公司全年实际销量 /×××支（目标值）；
- 个人业绩数量指个人所完成销量；
- 业绩单元数量根据销售净利润率的实际达成情况分段计算；
- 调节系数受其他业绩指标影响，如应收账款回款率、产品结构等。

个人绩效考核影响系数是指收益与个人考核挂钩，考核在良好及以上时无影响，考核为基本合格时，如业绩单元收益扣减 30%，考核不合格时，业绩单元收益取消。

（2）激励对象。

为完成销量及销售净利润率，确定了以下人员为激励对象：集团高管、职能部门负责人、分公司班子成员、工厂负责人、销售公司负责人等。

（3）业绩条件。

销量、销售净利润率为关键指标，两个指标中的任何一个没有完成，当年度激励计划取消。在激励兑现时，为了传达公司的管理导向、提升组织能力，将费用率、应收账款、市场份额、产品结构（新老产品销量及占比）、区域结构（新老区域销量及占比）作为调节指标，可以影响激励收益。个人绩效考核也与激励收益兑现挂钩，以实现机制的联动性。

（4）兑现安排。

该外贸公司锁定期为 5 年，自实施当年起分 3 年进行递延兑现（30%、30%、40%），其中兑现的总金额不超过年度净利润的 20%。

(四) 虚拟股权

虚拟股权激励是公司给予核心团队的一种权利。被授予人可以获得有效期内公司价值增值带来的收益，但对股票没有所有权。虚拟股票不是真正意义上的股票，被授予人不享有这些股票的所有权、分红权、增配权和表决权。被授予人既可以在规定时间内行权，也可以放弃该种权利。

1. 被授予人资格

虚拟股权激励对象根据公司法及其他有关法律、行政法规和公司章程的相关规定，结合公司实际情况确定。激励对象确定的原则和标准如下：

- 在公司历史发展中做出突出贡献的员工；
- 公司未来发展亟需的员工；
- 年度工作表现突出的员工；
- 公司认为需要授予的其他情形；
- 授予范围包括公司的高层管理人员、中层管理人员、业务骨干以及对公司有卓越贡献的新老员工。

2. 虚拟股票定量

（1）定总量。

公司应当参考相关政策规定，平衡支付能力，虚拟股权激励计划期内的激励总量一般不超过公司总股本的10%，每期一般不超过公司总股本的3%，可预留部分作为新进人员的激励比例。为公司董事会确认同意虚拟股权激励方案之日起的价格为基础授予价格（该基础授予价格仅作为计算增值收益之用，被授予人在接受虚拟股权授予时无须支付相应对价），公司用于回购虚拟股票的价格及具体时间由公司决定。

（2）定个量。

虚拟股票的授予数量，根据激励对象在公司所处的职级、目标考核综合确定，单个对象最高不得超过公司股本的 1%。

$$个人虚拟股权激励股数 = 分配系数 \times 虚拟股权激励总股数$$

$$分配系数 = \frac{个人职级系数 \times 岗位系数 \times 业绩考核系数}{\sum(个人职级系数 \times 岗位系数 \times 业绩考核系数)}$$

$$虚拟股权激励总股数 = 激励计划实施上年度公司总股本 \times 10\%$$

公司薪酬管理委员会根据每个年度激励对象的工作情况和表现动态调整授予虚拟股票的数量，具体方案由薪酬管理委员会自行确定，无须经过董事会及股东会审议。

3. 有效期

虚拟股票有效期一般为自董事会及股东会审批通过之日起三年。

4. 公司业绩考核

企业通常以年度营业收入和净利润作为每年业绩考核指标。经审计的年度经营收入增长和净利润增长在同时实现的情况下，视为公司业绩目标达成。净利润是指扣除非经常性损益后的净利润，在计算确定预提考核年度虚拟股票激励总金额所参考的扣除非经常性损益后净利润时，涉及虚拟股权激励方案所产生的应计入考核年度的成本费用不予扣除计算。如公司未完成业绩考核指标，公司有权取消当年度虚拟股权激励计划。

5. 收益计算与兑现

公司虚拟股权实施以上一年度净资产为主要依据，参考收入、利润及市场占有率等因素对公司进行估值，拟定初始股价。计划期内每年根据相同的规则对公司进行估值，公司价值较上年增值部分为增值收益计算基数。

$$总增值收益 = 每股增值额 \times 虚拟股权激励总股数$$

$$每股增值额 = \frac{当年度公司价值估值 - 上年度公司价值估值}{公司总股本}$$

在计划期内，虚拟股权增值收益通常只累计不兑现，计划到期后即可采取现金兑现。部分企业也会制订"虚转实"方案，即将累计收益作为出资，购买公司股权。

6. 虚拟股权激励的退出

（1）不满计划期离职或调离的员工，增值收益取消。

（2）有效期结束后，不再继续参与，但对已累积部分经双方协商，按净资产价格进行回购：

- 劳动合同期未满，激励对象申请离职，公司同意时；
- 劳动合同期未满，激励对象因公司裁员而解聘时；
- 劳动合同期满，公司提出不再签约时；
- 激励对象退休时；
- 激励对象因工作需要调离公司时。

7. 虚拟股权激励计划案例

A公司是一家综合性的房地产开发公司，业务涵盖一级开发、住宅开发、物业等。为尽快提升公司业绩并推动上市，董事会决定采取虚拟股权（增值权）的方式对经营团队进行激励。

（1）激励总量及个量。

A 公司参考地产行业上市前激励总量的市场中位值水平，确定授予经营团队的虚拟股票总量为公司虚拟股票总股数的 5%。

以职级、岗位价值、业绩贡献为依据在经营团队中进行分配，相邻层级的下一层级的激励水平为上一层级的 50%～80%。

（2）公司价值估值。

公司实施激励计划期初，由第三方资产评估机构对公司价值进行估值。由于该公司业务多元，因此根据不同业态及所处阶段选择不同的方式进行估值，其中，土地价值采取成本法，持有型物业按照 EBITDA 乘数法，住宅类物业按照销售预测现金流进行现金流折现估值。基于上述估值方法，确定 A 公司的整体估值为 ×× 亿元，按每股虚拟股 1 元来核算，则公司的虚拟股数为 ×× 亿股。

（3）收益核算。

$$个人收益 = \frac{公司期末估值 - 期初估值}{虚拟股总数} \times 个人授予虚拟股数$$

（4）激励兑现。

由于虚拟股权激励计划是以现金支付的形式兑现收益，考虑到对公司未来现金流的影响，采取递延支付（三年）的方式进行兑现。

（五）超额利润分享

超额利润分享机制是指企业综合考虑战略规划、业绩考核指标、历史经营数据和本行业平均利润水平，合理设定目标利润，并把企业实际利润超出目标利润的部分作为超额利润，按约定比例提取超额利润分享额，分配给激励对象的一种中长期激励方式。

1. 计划周期

超额利润分享一般采用递延方式予以兑现，分三年兑现完毕。企业根据经营情况，确定各年度支付比例，第一年支付比例一般不高于50%。所产生的个人所得税由激励对象个人承担。

2. 激励总量

年度超额利润分享额一般不超过超额利润的30%。

3. 激励对象

激励对象一般为与本企业签订劳动合同，在该岗位上连续工作1年以上，对企业经营业绩和持续发展有直接重要影响的管理、技术、营销、业务等方面的核心骨干人才，且一般每期激励人数不超过企业在岗职工总数的30%。

4. 目标利润的设定方法

企业在设定目标利润时，应与战略规划充分衔接，年度目标利润一般不低于以下利润水平的较高者：

- 企业的利润考核目标；
- 按照企业上一年净资产收益率计算的利润水平；
- 企业近三年平均利润；
- 按照行业平均净资产收益率计算的利润水平。

企业设定目标利润时，可以根据实际情况选取利润总额、净利润、归母净利润等指标，但应剔除以下因素的影响：

- 重大资产处置等行为导致的本年度非经营性收益；
- 并购、重组等行为导致的本年度利润变化；

- 会计政策和会计估计变更导致的本年度利润变化；
- 外部政策性因素导致的本年度利润变化。

5. 退出方式

企业在实施超额利润分享方案期间，激励对象因调动、退休、工伤、丧失民事行为能力、死亡等客观原因与企业解除或终止劳动关系的，按照其在岗位任职时间比例（年度任职日/年度总工作日）兑现。以前年度未兑现部分，可按递延支付相关安排予以支付。

激励对象出现下列情况之一，不得继续参与超额利润的分享兑现，以前年度递延支付部分，不再支付：

- 个人绩效考核不合格；
- 违反企业管理制度，受到重大处分；
- 因违纪违法行为受到相关部门处理；
- 对重大决策失误、重大资产损失、重大安全事故等负有责任；
- 本人提出离职或者个人原因被解聘、解除劳动合同。

6. 超额利润分享案例

B公司是一家化学药品研产销一体的企业，新推出的产品的市场销量迟迟未见起色，为鼓励新产品事业部迅速提升销量及利润，总经理决定对该事业部采取超额利润分享机制。

（1）激励总量。

首先设置三段目标，分别为利润目标值、利润挑战值（目标值 × 120%）、利润卓越值（目标值 × 200%），其中：

- 利润目标值到挑战值之间，分享比例为10%。
- 利润挑战值到卓越值之间，分享比例为15%。

● 如当年未完成净利润目标值，则从所递延的奖金包中倒扣未完成利润部分的 10%，以实现激励与约束对等。

● 在完成当年度净利润目标值的基础上，若当年净利润增长率＜标杆企业净利润增长率，则当年度利润计提取消，以确保新产品业绩增速跑赢市场、跑赢标杆。

（2）计划周期。

以三年为以周期，每年根据利润目标达成情况进行超额利润分享额的计提，实行三年递延发放，比例为 4∶3∶3。

（3）内部分配。

首先进行事业部领导班子与员工层面的分配，领导班子占超额利润分享额的 30%，员工占 70%。其次对领导班子、各部门员工进行分配，领导班子内部结合分配系数、绩效考核系数进行分配。事业部总经理分配系数为 1，副总经理系数为 0.8，总经理助理为 0.6；各部门员工根据固定工资占比拆分奖金包，再根据个人业绩占比确定个人收益。

● 高管收益 = 分配系数 × 绩效考核系数 / ∑ 分配系数 × 绩效考核系数 × 超额利润奖金包 ×30%

● 员工收益 = 个人业绩 / ∑ 部门员工业绩 × 部门员工奖金包

● 部门员工奖金包 = 部门员工薪酬基数 / ∑ 事业部员工薪酬基数 × 超额利润奖金包 ×70%

(六) 岗位分红

对于岗位序列清晰、岗位职责明确、业绩考核规范的公司，可以从公司当年税后利润中提取一定比例来奖励激励对象。

1. 适用范围

原则上适用于岗位序列清晰、岗位职责明确、业绩考核规范的成熟的科技型公司。拟实施岗位分红激励的相关人员均处于研发、设计、质量和科研管理等重要岗位。

2. 实施岗位分红权的条件

在满足国家对岗位分红激励相关管理办法的前提下，实行岗位分红激励的公司需满足以下条件：

● 公司近三年税后利润累计形成的净资产增值额（不含财政或上级补贴）应当占公司近三年年初净资产总额的 10% 以上，且实施激励当年年初未分配利润为正数。

● 近三年研发费用占当年公司营业总收入均在 3% 以上。

● 公司研发人员占职工总数 10% 以上。

● 已完成岗位设置与评估，岗位等级、岗位评估分数及岗位说明书明确。

3. 激励额度与分配

● 公司年度岗位分红激励总额不高于当年税后利润的 15%。

● 激励对象个人岗位分红权所得收益原则上不高于其薪酬总额（含岗位分红）的 40%。

4. 激励兑现

岗位分红权激励计划采用递延支付，通常以 3 年为周期，所获奖励分三年（比例分别为 4∶3∶3）兑现，因业绩考核不达标致使激励计划终止的，未兑现部分不再兑现。

5. 激励对象及数量要求

激励对象为与公司签订劳动合同的重要技术人员和经营管理人员，主持公司全面生产经营工作的高级管理人员，负责公司主要生产经营的中、高级经营管理人员，以及通过省部级及以上人才计划引进的重要技术人才和经营管理人才。

原则上，激励对象不包括下列人员：公司监事（不包括职工监事）、独立董事；集团分派的经营管理人员；与科技成果研发、产业化无直接关联的办公、财务、人力、经法、后勤、政工、工会、监察、审计、离退休等行政、职能管理人员。

公司可根据工作年限、绩效等情况设置激励对象筛选条件，每次激励人数不超过公司在岗职工总数的30%。

6. 岗位分红权的业绩目标

（1）公司实施岗位分红方案期间，各年度净利润增长率应高于前三年平均增长率。

（2）公司未达到规定的业绩目标的，终止激励方案的实施。

7. 岗位分红实施规则

公司应当按照各岗位在项目成果中的重要性和贡献，确定不同岗位的分红标准。

（1）总岗位分红总额的确定。

$$总岗位分红总额 = 净利润 \times A\% + 净利润增加值 \times B\%$$

其中，A% 和 B% 是权重，A%+B%=100%，且 A%<B%。

（2）个人岗位分红额的确定。

$$个人岗位分红额 = \frac{价值贡献系数}{\sum 价值贡献系数} \times 总岗位分红总额$$

个人岗位分红额可通过贡献系数确定，通过岗位效益、任务完成时间和质量等进行量化评价。

8. 退出

激励对象自离岗当年起，不再享有原岗位的分红权。组织调配或退休人员，可根据当年在岗月份按比例享受岗位分红收益，离岗后不再享有。

激励对象未达到年度考核要求的，按约定条款扣减、暂缓、停止分红激励。

（七）项目跟投

项目跟投是指跟投人员以自有资金与所在企业共同投资项目，实现风险共担、利益共享的中长期激励机制，是一种创新的投资机制。

1. 项目跟投的类型

项目跟投包括四种类型：

（1）股权跟投。跟投人员以项目公司股权为标的，使用自有资金出资购买或其他非货币资产与企业共同投资创新业务项目。

（2）债权跟投。跟投人员将跟投资金以债权投资方式与企业共同投资项目公司或项目主体的跟投方式。

（3）股权+债权跟投。跟投人员同时采取"股权跟投"和"债权跟投"的组合跟投方式，与企业共同投资创新业务项目。

（4）虚拟跟投。跟投人员提供现金或其他形式的资产作为项目保证金或模拟股本金，根据项目完成情况，跟投人员以项目保证金或模拟股本金为基数享有项目收益并承担项目风险。

项目跟投与其他中长期激励工具相比具有以下特征：

（1）以货币出资为主。项目跟投分为货币出资和科技成果出资等非货币出资的方式，其中，货币出资为项目跟投的主要方式。

（2）风险与收益相一致。项目跟投坚持风险与收益相一致的原则，员工与企业共同出资参与项目的投资，员工和企业可以根据投资比例或者约定的方式，享有项目创造的利益（包括但不限于分红、利息等），共担项目风险。

（3）有明确的跟投期限。项目跟投一般以项目为单位规定跟投期限，期限届满或者满足约定条件时，跟投人员原则上应从项目中退出。

（4）强制跟投。项目跟投具有强制性的特点，跟投人员必须包含强制跟投人员，且强制跟投人员享有跟投优先权，以确保其与项目实现利益捆绑。

2. 跟投项目范围及人员范围

股权跟投项目范围一般包括：

● 属于新产业、新业态和新商业模式的项目。

● 属于投资周期长、业务发展前景不确定、具有较高风险的创新业务。

企业不得就以下项目实施股权跟投：

● 较为成熟、拥有较高市场份额和较强竞争优势的业务。

● 主要依托所在企业集团内部资源或在内部市场开展的业务。

债权跟投项目一般是不适合股权跟投的项目或不成立公司的项目。

虚拟跟投项目范围较为广泛，企业内部可以独立核算的承揽项目、科技项目、投资项目、技改项目乃至运营项目都可以纳入虚拟跟投范围。

跟投人员范围一般为与跟投业务关联程度较高、对跟投业务的经营业绩和持续发展有直接影响的管理、技术和业务骨干。跟投人员分为强制跟投人员和自愿跟投人员，一般应当以强制跟投人员为主。

（1）强制跟投人员一般包括有关重大决策参与者、项目公司经营管理团队及管理、技术等核心骨干人员，由企业根据岗位相关性、跟投业务特点、规模等因素合理确定。

（2）自愿跟投人员一般为在跟投业务投资决策、运营管理等方面负有一定职责的人员，由企业根据员工意愿及跟投业务特点、规模等因素合理确定，在实际确定时要避免扩大自愿跟投人员的范围。

3. 跟投额度、价格

股权跟投额度主要根据跟投业务规模、行业特点、跟投项目权益投资总额、跟投人员范围和出资能力等因素综合确定。债权跟投额度主要根据跟投项目债权融资总额或经营资金峰值等因素确定。

企业一般根据岗位重要性、个人出资能力、承担风险和责任等因素综合确定个人跟投额度，其中强制跟投人员的跟投额度可以参照其年度薪酬的一定比例确定。

此外，为体现激励与约束导向，企业对强制跟投人员要设置最低、最高跟投额度，对自愿跟投人员要设置最高跟投额度。

4. 跟投出资

跟投的出资方式包括货币出资和科技成果等非货币出资，货币出资是跟投的主要出资方式。

5. 跟投平台

股权跟投人员一般通过公司制企业、合伙制企业、资产管理计划等跟投平台间接持有跟投项目公司股权。为便于跟投管理，可以根据跟投人员类别（如企业、创新业务子公司）设置不同的跟投平台。

6. 跟投收益

跟投收益包括股权跟投收益、债权跟投收益、虚拟跟投收益，其中：

- 股权跟投收益分为股权分红收益和股权增值收益，跟投人员按照出资金额占比享有股权跟投收益；
- 债权跟投收益主要是债权利息，跟投人员按照融资合同约定享有浮动债权利息；
- 虚拟跟投收益中，跟投人员以项目风险保证金为基数享有相应比例的项目收益。

7. 跟投风险

- 股权跟投项目出现亏损时，跟投人员按照认缴比例承担亏损。
- 债权跟投多为浮动利率，不设保底利息，跟投人员要承担本金风险。
- 虚拟跟投时，跟投人员以项目风险保证金为限按照约定承担项目风险，但这一做法存在法律风险。《中华人民共和国劳动合同法》规定："用人单位招用劳动者，不得扣押劳动者的居民身份证和其他证件，不得要求劳动者提供担保或者以其他名义向劳动者收取财物。"据此规定，用人单位不能向劳动者收取抵押金。因此，在虚拟跟投中逐渐以债权投入代替传统的风险保证金。

8. 退出

股权跟投退出主要包括股权转让、整体回购等方式。债权跟投退出按照融资合同约定退出，通常在项目经营资金逐渐回正时启动债权跟投退出。

第十六章

荣誉体系：榜样的力量是无穷的

每个人小时候都有一个英雄梦，而每个时代有每个时代的英雄。英雄是什么？英雄是才能过人的人，是具有英勇品质的人，是无私忘我、不辞艰险、为他人利益英勇奋斗、令人敬佩的人。

人和人的天性与禀赋不一样。有些人生来就是英雄，如项羽，力拔山兮气盖世，天命不凡，勇武过人。有些人在关键时刻经历了考验，在刹那之间成为英雄。有些人，没有惊天之举，在日复一日的坚持中，完成了英雄的事迹。

不是所有人都能成为前两类英雄，但是第三类不是靠天赋，而是靠一件件小事的积累而成为英雄。

一、榜样：寻找企业中的平凡英雄

使命是企业存在的价值，愿景是企业的方向，价值观是企业的灵魂。企业中的英雄人物就是价值观的人格化，是每一家企业涌现出来的企业文化的最佳代言人。

所谓英雄人物，就是我们常说的榜样和标兵。榜样和标兵的作用关键在于突破和示范，榜样的力量是无穷的。企业文化理念因其较为抽象的特点，在落地的过程中若想让人更好地理解，在行为上获得关键性的突破，并逐渐形成使大家广泛模仿的经验，这个功能非文化英雄莫属。

每一个企业都需要天赋式和危机式英雄，但更需要平凡的英雄。在企业中，所谓的平凡英雄就是榜样和标兵。他们是这样一群人：

- 热爱工作，忠于事业，在企业各专业领域内，扎根数年的人；
- 创新进取，追求卓越，在从事的本职工作中，持续改进的人；
- 协作担当，勇于奉献，在工作的紧急关头，挺身而出的人；
- 吃苦耐劳，甘于寂寞，在天南地北的项目现场，仆仆风尘的人；
- 不畏艰辛，披荆斩棘，在艰难的市场区域内，开拓进取的人；
- 勇于争锋，身肩重任，在强大的竞争对手前，敢于亮剑的人。

这样一群人可以作为公司对外界的象征，诠释公司的价值观和文化，同时榜样和标兵的工作标准也有利于激励员工在日常工作中不断践行。

作为榜样，他们理应得到尊重和认可，要让他们站在舞台中央，站在聚光灯下，享受鲜花和掌声。企业的荣誉体系就是为榜样设计的，荣誉体系的建立、荣誉激励的开展，是打造情景式英雄的重要方式。成为榜样，不单单能够激励先行者，也可以引导后来者不断前行。

二、要多给英雄一些荣誉激励

荣誉激励是有效的激励方式。荣誉激励是把员工的工作成绩、公司贡献、模范事迹等标定下来，进行表扬、奖励、经验介绍等。荣誉激励不仅可以成为不断鞭策荣誉获得者保持和发扬成绩的力量，还可以对其他人产生感召力，激发比学赶帮超的动力，从而产生极强的群体激励效果。

荣誉激励是正向激励，而非负向激励。荣誉激励不是单纯的物质奖励，而是精神激励大于物质奖励，能更好地激发员工的内心动力。公开表扬，私下批评，荣誉激励要公开表扬，注重对全员的影响作用，而非羞羞答答、私下奖励，荣誉激励要拿着喇叭喊出来，才能实现最好的激励效果。

华为以客户为中心，以奋斗者为本，业内几乎无人不晓。"胜则举杯相庆，败则拼死相救"的团队精神影响了一代又一代华为人；在华为搞研发的，板凳要坐十年冷；做市场的，干部集体大辞职。这些讲出来，令人震撼，对外人而言，甚至有些不可思议。华为的企业文化又是如何落地生根呢？荣誉体系是华为企业文化落地的重要载体。

华为的荣誉激励就做得很好。华为公司内网上有一个栏目，叫荣誉殿堂，会把各类获奖信息、优秀事迹记录下来，供大家随时查阅和学习。任正非本人也非常重视荣誉奖项，很多荣誉奖都是他亲自颁发的。下面是华为的一些典型奖项。

（1）"蓝血十杰"奖。这是华为管理体系建设的最高荣誉奖，旨在表彰那些为华为管理体系建设做出历史性贡献的个人。"蓝血十杰"奖如图 16-1 所示。

（2）金牌团队和员工奖。这是华为授予员工的最高荣誉，旨在奖励为公司持续的商业成功做出突出贡献的团队和个人，是公司授予员工的最高荣誉性奖励。金牌评选的标准是，个人奖是每 100 人中评选出一人，团队奖是每 400 人评选出一个金牌团队。2015 年，华为有 1 736 名金牌个人、495 个金牌团队（共计 5 017 人）获得表彰。金牌团队和员工奖如图 16-2 所示。

图 16 - 1 "蓝血十杰"奖

图 16 - 2 金牌团队和员工奖

（3）"天道酬勤"奖。此奖项设置的目的主要是激励长期在外艰苦奋斗的员工，其评选对象包括在海外累计工作了十年以上，或者是在艰苦地区连续工作六年以上的员工，或者是承担全球岗位的外籍员工，全球流动累计十年以上的人员。"天道酬勤"奖如图 16 - 3 所示。

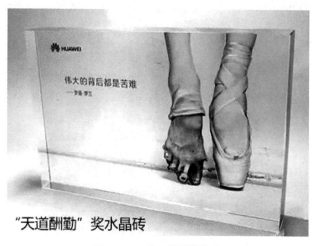

图 16 - 3 "天道酬勤"奖

（4）明日之星奖。明日之星奖设计的目的主要是营造人人争当英雄的一种文化氛围，有人的地方就有英雄，因此，华为对明日之星的评选并不追求完美，并且主要针对刚刚入职不久的员工，只要他们身上表现出闪光点，只要他们做出符合华为价值观的一些行为，就可以参加评选，其覆盖率可以达到80%以上。明日之星奖如图 16 - 4 所示。

（5）从零起飞奖。这是华为很有特色的一个奖。2012 年，华为年销售收入离目标还差 2 亿多元，虽然业绩依然稳步增长，但有些高管还是自愿放弃了年终奖，把目标当作军令状。为此，任正非在 2013 年 1 月的市场大会上，亲自给这些高管颁发"从零起飞奖"（见图 16 - 5）。此奖项用来表彰经历奋勇拼搏，虽然取得重大突破但结果并不如意的人和团队。首批获奖人有徐文伟、张平安、陈军、余承东、万飚，获奖人员 2012 年的年终奖金为零。

图 16 - 4　明日之星奖

图 16 - 5　从零起飞奖

（6）其他各种奖励。除了以上奖励，华为还有优秀小国经营奖、英雄纪念章、史今班长与劳模奖、杰出贡献奖、优秀家属奖等多种荣誉激励方式。

为了做好荣誉体系，华为在人力资源部下设荣誉部，专门负责荣誉体系的管理，其主要职责如表 16-1 所示。

表 16-1　华为荣誉部的主要职责

荣誉奖项的设置	设置公司级以及中心级别的奖项
荣誉评选流程与方法的监督	监督公司各部门、各层级荣誉评选的流程与方法
荣誉奖项的颁发	奖品的实物统一型号、材质 荣誉宣传，典型的报道对象往往是普通的获奖员工，普通的华为英雄
荣誉审计	针对公司级获奖人员，进行资格审核
专家辅导	华为请的是老专家，来自高校或者其他单位，如来自绵阳导弹基地等地的老专家，来自老专家的经验总能让年轻的华为人豁然开朗

华为的荣誉奖项，面广人多，涉及从基层员工到管理人员的各个层级，同时物质激励与精神激励紧密结合，只要获得荣誉奖项，就会相应地得到一定的物质奖励，虽然物质奖励不多，但是物质奖励与精神奖励是紧密绑在一起的。

人人都有一个英雄梦，企业里面的英雄是什么？是通宵达旦的码农，是勤勤恳恳的行政，还是征战四方的销售？企业里面的英雄应该是员工身边最平凡的人，他们在平凡的岗位上做出了不平凡的业绩。

企业的标杆和榜样是什么？是危机期间涌现出来的好人好事，HR要多设立一些奖项，如抗疫英雄奖、市场先锋奖、成本节约奖等等，渡过危机后，让这些优秀的员工站在舞台的中央，站在聚光灯下，得到大家的尊重，得到组织的表彰，这就是荣誉激励的力量。让得奖者更加珍惜，让学习者奋发图强。

三、荣誉激励五部曲

看了华为的荣誉激励体系，如果其他企业也想在内部设计这样一套荣誉激励体系，只需按以下五个步骤开展即可。

1. 荣誉奖称号的设计

荣誉奖项的来源有企业文化的核心要点、企业的战略目标和年度工作重点、日常需重点关注和员工持续提升的事项。

企业在设计荣誉奖项的时候，首先要明确荣誉奖项的分类与名称。荣誉奖项的来源主要从文化承载类、经营指标类、管理层级类、组织忠诚类、其他个性化类等方面思考，名称要有企业自己的特色。

柒牌集团的荣誉奖项设计就很有自己的特点（见表 16-2）。

表 16-2　柒牌集团的荣誉奖项设计

文化承载	服务之星 创新之星 进取之星 协同之星
经营指标	年度总裁奖 精英奖
管理层级	明星员工 优秀基层经理奖 最佳后盾奖 卓越领导力奖
组织忠诚	五年勋章 十年勋章

不同奖项有其明确的表述，以服务之星为例（见表 16 - 3）。

表 16 - 3　服务之星奖项表述

柒牌荣誉奖项设计	
服务之星	目的： 倡导、表彰、弘扬"以客户为中心，诚信感恩"核心价值观
	评奖指标： 明确以内外部客户为中心的价值需求点 服务态度好——主动热情、耐心细心 服务质量好——保质保量、及时超值
	奖项说明： 各部门每月评选服务之星，公司年终评选"年度服务之星奖"

评选一般以年度为周期。人员范围则根据奖项的具体规则来圈定，有适合全员的，有适合某一类人员的，有适合某一层级人员的。

（1）荣誉评选周期与奖项级别（示例）。

●个人奖项的评选周期分为月度、半年度和年度。

●团队奖项的评选周期分为季度、半年度和年度。

●所有奖项在评选周期上都具有递进性，即只有在半年度获奖才能参加年度评选。

●所有奖项的级别都分为公司级、事业部（系统）级和中心级。

●公司级奖项的评选周期为年度，即每年评选一次；事业部（系统）级和中心级奖项的评选周期为半年，即每年评选两次。

（2）荣誉奖励范围（示例）。

●奖励比例不宜过高也不宜过低，过高会使荣誉激励泛化，企业付出的成本发挥不了作用；过低则会打击员工争取的积极性。

●半年度奖项的奖励范围建议在 5% ～ 10%；年度奖励范围建议在 2% ～ 5%。

2. 荣誉奖品的设计

荣誉奖励包括精神奖励和物质奖品，其中物质奖品的设计也需要花费心思，比如华为的很多奖牌和奖杯都是任正非亲自设计的，每家企业都应根据自己的特色设计相应的荣誉奖品。

3. 荣誉评选的流程与方法

评选流程包括荣誉申报的流程，同时要明确荣誉评选的组织，如华为设有一个荣誉部。同时还应明确荣誉评选方式和方法。

华为荣誉部的主要职责是设置公司级以及中心级的奖励，同时对荣誉评选的流程与方法进行监督。

荣誉申报时间一般为每年1月初和7月初，员工直接向上级组织部门进行评估申请，确定荣誉目标，填写个人荣誉申报表；部门负责人组织所辖管理者共同讨论，进行团队评估，并填写团队荣誉申报表。

所有荣誉奖项的评选采用自愿申报的原则，每人/团队申报奖项不得超过两个，并在每年1月初和7月初填制荣誉申报表。

个人奖项的申报，由员工的直接上级组织员工进行自我评估，并确定荣誉目标，然后直接上级进行评估并与员工一起确定最终荣誉目标，员工根据评估结果填制个人荣誉申报表，部门经理负责审批员工的个人荣誉申报表。

团队奖项的申报，由部门负责人的直接上级组织所辖管理者共同讨论，进行团队评估，并确定团队荣誉目标，团队负责人根据评估结果填制团队荣誉申报表（见表16-4）。

企业内部要自行组织荣誉评选小组，负责组织、安排本评选小组成员开展荣誉评选相关工作；对荣誉评选的结果进行把关；对评选时出现的争议有最终决定权。

表 16 - 4 团队荣誉申报表

申报人		部门		岗位	
单位	奖项类型		入职日期		申报日期
申报奖项一	员工编号	申报理由			
申报奖项二		申报理由			
直接上级		审核意见			

进行荣誉评选时，采取定量评选和定性评选相结合的方式。

（1）定量评选方法。各级评选小组根据荣誉考核方案从系统中提取荣誉考核相关历史数据，直接进行资格筛选、核算，得出排名，根据获奖比例确定获奖人员／团队名单。作用是可以保证评选过程少受主观因素的影响，保证评选过程的客观、公正、公平。

（2）定性评选方法。对于有争议的奖项，各级评选小组采用讨论投票的方式选出最终获奖对象。有争议是指，同一排名有多名候选对象、申报对象的考核成绩与现实表现严重不符、申报对象存在其他一些影响评选结果的正面或负面案例等现象。综合考虑员工或团队的各方面表现，可以做到全面评价，对只用数字评审产生的片面性加以有效弥补。

进行荣誉评选时，要经过初审、复审、终审、申诉处理等环节，不同环节的职责如表 16－5 所示。

表 16－5　荣誉评选环节和职责

环节	内容	评选负责人／组织及其主要职责
初审	资格筛选： ● 查看申报人／团队档案和处罚记录 ● 查看申报人／团队绩效考核结果 ● 查看申报人／团队获奖记录	考核员： ● 根据荣誉考核方案中的评选资格规定筛选中心级、事业部级和公司级各奖项的申报对象，形成符合评选资格的名单
复审	核算考核成绩，计算考核排名，根据获奖比例确定候选名单： ● 针对初审环节筛选出来的申报对象，计算其考核成绩并进行排名，按激励人数的两倍选出候选名单	考核员： ● 根据符合评选资格名单，依据汇总的各项考核数据计算申报对象的荣誉考核总成绩 ● 对所有符合评选资格的申报对象按成绩从高到低进行排名 ● 依据排名，按照奖项激励人数的两倍选取候选对象名单 ● 将候选对象名单提交各评选小组评审

续表

环节	内容	评选负责人／组织及其主要职责
终审	投票表决，确定初步获奖名单： • 对于有争议的奖项，各级评选小组采用讨论投票的方式选出最终获奖对象 备注： • 有争议是指同一排名有多名候选对象、申报对象的考核成绩与现实表现严重不符、申报对象存在其他一些影响评选结果的正面或负面案例等现象 • 如无重大事项，初步获奖名单按照考核成绩排名从上往下选取；对于需调整的必须征得评选小组半数以上人员通过方可	各级评选小组： • 审核候选对象的考核成绩和排名，对于有异议的奖项，相应的评选小组组织进行讨论并投票表决，确定初步候选名单 • 职能部门领导审批中心级候选名单 • 事业部领导审批事业部级初步获奖名单 • 战略经营副总裁或总裁审批公司级初步获奖名单
申诉处理	公示、申诉、处理： • 把审批通过的初步获奖名单进行为期一周的公示，员工针对有异议的奖项向荣誉管理员提出申诉，荣誉管理员进行申诉处理	荣誉管理员： • 荣誉管理员受理所有员工的申诉，根据申诉内容展开调查、核实，制定处理意见反馈给各级评选小组，并及时给予申诉人回执处理结果 各级评选小组： • 对于名单需要调整的，调整初步获奖名单，形成最终获奖名单 审批责任人： • 审批最终获奖名单

4. 荣誉奖项的颁发

当荣誉评选流程明确后，企业要确定荣誉颁发的方式和物质激励的方式。荣誉颁发建议同年终总结会的时间保持一致，在年度总结的时候，对先进团队和个人进行表彰。物质激励则可根据各家企业的独特情况，设置物质激励方式。

不同层级的荣誉体系，其颁发方式应有所差异，示例如表16-6所示。

表16-6　荣誉颁发建议（示例）

中心级奖项 颁发方式	在中心全员大会上举行 奖项由事业部（系统）领导出席并亲自颁发 领导和获奖人员合影，并将照片张贴在荣誉墙上
事业部级奖项 颁发方式	在某个事业部全员大会上举行 半年度颁发一次 事业部级奖项由事业部领导亲自颁发 事业部领导和获奖人员合影，并将照片张贴在荣誉墙上
公司级奖项 颁发方式	在年终总结大会上举行 董事长及分管副总裁出席并亲自颁发 每年颁发一次 高管人员与获奖人员合影，并将照片在公司总部荣誉室存档 获奖的部分个人可赢取和董事长共同进餐的机会，以沟通思想和工作

荣誉的物质奖励形式为满足员工的多样化需求可有所不同，应在每年评审改进时做民意调查。荣誉奖金从薪酬预算奖金池里面出，荣誉奖金测算与薪酬福利测算同步。原则上当年奖金和奖品的金额不低于上一年奖金和奖品的金额。

需要注意的是，荣誉激励是一种强有力的精神激励手段，要做好荣誉宣传和使用工作（见表16-7）。在公司内网、内刊、公众号、楼梯间等各种时空范围内，宣传推广荣誉榜样，同时，有条件的企业也可以同外部机构合作，推广公司内部的荣誉模范，以起到更好的激励效果。

表 16 - 7　奖项类别及宣传方式

奖项类别	宣传方式
中心级奖项	• 给家人发贺信 • 中心组织召开经验交流会 • 内部媒体（网站、报纸、OA、荣誉墙）
事业部级奖项	• 给家人发贺信 • 组织召开经验交流会 • 内部媒体（网站、报纸、OA、荣誉墙） • 部分优秀案例编入培训教材
公司级奖项	• 给家人发贺信 • 组织召开经验交流会 • 内部媒体（网站、报纸、OA、荣誉墙） • 部分优秀案例编入培训教材 • 部分优秀案例制成视频短片 • 编辑优秀个人自传 • 将年度个人以及团队大奖获得者做成年终挂历，分享给每位员工

　　企业还可以建设自己的荣誉室、荣誉墙，用来宣传荣誉，起到宣传示范的作用。

　　同时，还可以组织荣誉经验交流会、宣讲会。荣誉经验交流会是指为了帮助所有员工共同提高绩效水平、实现荣誉目标，组织在各荣誉项目上表现优秀的员工相互沟通、讨论、学习的活动。荣誉宣讲会是指表现突出的获奖员工到各部门宣讲获奖经验和感悟的活动。

5. 荣誉审计

　　荣誉审计是指为了保证荣誉评选的真实性和合理性，审计部门根据工作安排指派专人通过调查取证对荣誉评选全过程进行真实性审计及安排第三方人员对荣誉的标准进行合理性审计的过程。

进行荣誉审计时，要遵循如下原则：

（1）实事求是原则。在审计过程中，要以事实为依据，重调查研究和基于事实的证据；在处理各种申诉案件时，必须做到事实清楚，证据确凿，定性准确，处理恰当，手续完备。

（2）公正性原则。荣誉审计过程和结果要保证其客观性、真实性和公正性，审计人员本身要始终保持公正客观的工作态度，不能因为个人利益而对部分人或者团队有所偏袒。

（3）独立性和保密性原则。整个审计工作是独立的，不与其他任何部门和个人存在利益关系；同时评审过程中的相关信息是严格保密的。

荣誉审计风险点主要关注荣誉标准的合理性、评审数据的准确性和真实性、荣誉管理调研的客观性和实用性等方面（见表16-8）。

表 16-8　荣誉审计风险点

荣誉标准的合理性	奖项在个人以及团队中的覆盖率是否合理 奖项在经理级、主管级、普通员工级的覆盖率是否合理 覆盖率与奖金池的大小结合来看是否合理
评审数据的准确性和真实性	针对系统提取的季度或年度的文化考核、经营指标考核、专业能力考核、企业奖励以及社会专业成就与加分项的数据进行审计 审查数据录入原稿中的值与系统提取值的一致性 审查某些评审指标是否明显高于其他比较对象
荣誉管理调研的客观性和实用性	审查荣誉管理的调研方法的恰当性（定性与定量结合） 审查调研结果与调研源数据的一致性 审查调研分析报告是否有故意隐瞒群众意见的嫌疑 审查调研分析报告是否对改进有帮助

　　总之，人人都有一个英雄梦，企业管理者要搭建一个平台，构建一个场域，让每一位员工在平台和场域下被鼓舞、被激发，愿意奋力拼搏去做一些有价值和有意义的事，这就是荣誉激励的价值，也是每个人内心真正隐藏的光辉。

第十七章

干部管理体系搭建：抓住五条主线

干部是企业的骨干部分，抓好干部，就抓住了企业的主要矛盾和核心矛盾。干部能力强，则企业能力强；干部有活力，则企业全员有活力；干部有梯队，则企业明天不掉队。

比干部更重要的，是体系化的干部管理机制，从干部管理的基础，到干部管理八步法和干部梯队建设，大处着眼，小处着手，通过解决专项矛盾，让干部有梯队、有活力、有能力，企业自然更有竞争力。

干部管理体系不是越全越好，不同商业模式、不同规模、不同经营质量、不同管控模式、不同文化特质和人才结构的企业，关于干部的核心矛盾有显著差异，盲目地上马管理机制不见得有实效，所以企业在落地干部管理机制时，要系统思考做好顶层规划，也要分步实施，聚焦主要问题和核心矛盾。

企业常见的关于干部管理的矛盾，大致有以下几点。

第一，干部管理有口号，无实际。很多企业，"干部口号"震天响，管理成本投入却抠抠搜搜，只想多干事，从来不花钱。缺少干部管理基础，干部级别角色定义不清晰，干部任职标准不明确，干部管理相关部门、职责和权限不健全，干部管理有理念、有目标、有追求，但难落实。

第二，干部任用无规划，干部选拔无规则，缺少对组织和人才的例行盘点。年度干部选拔、任用、调动、配置缺少系统思考和提前规划，时常因为干部不得力导致"组织塌方"，在选拔干部时，缺少标准和依据，"看关系""看表现"拍脑袋，而非"综合评价""赛马相马"。

第三，干部队伍数量不足，总想"以少胜多"，相关职能条线出现"干部短板"。企业的天花板不是由干部群体的长板决定的，而是由干部群体的短板决定的。企业要发展，不仅需要元帅和将军，更需要每一个职能条线的领路人、攻关将和工兵长。销售型干部很重要，研发型、生产型、职能型干部也不能忽视，高层、中层、基层干部，销售、研发、生产、职能干部，要相得益彰、相互配合、携手并进，从点效益到线效率、面效能，最终实现干部群体价值最大化。

第四，干部队伍能力不符合岗位任职要求，知识体系更新慢，与时代脱节。虽然我们提倡干部选拔"七成熟"，但合格的干部要不断提升自身能力来应对岗位的职责和日常的挑战，"七分熟"的干部要快速转身和融入，成为"十分熟"。数字时代，变是不变的主题，如果干部队伍知识结构老化、更新慢，与时代脱节，难以有效应对外部环境的变化，更无力针对消费者需求提出针对性的解决方案，企业只会日渐式微。

第五，干部群体搭便车，混饭吃，躺在功劳簿上睡大觉，没有工作动力，也抵触拼搏奋斗。干部之所以成为干部，是拼出来的，是干出来的。有些人走上干部岗位后，有钱有权有感觉，不由自主地滑向"腐败、惰怠、山头主义"的深渊，不但自己不奋斗，更有甚者，带头"发牢骚，说怪话"，遇到挑战，不能迎难而上，"绕着走"或"端着胳膊看戏"；不以客户和市场为中心，"以领导为中心""以自我为中心"，这样的干部群体不仅腐化了自己，也侵蚀了企业的人才生态。

第六，干部梯队老龄化、断层化严重。在很多企业中，60后依然活跃在聚光灯下，70后刚上舞台，尚未至中央，80后、90后在权力中心的四周徘徊、迷惘、彷徨，谁能想到，"老一代"的"忠诚敬业""事必躬亲"竟是企业的灾难，成为制约发展的最大障碍。年轻是趋势、是未来，干部年轻化是大势所趋，也是每个企业必须要持续关注的命题。老龄化的干部群体会加剧断层化。断层化就是在整个干部梯队里，高层和中层之间除了年龄的代差以外，还有非常强的能力代差。高层的使命感和洞察力尚可，但中层的责任感和战略承接力不足，基层的饥饿感和战略执行力缺失，整个企业呈现"代际衰减"趋势，一代不如一代，三两代之后，既后继无人，也无能为力。

以上种种都是企业在干部管理实践中常见的问题，为有效解决企业干部管理困局，我们提出干部管理三部曲和干部管理八步法。所谓干部管理三部曲，即明确干部、干部管理和干部队伍建设，通过干部夯实基础，通过干部管理构建机制，通过干部队伍建设打造一支高效能的干部团队。

干部管理八步法，就是通过干部盘点、干部规划、干部选拔、干部任用、干部培养、干部评价、干部激励、干部退出等八大环节，系统构建各层级各类型干部的全生命周期管理模式，真正实现干部管理提升干部活力，干部管理推动干部成长，干部管理引领干部发展。

当然，不同企业面临的内外部环境不同，要解决的干部管理问题也不同，所以我们在搭建干部管理体系时，要"精准施策，一企一策"，找准自身的核心矛盾，提出针对性的解决措施。具体而言，可从以下五条主线出发。

一、明确标准，夯实管理基础

无论要解决什么类型的干部问题，都要从干部定义、干部角色、干部职位职级、干部领导力模型、干部管理权限开始，夯实管理基础。

（一）干部定义

干部一词最早来自法语"cadre"，意为框架、骨干，后被日本引进，主要含义是组织的骨骼系统、骨干分子。这一概念在 20 世纪初进入中国，也是指组织中的骨干分子、中坚分子。1922 年，中国共产党第二次全国代表大会正式将"干部"一词写进决议和党章，随后，国家机关、军队、人民团体和企事业单位将担任一定管理职务的人员都称为干部。

随着华为、阿里巴巴、小米、美团等民营巨头对干部群体的关注，干部的定义更宽泛了，指的是企业中的骨干分子，包括管理者、技术创新者和具有特殊技能的专家人才。

我们认为，干部应该是在组织中担任一定管理工作的核心人才，履行计划、组织、沟通、协调、控制和激励职能，同时也要具备经营能力及管理能力，对组织绩效、个人绩效、员工绩效负责。

当然，干部除了要实现组织绩效目标之外，还要在企业文化的传承、人才队伍的培养、企业的可持续发展等方面贡献价值。

（二）明确干部角色

明确干部角色是为了便于确认干部在组织中应承担的责任。从管理的视角来看，干部应该扮演五种角色。

- 自我管理者。干部首先要学会自我管理，而且自我管理的要求要远远高于员工，要能够践行组织对干部的职责要求。

● 文化管理者。干部对组织文化的传承与实现团队绩效目标同等重要。

● 团队管理者。干部要带队伍，要对团队负责，能够激发激活团队。

● 协作管理者。干部既要有部门内部的协作，又要有部门外部的协作。

● 绩效管理者。干部要承担团队的绩效责任。

不同层级对角色的要求也有区别，按照高层、中层、基层，可以将干部划分为企业领导者、经营管理者、业务执行与监督者的角色。

● 企业领导者。企业发展方向的指引者、文化引领者，同时也是企业经营管理的最高决策者。

● 经营管理者。企业业务的主导者、业务发展的资源整合者，同时承担所辖团队的人力资源管理。

● 业务执行与监督者。面向客户并提供解决方案的业务执行者，提高团队价值的业务监督与指导者。

（三）干部职位职级梳理

岗位图谱是组织的责任基石，也是人才发展的基础，干部也需要对应的职位职级体系设计。企业在设计干部职位职级时，一般以职位类别为横轴，以级别为纵轴，构成坐标系，就可以衡量不同类型的干部职位在组织中所处的位置。

职位类别划分的基础是岗位工作内容、对干部能力要求的相似性，职位级别划分的基础是干部层级、组织汇报关系、集团化公司层级架构等，其本质是权责利的区别。例如横向为技术管理条线、生产管理条线、市场管理条线、职能条线，纵向为一级经理人、二级经理人、三级经理人等。

（四）干部领导力模型确定

干部领导力建设关系到组织的生死存亡，德鲁克把干部领导力界定为一种把握组织的使命及动员人们围绕这个使命奋斗并努力实现的能力。干部领导力建设主要关注三个方面：使命感、责任担当和能力建设。使命源自责任，使命驱动责任担当和能力发展，使命与责任担当是能力价值创造的前提，同时，能力是使命与责任担当的基石。

干部队伍缺乏使命感就会出现无理想追求、事业心衰减、安于现状、占位不作为、不思进取等问题，久而久之将导致组织活力衰竭，止步不前。干部的使命感不是靠说，要靠做，要从事业发展、组织平台、部门关系、对待自己、对待上级、对待下属、客户价值、合作伙伴、权力赋予、贡献回报等方面体现。

干部责任能够产生组织理性，对于企业而言，责任胜于能力，责任是企业的生命线；对于个人来讲，责任是职业生涯的通行证，每一位干部都应有对客户和组织的责任感。

干部的使命、责任和能力，要落实在企业的领导力模型中。华为领导力九条分为三大模块、九个维度，分别为关注客户、建立伙伴关系、团队领导力、塑造组织能力、跨部门合作、理解他人、组织承诺、战略思维、成就导向。

领导力模型在干部招聘任用、培训发展、激励晋升、考核评估等模块都有应用，有效的领导力模型一般采取定性与定量相结合的方式，综合采用现实归纳与未来牵引，以行为事件访谈法为主要建模依据，同时结合企业战略、文化演绎，以及企业相关文件和制度，借鉴优秀企业的领导力模型，最终形成具有企业特点的领导力模型。

当然，领导力模型的打造需要一定的企业规模和管理基础，小规模企业（营收10亿元，人员数量1 000人以下）没必要构建体系庞大的领导力模型，仅需明确任职标准及关键胜任力要求即可。

（五）明确干部管理权限

明确干部角色、干部职位职级、干部领导力模型后，要落实到日常管理中，还需要细化干部管理权限，即干部"由谁来管，管哪些"。

在企业中，企业高管、人力资源部、企业大学、各级干部都是干部管理体系的构成部分，承担相应的角色与职责（见表17-1）。

表17-1　干部角色及职责

角色	职责
企业高管	• 干部管理体系的理念、政策、制度、流程的审批 • 中层及以上干部选拔任免、使用决策；考核与激励方案审批 • 中层及以上干部培养
人力资源部	• 干部管理体系的构建与完善 • 干部职数编制和岗位设置，监督干部职数控制情况和选拔任用情况 • 干部选拔、任用、培养、激励、考核的组织者 • 储备干部队伍建设，包括选拔标准、考察、选拔、培养与使用工作
企业大学	• 干部培训体系构建 • 干部培训组织 • 干部培训资源整合
各级干部	• 依照干部管理体系，享受权益，履行责任，参与培养，接受考核与盘点 • 提升自身能力水平，参与企业大学相关课程 • 对干部管理体系提出针对性的优化建议

干部管理权限一般包括提名、选拔、任免、使用、考核、培养、激励、盘点、退出等。干部管理体系的权责分配一般遵循"主官①责任、下管一级、差异管理、专业权威"原则。

干部管理权限的确定原则

主官责任：

● 各部门正职，作为各层次的主官，承担部门内全部责任；

● 各部门副职和储备干部，为主官提供必要支持，协助主官开展日常工作。

下管一级：

● 总监对分管副总裁负责，班子成员对正职负责；

● 部长对总监负责，班子成员对正职负责；

● 各部门储备层，对部门正职负责。

差异管理：

● 谁负责谁建议，谁使用谁激励；

● 总监以上干部，董事长在任免程序中有一票否决权；

● 培养目的之外，中层及以上干部由总裁/总经理统一调配，储备层由总监调配。

专业权威：

● 任职标准评议、业绩考核、价值观考核、能力培养、轮岗、盘点与退出等模块，由人力资源部建立管理体系，进行专业例行管理；

● 例外管理由人力资源部牵头，总裁办公会审定，形成决议后，固化流程与程序，形成例行管理机制。

---

① 主官是指各部门正职，是承担主要责任的管理干部。

　　夯实基础线之后，围绕问题导向，干部管理体系可以分为选拔线、激励线、能力线和梯队线。不同的管理条线，指导原则不同，适用场景不同，解决的问题也不同。选拔线，做好干部规划，相赛结合，让人才脱颖而出，把合适的干部放在恰当的位置；激励线，靠增量机制，让干部充满干事创业的激情与活力；能力线，打造全生命周期的能力提升计划；梯队线也很重要，要层层后备，打好人才"储备战"。

二、按图索骥，相马赛马一体化

　　选人比培养人更重要，干部也一样，兵熊熊一个，将熊熊一窝，一流干部带着二流人才可以实现一流业绩，但二流干部带着一流人才却只能创造三流业绩。

　　方向选对了，战略就成功了一半，人选对了，组织就成功了一半。可惜很多企业不够重视干部的选拔，要么没有例行性的选拔程序，选拔任命靠"拍脑袋""暗箱操作"，要么没有干部选拔的基本标准。

（一）干部选拔应建立例行程序，权责分明

　　干部选拔的方式有很多种，包括竞聘、选聘、委任、双选等。很多企业在日常选拔中多采取双选和委任的方式，便捷高效。但是这种选拔方式关注当期业绩，忽略长期潜能。虽然由用人部门一把手推选，便于发现人才，但主观意识强，且极易形成裙带关系和山头主义，不利于后续的组织协同。

　　大部分企业目前仍然依靠领导识别人才，这种方式对中小初创期企业是适用的，但随着企业发展、规模扩大，领导识人的弊端会越来越大：

● 管理幅度有限，领导不可能有精力深入了解所有人，这不利于发掘高潜质人才，也不利于多元干部队伍建设。

● 依赖主观评价，对评委要求极高，存在领导者个人主观偏见，如晕轮效应、近因效应等使得领导识人的准确性下降，无法选拔优秀人才，甚至出现"老好人""任人唯亲""刻板印象"等现象。

● 权力过分集中，容易形成媚上氛围，一旦领导完全掌握用人权，将诱发员工进行表演的可能性，被赏识的可能往往是会表现的人才，"交际大师"走上干部职位，更加强化"官本位"现象。

● 群体强化，少数人决定多数人的命运，裙带关系林立，企业公权变为私权，导致山头主义和圈子文化。

华为在进行干部选拔时，就坚持三权分立方式，分别是建议权（也包括建议否决权）、评议权（也包括审核权）和否决权（也包括弹劾权）。建议权由负责直接管辖的组织行使，评议权由华为大学行使，审核权由代表日常行政管辖的上级组织（行使建议权的组织的上级部门）行使，党委在干部选拔任命的过程中行使否决权，在干部日常管理过程中行使弹劾权。

这样就明确了在干部选拔过程中，由谁来发起建议，怎样进行建议，由谁来进行审核评议，然后由谁提出否决意见。让三大权力分别由不同的组织行使，可以相互制衡，避免干部选拔"一言堂"。

（二）干部选拔应注重业绩、潜力、价值观、品德等综合评价

在选拔过程中，要坚持综合能力评价。业绩是考察干部的主要因素，但不是决定因素，尤其在面向未来的用人需求时不能忽视对潜力的考察，业绩代表过去，潜力代表未来。

干部选拔应当在绩效的基础上，同步考察核心价值观、能力、品

德。绩效是必要条件和分水岭。干部是打出来的，只有业绩领先的团队中业绩领先的人才可以被提拔。核心价值观是基础，挑选干部的时候必须着力选拔那些在核心价值观方面与企业同心同德的人。潜能是关键成功要素，干部必须有较高的基础素质和能力。高层干部必须强调决断力，方向失误将全盘皆输。中层必须强调理解力，以上接战略下接执行。基层必须强调执行力，如果基层执行出了问题，所有战略都是空中楼阁。

选拔干部时，不符合品德要求的干部必须实行一票否决。品德更多侧重在对商业行为准则的遵从上，干部必须杜绝贪污、腐败、拉帮结派。

（三）在常规选拔程序基础上应开通破格提拔通道

当然，严格按照程序和标准选拔的干部，对于专业技术干部和通用型管理干部是合理的，但对于专家级人才、市场突围性人才和企业家人才是没有太大作用的。2016 年，华为曾摆脱常规的干部选拔程序，由董事会成员直接推举 50 名优秀青年人才进入干部队伍。2017 年开始华为对艰苦国家及地区推行"蒙哥马利"计划，打通从"二等兵快速晋升到上将"的流畅通道，让他们在最佳时间、以最佳角色，做出最佳贡献，拿到最佳回报。

人才短缺是企业常见的问题，怎样通过非常规手段快速拔擢人才？针对牛人，要摆脱条条框框，避免刻舟求剑式的核心干部选拔方式。华为不断打破僵化的选人系统，全方位、多路径识别干部，2017 年破格提拔 4 500 人，2018 年破格提拔近 6 000 人：

- 各级主官向上推荐，让看得见优秀苗子的人有权力。
- 各层干部/HR：重心下移，真正沉下去，打起背包，共同战斗，了解员工的真实贡献。

- 同行推荐：产生自然领袖。
- 自荐：给予有意愿的员工更多机会。

由此可见，对于干部选拔，首先要有标准、有规则、有程序，这样才能保证干部选拔的规则导向，让员工知道如何能够成为干部，提高工作中的主动性和责任心。但是对于顶尖技术人才、市场突围性人才、准企业家，就要摆脱规则，"不拘一格降人才"。

在建立企业选拔线时，有条件的企业要同步做好干部盘点、干部规划和干部任用全过程管理，实现契约化。

三、增量激励，刚性兑现，严格退出

员工价值创造遵循二八定律，即 80% 的绩效由 20% 的核心人才创造，而干部正是这核心中的核心，干部激励好了就是给火车头加满油。

干部激励如此重要，然而现实是很多企业的干部激励并未收到成效，那些资历深、创业早的老一辈干部已经拿到很高的收入，极易出现享乐、惰怠、躺在功劳簿上睡大觉等问题；那些资历浅、进入或提拔较晚的干部只拿着相对固定的收入，缺乏长期性回报，极易出现躺平、投机、频繁跳槽等问题。

要避免干部激励失效难题，需要回到干部职位特点，设计适合企业业务发展需要的激励机制，使这一机制有别于普通员工的薪酬体系，要体现出干部这一核心人群的特殊性。

（一）干部激励的特点

干部具有不同于普通员工的特点，在激励方面需考虑其特殊性：

● 在职位价值方面，与普通员工相比，干部群体责任重大，对经营结果有直接影响，对企业业绩影响大；

● 在绩效衡量方面，以成果论英雄而非过程；

● 在价值贡献方面，干部具有人力资本属性，即增值性，通过增量业绩做出贡献；

● 在业绩周期方面，干部职位业绩显现周期较长，通常要一年甚至一个行业周期方能完全显现；

● 在市场薪酬水平方面，与劳动力市场相比，干部人才稀缺、竞争激烈，优秀人才的价格水涨船高；

● 在激励要素方面，干部群体对其自身物质回报、资源与权限、职业发展、尊重及认可等均有较高的追求。

干部职位及人群的上述特点，决定了干部激励有别于普通员工。进行激励体系设计需考虑以下要点：

● 针对职位价值，需综合考虑企业内不同干部职位的难度、责任、战略重要性等因素，确保内部一致性、公平性；

● 针对绩效衡量，需在薪酬激励中设计较高比例的浮动薪酬并与业绩结果挂钩，与增量业绩挂钩，与所辖组织绩效挂钩，确保按贡献付薪；

● 针对价值贡献，应通过增量分享参与到企业的剩余价值分配中，设计分红、持股等中长期激励方式；

● 针对业绩周期特点，需考虑将浮动薪酬的给付周期与业绩周期相联动，如年度绩效、任期绩效、"3+2"的绩效周期等，以充分体现干部对企业业绩的贡献度，避免短视行为；

● 针对市场薪酬水平，需定期开展外部薪酬调研，确保薪酬结构、薪酬水平具有一定的外部竞争力；

● 针对激励要素，需设计全面薪酬激励体系，在中长期激励、授权赋能、职业发展机会方面予以体现。

（二）干部全面薪酬激励体系

1. 干部德能勤绩廉全面评价

干部评价是激励的前提，只有有效地衡量价值，才能有效地分配价值。干部评价应当做到全面评价：

● 既要关注当期业绩，又要关注长期业绩；

● 既要关注业绩，又要关注潜能、价值观、品德、能力及态度；

● 既要考察个人绩效，又要关注组织绩效；

● 既要考核中基层干部，又要关注高层干部，避免"下紧上松"。

进行干部全面评价包括以下四种方式：

（1）业绩评价。

高层干部侧重考核战略性指标、经营性指标、管理性指标，通常以任期为周期；中低层干部侧重考核战略分解下的业绩指标和关键任务指标，通常以年度为考核周期。业绩评价可通过签订目标责任书的方式明确权责利关系。

业绩评价包括直接性指标、关联性指标、市场性指标、管理性指标、任务性指标、成本预算指标、奖励惩罚指标等类型。

正职通常以其所辖组织的绩效结果为个人绩效，副职绩效通常包括80%的组织绩效和20%的个人绩效。

（2）胜任力评价。

干部胜任力主要从能力和态度两个方面进行评价，解决"能不能够"和"愿不愿意"的问题。胜任力的评价周期通常为年度，一方面可鼓励干部不断提升能力，一方面可对副职、助理等干部在一定程度上平衡业绩考核结果，避免业绩考核的不可控性。胜任力评价并非完全由评价人自由发挥，而是通过将能力要求行为化，采取行为锚定的方式进行参照。评价人在述职过程中增加述能环节，干部本人列举事项说明自身能力胜任情况，由上级、平级、下级等开展 360 度评价。

（3）价值观评价。

价值观评价是依据企业价值观，明确干部行为要求，制定干部行为规范，据此对干部价值观进行 360 度评价，促进干部对企业价值观的认同、践行、表率。价值观评价比较典型的案例是华为劳动态度评价、阿里巴巴价值观考核等。

（4）知识与潜能评价。

知识评价是根据任职资格标准考察干部所需具备的通识管理知识、专业知识等。企业可将学习积分与干部评价挂钩，基准积分不足，影响当期岗位；标准积分不足，影响下一级岗位晋升，促进干部学习提升。

潜能评价主要考察干部个性、动机等冰山在水面下隐藏的素质特征，以判断干部是否适合管理通道、能否胜任更高层级的管理职务。企业可在干部选拔、盘点中采取人才评价中心的方式对干部的管理风格、个性、心理等进行测评。

以上评价结果可单独使用，也可综合使用：

● 奖金受绩效影响，因此业绩评价结果用于奖金核定、工资调整、中长期激励的核定；

● 晋升受能力影响，因此干部选拔及晋升需综合考察，业绩为必备条件和分水岭，价值观与品德为基础和一票否决因素，能力和潜能是关键成功因素；

● 荣誉体系评价主要受价值观影响，因此内部奖励、称号等荣誉主要考虑价值观践行情况。

2. "短期 + 长期"物质激励

干部群体通常采取年薪制的薪酬模式，薪酬结构包括基本年薪、效益年薪、分红、中长期激励、福利保障等，体现"短期 + 长期""激励因素 + 保健因素""货币 + 非货币"的平衡。其中，基本年薪为固定部分，通常占总薪酬的 20% ～ 30%，效益年薪为年度浮动部分，通常占比 40% ～ 50%，分红、中长期激励部分在设计时通常占比 20% ～ 30%，福利保障占比 5% ～ 10%。

（1）基本年薪。

基本年薪保障干部的基本生活水平，一般根据公司支付能力、外部劳动力市场平均薪酬水平、物价等因素确定并调整，以能覆盖干部日常生活开支为原则，依据干部出勤情况按月发放。

基本年薪的标准可按干部职务层级确定，或按干部资历、职级确定，在一定程度上可鼓励干部长期任职。

基本年薪亦可体现岗位价值，通过设计难度系数，体现干部职位工作的复杂性，通常包括体量、利润贡献度、管理幅度等要素。例如，某物业公司根据业务规模确定了不同层级干部按月发放的薪酬（见表 17 - 2）。

表 17 - 2 某物业公司根据业务规模确定不同层级干部的基本月薪

单位：元

项目体量	总经理	中层干部	基层干部
S<5 万平方米	10 000 ～ 20 000	6 000 ～ 8 000	
5 万平方米 <S ≤ 15 万平方米	20 000 ～ 30 000	8 000 ～ 10 000	4 500 ～ 6000
15 万平方米 <S ≤ 25 万平方米	30 000 ～ 35 000	10 000 ～ 15 000	

（2）效益年薪。

绩效奖金是干部效益年薪中最常见的激励形式，与企业、所辖组织战略目标的达成度密切相关。绩效奖金聚焦短期目标的实现，是对战略分解目标最敏捷的激励响应，按照周期有月度绩效、季度绩效、年终奖、提成工资等。

周期性绩效工资的计算方式为：

$$绩效工资 ＝ 绩效工资基数 × 绩效考核系数$$

提成工资的计算方式为：

$$提成工资 ＝ 分配比例 × 挂钩指标$$

提成工资的挂钩指标通常包括营收、毛利、合同额等。分配比例有单一比例、分段设计比例的方式，单一比例无需考虑挂钩指标的完成情况；分段设计比例可设置挂钩指标的目标值，超过目标值后分段加速提取。

（3）分红。

分红是体现干部人力资本属性、使其享有增值后的剩余价值索取权，通常采用利润分享或超额利润分享的方式。利润分享是以企业当期利润为依据，提取一定比例用于干部激励；超额利润分享是指综合考虑战略规划、业绩考核指标、历史经营数据和本行业平均利润水平，合理设定目标利润，并以实际利润超出目标利润的部分作为超额利润，按约定比例提取超额利润分享额用于干部激励。

（4）中长期激励。

中长期激励与短期激励相对应，设置的目的在于与短期激励相平衡，引导干部做出长期主义行为。中长期激励多面向干部队伍，因为干部队伍通常拥有一定决策权，而决策不论大小，都有可能影响企业长期发展。将干部长期利益与企业长期利益进行绑定，有助于避免因短期激励程度过重而造成干部对短期利益的盲目追求，从而损害企业发展的长期利益。常见的中长期激励形式有利润分享计划、股权激励、项目跟投、事业合伙人机制等。

（5）福利保障。

福利保障通常被认为是激励因素中的保健因素，如果没有福利保障，可能会导致干部的不满，但福利并不会提升干部的满意度。福利是不可或缺的物质激励方式，可分为公共职业福利与个性化职业福利。

公共职业福利是指国家通过一定的法律手段在某些行业和企业中要求普遍提供给员工的福利制度，如社会保险、劳动保护、职工探亲假制度、与职业关联的特殊津贴制度等。

个性化职业福利是指企业在法定福利要求之外、力所能及地自主为干部提供的福利，个性化福利通常围绕多元的需求，为干部提供健康保障、养老保障、安居保障、财富保障等丰富的福利保障。

3. 非物质激励

研究表明，高权力动机、高成就动机的员工比较胜任管理岗位。企业在日常经营管理中，要及时满足干部的成就动机，满足其自我发展的需求，引导干部追求创造高绩效和价值。工作的成就感和挑战性，工作成绩带来的外部认可，职务本身的使命感和责任感，这些因素都是干部有效的激励要素。

（1）工作回报。

工作的成就感是干部责任的最大回报。让工作成为干部工作的最大回报，就是通过制定合理目标和配套权责利等保障措施，让干部带领团队达成工作结果，强化干部的价值贡献。

合理的人权、事权、财权分配，可以有效激发干部的责任意识，提高工作自驱力和满意度。

- 人权，即在一定范围内的对员工或者较低层级干部的建议、调配、任命、使用、激励、评价、培养与辞退等权力。

- 事权，即在职责范围内有自主的业务权力，甚至有部门内部的自主经营管理权力。

- 财权，即拥有一定范围内的财务自治权和签单审核权。

（2）发展激励。

针对不同成熟度的干部，提供针对性的人才培养计划，是企业在内部职业发展通道清晰化的基础上，主动提供的人才发展激励。人才培养计划不仅可以让企业找到能承担更大责任的干部，还可以让干部获得专项人才培养计划中有针对性输出的专业技能，更可以让干部在专项人才培养计划中感受到企业对自身价值的认可、对自身发展的重视。

企业中的发展激励主要包括职位升迁、能力成长和工作多样性。

- 职位升迁：进入干部序列，有机会成为更高级别的干部，承担更大责任，实现更大成就。

- 能力成长：进入干部序列，将配套对应的能力成长措施，可以享受干部管理学院的专项培养计划。

- 工作多样性：干部优先安排轮岗，对个人提出的轮岗申请，优先给予机会。

（3）精神激励。

尊重和认可是干部工作的动力源泉，在精神激励层面要给予干部更多的文化激励和荣誉激励。

文化激励。要塑造干部承载企业发展的文化，激发干部使命感和责任感，同时淡化权力观念，真正让员工给予干部更多的发自内心的尊重和认可。干部关爱员工，员工用努力工作回报干部，实现上阵"亲如兄弟"，共同打胜仗。

荣誉激励。要在企业整体荣誉体系中加入"优秀干部""优秀团队"等荣誉，明确界定标准，并定期进行评选，让优秀干部站在舞台中央，享受鲜花和掌声。

四、开展全生命周期能力提升计划

"选择大于努力"在干部群体中体现得尤为明显，好干部是打出来的，但干部选拔后如何持续提升就要遵循能力成长的"721"规律，即70%的能力靠历练，20%的能力靠反馈和指导，10%的能力靠知识学习。干部能力提升是长期工程，要系统思考，持续跟进，步步为营，做好干部标准、干部盘点及能力评价、干部培养等工作。

（一）干部能力提升应定标准

干部能力标准是一系列盘点测评、综合评价、培训培养的参照目标和衡量标尺，有标准才能做到有的放矢。

很多企业在干部能力提升工作中追求大而全、理想化，课程学习不加筛选，培训培养没有明确目的，致使出现了各层级干部一起"上大课""学管理"的现象，这不仅是对培训资源的浪费，也是对干部精力的浪费，很难达到理想效果。普遍的干部能力标准不一定适合本企业，比如科技类企业注重开放、创新能力就不一定适合安全生产类企业。

根据前述内容，干部能力就是管理力，即管理干部所需要具备的核心组织能力，既包括显性的能力也包括隐性的特质。层次越高的干部，越应关注特质。管理力既关注在职干部的匹配度，也考察后备干部的潜力，为在职干部评价、调动和后备干部提拔、培养提供决策依据。

管理力结构为：

管理力＝胜任力＋潜力

胜任力＝冰山在水面上的显性能力＋冰山在水面下的隐性特质

（1）冰山在水面上的显性能力。

冰山在水面上的显性能力包括学历与经验、知识与技能、管理能力与领导力、成果标准、绩效标准等，企业可在干部任职资格标准中予以明确，以指导干部选拔、招聘、培养、考核等工作，一定程度上可以预测干部当期的胜任情况及绩效表现。

（2）冰山在水面下的隐性特质。

冰山在水面下的隐性特质主要包括价值观、自我认知、人格特质、动机等不易觉察的特征，企业可在干部素质标准中予以明确，可以预测干部与企业、所任岗位的长期匹配性及未来绩效表现。

（3）潜力。

潜力即潜在能力，指干部能力发展的可能性，当外部环境或个人教育条件达到时，可以发展为现实能力。在制定干部能力标准时，除关注现实能力外，也应关注潜力，这决定了未来干部梯队的完整性及可持续竞争能力。潜力包括年龄、学习能力、智商、情商等，既可在胜任力模型中明确，也可另行制定，如华为就将学习力（潜力）分为变革、结果、人际、思维敏锐力四个维度。

（二）干部能力提升应做盘点

干部能力标准是理想，现实与理想之间的差距就是干部队伍存在的问题，是培训、培养、激励、约束等干部管理机制的着手点，而干部盘点正是寻找差距的管理手段。

1. 盘点类型

干部盘点基于不同目的、应用场景，有多种类型（见表 17 - 3）。但无论何种类型的盘点，都有利于掌握干部队伍现状，建立一系列干部选拔、任用、发展的管理措施，让各级管理者"手中有图、心中有数"，识人用人、排兵布阵。

表 17 - 3　盘点类型

盘点类型	时间节点	责任人
摸底总结	每年年底、每三年、每次领导调任、组织结构调整	人力资源部负责总体工作
人才规划与工作计划	人才规划每 3 ~ 5 年开展一次，工作计划每年确定一次	人力资源部负责总体工作
人才分类（九宫格）	每年年底，得出业绩考核及价值观考核结果后	总部负责干部及总部职能部门，各事业部/子公司/部门负责内部人才盘点
岗位人才成熟度/梯队建设	每年年底、岗位调整时、岗位空缺时	核心岗位人力资源部负责，一般岗位管理者负责，报人力资源部备案
空缺岗位选聘	空缺岗位选人时	各条线人力资源部负责
人才发展与自我发展	年度九宫格、人才地图明确后	核心人群由组织负责人才发展，一般人群由个人自我规划发展

2. 能力评价方法

管理力包括冰山在水面上的任职标准和冰山在水面下的特质。显性的学历与经验、知识与技能等可通过查阅干部档案、笔试等方式进行评价，隐性的动机、人格特征、价值观等可通过人才评价中心进行评价，包括结构化访谈、潜能评估、管理风格测评、360 度评价、关键事件评议、情境模拟等。

评价能力后应及时将评价结果录入干部档案，并形成企业总体、干部个人的能力评价报告，以对整体干部队伍能力状况、干部个人优缺点及下一步发展建议等进行明确。

企业整体干部队伍能力评估报告应包括：干部队伍测评项目得分概览；干部能力优势、劣势；管理风格及氛围；下年度培训需求及计划；干部发展及使用建议；干部激励及考核建议。

干部个人能力评价报告应包括：测评项目得分及内部排名；本人能力优势、劣势；管理风格及适合的下属类型、工作场景；个人能力提升。

3. 能力提升计划

能力提升要注重针对性，不能"大水漫灌"，针对经验不足的干部要注重多领域交流历练；对于实战经验丰富但理论积累不足的干部要注重"百战归来再读书"；针对团队管理能力不强的干部要注重 360 度反馈与基于自我认知的管理提升。

要做到有针对性，一方面要基于盘点了解干部特点，另一方面要了解培养的作用，做好需求匹配（见表 17-4）。

表 17-4　培养目的与方式

培养目的	培养方式
知识学习	培训、自学、学历教育、进修、小组学习、考察学习
行为素质	培训、岗位实践、教练
经验积累	轮岗、项目工作、行动学习、教练

(三) 干部能力提升应多手段

干部能力提升主要是以目标职位要求为基础, 通过课程学习、行动学习、导师教练、轮岗等多种方式, 有效提升干部的综合能力。

1. 课程学习

课程学习的目的是提升专业化能力, 弥补专业知识和技能层面的不足, 解决干部专业化的问题。

2. 行动学习

行动学习有利于提升解决问题的能力, 尤其是提升解决系统性经营管理问题的能力, 例如提升品牌推广的系统性能力。

3. 导师教练

导师教练有利于提升干部对问题的掌控力, 变换领导风格, 向干部传授经验。进行个性、领导能力和管理风格辅导, 能够有效优化管理方式, 提升干部的领导能力。

4. 轮岗

轮岗可以丰富干部经历, 并赋予挑战性的工作。有效的轮岗安排有利于增加跨行业、跨部门经验, 丰富干部职业经历, 提升干部对全局工作的管控能力。

每年年初, 根据干部盘点中职业能力评价、年度绩效考核、任期考核、导师制考核等结果, 人力资源部制订干部的个人发展计划 (IDP), 并通过过程跟踪、期末评估与反馈实现干部能力持续提升。IDP 制订、跟踪、总结如图 17 - 1 所示。

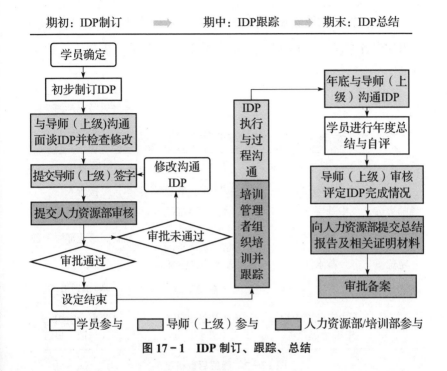

图 17 - 1　IDP 制订、跟踪、总结

五、打好干部梯队"储备战"

　　干部管理体系建设成功的标志是，除了当下有一支能打胜仗的干部队伍，还能实现前仆后继、人才辈出。干部梯队直接影响了一个企业能否基业长青，被很多企业家认为是重中之重。完备的干部梯队包括接班人、后备干部、青年干部三个层次。接班人计划包括企业一号位的继任者、各个子公司或事业部负责人的后备，即"准企业家"队伍。后备干部计划覆盖各个层级，尤其中高层级继任者。青年干部计划覆盖中基层骨干员工，即管理培训生。

通过打造干部蓄水池、推动干部加速成长、层层优中选优，确保组织各层各类岗位"手中有人，心中不慌"。层层后备机制如图17－2所示。

	青年干部计划	后备干部计划	接班人计划
	←　员工　→	←　中高层干部　→	←　一把手　→
	青年干部	后备干部	接班人
导师人选	中基层干部	上一级干部	现任一把手
选拔对象	校招优秀员工	下一级干部为主，适当扩大范围	高管、事业部层干部
定位	蓄水池	人才培养加速	领军打造
培养目标	中基层干部及业务骨干	中高层干部	一把手接班人
责任机构	人力资源部组织中层干部负责	人力资源部组织上一级干部负责	董事会组织现任一把手负责

图 17－2　层层后备机制

（一）接班人计划

接班人是层层后备机制中的"关键少数"，是准企业家，是组织价值观的引领者，以战略视野和卓越的领导力推动企业发展。接班人计划需要企业负责人与决策层予以重点关注与针对性设计。接班人计划既是系统设计（其成功实施需要建立在多层次、多代人传承的基础上），又具有极强的特殊性（与企业的长期业务战略紧密相关）。

接班人计划的成功因素包括关键六步。

第一，企业负责人与决策层高度重视并配置资源是最高权力顺利交棒的先决条件。在接班人计划中，总经理承担选拔标准拟定、候选人推荐与考察、候选人跟踪培养与任用等准备工作，由董事会集体决定最终人选。为确保接班人计划顺利实施，企业现任领导人可选择部分高管组成接班人评估小组，对候选人的一系列培养工作进行跟踪管理。

第二，选拔什么样的人必须取决于企业长期战略及商业驱动力，即必须将企业战略要求落实到选拔标准上，以确保企业经营的持续性及稳定性。价值观方面，接班人必须坚信组织的使命、愿景和价值观，勇于担当和全情投入；领导力方面，必须具备卓越的商业才华、坚定沉着的领导力和健康持续增长的业绩表现，接班人作为未来的领导人必须嗅觉敏锐，并且临危不乱、有效驾驭全局、掌控现实，以业绩增长为前提，确保组织的良性运行；概念能力方面，必须具备超强的逻辑思维能力，洞察未来，创新设计新型商业模式和业态，精准决策，带领组织实现创新和转型发展。

第三，选拔过程必须摒弃人治，以集体决策代替个人"一言堂"，防止个人专权下选拔结果的偏离。董事会最终确定接班人的标准与选拔流程，候选人的评估应集体决策，防止组织中官僚文化与个人特权的干扰。集体决策可在董事会及高管范围内组建选人用人委员会，同时下设企业大学、干部管理部门等多个支撑机构进行分工配合。

第四，必须多轮次、长周期、全方面考察筛选候选人，最高领导的接班人很大程度上会影响企业的未来走向，试错成本极高，其选拔必须慎之又慎。每轮次根据所要考察的能力素质及候选人的能力现状量身定制考察安排，即"要什么考什么，缺什么补什么"。接班人的选拔时间不设限，直至选出合适人选在合适时机实现权力过渡，在此过程中应对候选人的业绩、能力、价值观等进行全面考察。

第五，层层后备是基础，只有打造接班人备选池才能确保选人的成功率。接班人计划并非孤立的单点设计，而是层层后备机制中的一部分。通常接班人的选拔是在高管中选择，但为了选拔出年富力强的后起之秀，也可将选拔范围扩大到事业部负责人层次，纳入中层的高潜力人才。

第六，接班人某种程度上是赛马赛出来的，培养只是辅助手段，因此必须坚持以赛代培的理念，选拔那些业绩、能力、价值观均最优的候选人。赛马最主要的做法是进行职务锻炼，用接班人的要求去考量、培养、安排，以补足候选人的阅历和能力。

此外，接班人计划应注意全程保密，防止候选人对自己期望值过高，急着上位而产生自负心态，同时防止挫伤淘汰的候选人的积极性，防止他们滋生消极情绪甚至离职。接班人计划历时多年、多轮，在此过程中候选人名单应严格保密，而现任负责人及董事会只以业绩考核等名义进行暗中跟踪观察。

（二）后备干部计划

区别于接班人计划，后备干部计划覆盖面更广，基本涵盖中高层关键职位，是基于职位的管理，而接班人针对"关键少数"，是基于人的管理。后备机制建立能够带来两大显著作用，一是能够打造人才辈出的机制，通过干部常态化规划、盘点、选拔、培养、使用机制，持续满足企业业务发展需要；二是能够充分激活干部，增强队伍活力。对于现任干部而言，有后备意味着自己不再是无可替代，"有为才能有位"，对于员工而言，表现优秀即可获得加速发展的机会。

后备干部计划的实施包括六大步骤（如图17-3所示），在此过程中企业高层应一以贯之地予以重视并提供资源支持。

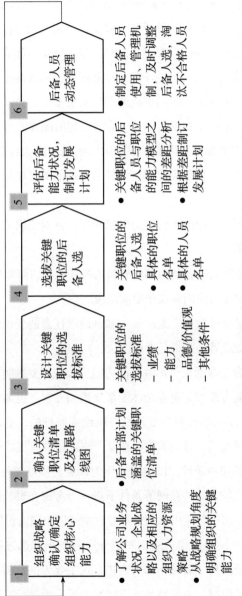

图17-3　后备干部计划实施的六大步骤

第一，根据企业战略明确干部胜任能力模型，制订干部队伍规划，即通过分解业务目标确定后备干部的数量、结构及能力。干部胜任能力模型是全体干部的通用能力要求，同时应作为后备干部选拔培养的能力标准。应注意的是，在应用胜任能力标准进行干部选拔时应将其进行分级定义，即同样的能力在不同层级的职位上有不同的要求。干部数量规划与业务规模、组织结构设置相关，应适度超前配置。

第二，组织资源是有限的，必须向影响组织成功的关键岗位倾斜，应通过一定原则筛选确认需要建立干部后备池的关键职位。关键职位符合以下原则：

● 关键职位与组织的关键能力紧密相连，且对组织的未来发展起着至关重要的作用。

● 这些职位较为适合从内部培养和选拔任职者，而非外部招聘。

● 这些职位在组织内部属于中高层级。

● 根据企业业务发展、组织架构和目前继任者的变化情况，确定需要新建继任计划或者补充继任者的岗位。

第三，结合企业通用干部胜任能力模型及职位要求制定后备干部选拔标准。胜任能力模型是企业全体干部通用的要求，更加侧重能力素质等"软标准"，而任职资格标准是针对职位或职种的，更加侧重知识与技能、学历与经验等"硬标准"。通常，选拔标准应当软硬结合，包括以业绩为代表的硬性条件、以能力素质为代表的软性条件，品德/价值观作为一票否决项，此外在同等条件下进一步考虑在艰苦地区任职等优先条件。最终在选拔时应用人才分类九宫格或四象限法识别核心人才。

第四，与组织管控相适应，制定分层后备干部选拔程序，确保优秀人才能够不断涌现。后备干部的选拔方式主要为推荐制，按照组织管控模式进行层层授权，由最熟悉员工状况的用人者进行层层推荐。一般程序包括：根据后备干部选拔标准，两名及以上较高一级干部共同推荐（每个推荐者应独立给出推荐意见），经业务体系人力资源部对推荐名单和推荐资料进行审查，报业务体系管理团队评议通过后，将后备名单交由公司人力资源部进行资格与程序审查，合格后入选相应层级后备池。

第五，基于后备干部评估结果制订培养计划，坚持训战结合锤炼干部。区别于现任干部的履职能力培养，后备干部培养主要是向上培养，即将目标职位的胜任能力作为标准与现状进行对标，发现差距进而制订针对性的培养计划，选择恰当的培养方式。

第六，动态更新后备池，优胜劣汰，确保后备干部始终是精兵强将。干部后备队伍是一个动态的资源池，培养过程中不断有人被转出或筛选出资源池。干部新后备队员可以不断补充进资源池，但各级干部后备队伍总体规模根据岗位配置需求保持相对稳定。

（三）青年干部计划

优秀人才储备能够保障企业用人无后顾之忧，近些年来很多企业借鉴西方企业培养未来领导者的做法，建立管理培训生（简称"管培生"）制度，如京东管培生、苏宁1 200工程、碧桂园超级"碧业生"等。

管培生是青年干部计划的典型方式，是企业针对年轻人的培养计划，即招聘大量有潜力的优秀应届毕业生，到企业的各个业务线或职能部门基础岗位轮岗历练，结合导师制、集训、课程培训等培养手段，经过考核观察发现员工擅长的能力，选出部分优秀者在合适的时候进行提拔。管培生既是企业内部的快速发展通道，又保证了源源不断的优秀人才充实到管理岗位。

对于未来领导者的培养苗子，既要选择高潜质的种子选手，又要在历练与拼杀中层层筛选，保证最后走上管理岗的都是身经百战的精兵强将。实施中可从以下五个步骤展开：

第一，选拔重在素质与潜力。

某种程度上，选拔大于努力，选好人是第一关，尤其是即将倾注大量资源、作为组织战略级的人才项目。应届毕业生尚未展现出工作能力，因此对其选拔应当格外关注发展潜力及文化认同，我们将其提炼为"三高"：

● 高认同：主要对应届毕业生的价值观进行测量，需要对组织有较多了解，高度认可组织事业及文化，与组织匹配性高。

● 高潜力：潜力代表未来的发展空间，通常从智商、情商、领导力、性格方面进行测试。

● 高素质：具备思维、语言、沟通表达等方面的基础素质。

第二，培养需定制职业发展路线。

为清晰展示新人今后的发展路线，使新员工目标明确，可将其在培养计划期间的职业历程绘制成职业发展路线图。以某上市商业地产企业设计的发展路线图为例，其管培生共为期两年，第一年是轮岗见习期，主要是半年的商业地产业务板块轮岗、半年的地产开发板块轮岗；第二年是归口部门内的轮岗见习，即根据新员工的专业背景将其分配到各职能、业务管理部门中进行轮岗。两年的轮岗期间均配合导师制、课程培训、行动学习等多种培养手段，并开展动态考察，在满两年的时候对新员工进行评价，根据评价结果定岗定级，评价等级也是定薪的重要依据。当然，在此过程中，会对触发特殊事件的新员工进行动态淘汰，包括评价处于末 10% 及触犯组织的商业行为底线等。

第三，价值观融合是前提条件。

没有意愿，能力就是空谈。领导干部必须高度认可并践行组织价值观。对于纳入青年干部计划的新员工而言，其可塑性极强，必须在其最初进入组织的时候便进行价值观融合。

价值观融合最重要的是将企业文化所包含的组织使命、愿景进行场景化、案例化的讲解，尤其重要的是将价值观所倡导的关键行为进行宣传。

第四，过程考察应注重机会均等，宽进严出。

培养过程的持续跟踪与考察是实现"赛马"的重要手段，给所有新员工同样的规则，谁能够在统一的规则里脱颖而出，谁就能被优先提拔。由于在为期1～3年的专项培养过程中难以考察新员工的业绩表现，因此主要采取综合考察的方式，将其在培养期间的各项成绩按权重进行加总，进而根据总分及在当期新员工中的排名情况决定晋升及涨薪等。

第五，对青年干部倾斜资源，实现快速发展。

作为组织人才储备的重要来源，企业应重点保护并倾斜资源、多方参与促进新员工的成长成才。对于优秀新员工的资源倾斜，主要体现在快速发展方面，职位、职级、待遇均相比普通发展序列有较大的增长幅度。

为避免引起组织内部不平衡，新员工在定岗后不占部门薪酬、职级名额，薪酬可由人力资源部根据个人能力及表现确定，甚至可设置单独的薪酬标准及管理体系。同时，新员工晋升也可采取绿色通道方式，不挤占部门原有职级晋升名额。通过多种措施保障用人部门的领导愿意培养并推荐优秀员工。

职业发展路线确定后，干部就是企业成功的关键因素。干部成长不能放任自流，必须进行管理。干部管理体系是确保干部成长、成才、成功的保障，通过打造基础线、选拔线、激励线、能力线、梯队线，即可抓住干部队伍建设的主要矛盾，为企业业务发展提供核心人才支撑。

第十八章

复盘与改进：下次要比上次好

熵是热力学的概念，熵增过程是一个自发的由有序向无序发展的过程。薛定谔提出"生命是非平衡系统，并以负熵为生"，也就是说生命的意义在于具有抵抗自身熵增的能力，即具有熵减的能力。组织作为一个无机生命体，同样需要在抵抗熵增的过程中求得生存。复盘与改进提升就是组织用来抵抗熵增的手段，不断反思过去，总结规律，求得未来发展之道。

人力资源管理系统是动态的，过去适用的管理方式不一定适用于未来，如果用静态的思维做工作，期待一劳永逸，就会陷入重复打补丁的过程。通过复盘、内部人才市场与汰换计划、文化反思的开展，能够持续推动组织发展、人才发展、文化发展，进而达到人力资源管理架构的设计初衷，即实现组织战略目标。

一、复盘：例行管理推动组织发展

复盘是围棋中的一种学习方法，是指在下完一盘棋之后，要重新摆一遍，看看哪里下得好，哪里下得不好，对下得好和不好的，都要进行分析和推演。柳传志首创将复盘引入到做事之中，使之成为联想核心的管理方法论，此后这一方法由于能够沉淀过去的成功经验，找到未来做事的方法，而被很多企业学习。

在 VUCA 时代，没有成功经验可以摸索，只有摸着石头过河，这时如何边干边学，提高成功概率呢？曾经犯过的错误如何保证不再犯，一个人犯过的错误如何让企业里的所有人引以为戒？如何举一反三，甚至举一反九、触类旁通，提高学习效率？

无论个人还是团队、企业，当面临上述问题的时候，复盘不失为一种有效的问题解决方法。我们需要对失败复盘，避免重复犯错，更需要对成功复盘，才能不断复制成功。

（一）复盘是什么

复盘的实质是从经验中学习，是成人学习最重要的形式之一。哈佛大学大卫·加尔文教授在《学习型组织行动纲领》中指出：学习型组织的诊断标准之一是"不犯过去犯过的错误"。要想避免"重复交学费"，让整个组织快速分享个人或某个单位的经验教训，提升组织整体智商，离不开复盘。

复盘内容主要包括：

- 回顾目标，不断检验和校正目标；
- 回顾过程，分析得失，找原因；
- 注意认识和总结规律。

复盘必须做到以下要求：

- 情景再现（求过程）；
- 挖掘问题，找原因（求实）；

- 重在实事求是（求诚）；
- 学习的过程和提升能力（求学）；
- 找到本质和规律（求道）。

在此过程中，领导应带头参与复盘并端正态度，主持人通过结构化的方式进行引导，开诚布公地讨论，避免变成推卸责任，或证明自己是正确的、相互批判的会议。

（二）复盘方法论

1. 复盘中的逻辑思维与误区

（1）复盘逻辑思维。

复盘时应对事件进行详细调查与回顾，本着实事求是的态度进行分析，避免陷入思维误区。

- 结构化思维。根据一定的结构整理输入信息，能够全面分析并突出重点，避免碎片化或点状思维。
- 拆解思维。详细拆解每一项动作，再对比分析动作与动作之间的衔接是否影响活动 / 任务 / 项目的结果数据。
- 系统思维。分析一件事背后的原因和不同事物背后的关联，复盘不仅仅是局部分析，事件中的每个部门都存在联系。
- 换位思维。不仅要从自己的角度思考，也要从上下游、客户的角度思考，杜绝片面看问题。

（2）思维误区。

- 从以偏概全的经验出发。把自己的想法 / 认知直接误以为是某件事失败的原因。
- 情感和逻辑不分。将情感掺入复盘中，很容易被自己的主观情绪判断所误导，扰乱原本的复盘逻辑信息。

● 把现象当原因。例如做一场视频号直播带货，在复盘中发现，直播间人数不是很多，此时得出结论商品转化率差是因为直播间人数不够，这就会陷入思维误区，进行无效复盘。

● 把假设当结论。这种把假设当结论的复盘是最危险的，会成为下一场活动的一个新雷点。

2. 复盘方法

复盘时应按照以下步骤进行逐步推演：

（1）回顾目标。

针对最初制定的主要目标进行回顾，把当时的目标都列出来便于寻找差距。

（2）对比结果。

将实际完成的数据指标进行整理、罗列，然后与制定的目标进行对比，检验和评估整体目标完成的实际效果。

（3）回溯过程。

回溯工作的全过程，分析各个节点分别做了哪些事，分别产生了哪些结果和影响，同时遇到了哪些问题，问题是如何解决的，哪些问题没有解决等。

（4）分析原因。

分析一下哪些部分做得好，哪些部分做得不好，同时，把做得好的原因和做得不好的原因都列出来，以追踪成败的关键性因素。

（5）提炼规律。

提炼本次工作中关于这些方面的规律：有哪些好的做法是可以在未来的工作中复用的？可否再继续优化？如何优化？哪些工作是这次本应

该做好但是没做好的？后面如果遇到了同样的问题应该如何去解决？有哪些失败的做法、教训？在后续的工作中如何改进、避免？

（6）形成复盘成果。

把复盘结果形成规范化的材料，方便查阅和分享，同时作为公司知识管理的成果进行备案。

3. 复盘引导

（1）复盘人员角色。

复盘前应进行充分准备，对与会者进行培训，包括参与者及引导者。

参与者应本着开放的心态，相互信任、开诚布公，尊重并欣赏差异性。引导者是一个支持性的角色，其终极目的是激发参与者的积极性，改进团队互动过程，提高团队的合作效能。

（2）复盘引导。

引导者的职责包括：

● 营造与维护一个良好的沟通环境；

● 主持和管理会议，秉承客观、中立的原则，引导复盘的过程，但不参与内容；

● 相信团队，帮助团队厘清和聚焦目标；

● 通过提问激发与会者参与；

● 提高对话质量，将不一致的意见转化为建设性的创造；

● 提供工具、方法和信息等方面的支持；

● 负责或协助做好复盘记录和后续推进。

进行复盘需要精心准备、认真引导，并后续跟进。具体操作程序包括三个阶段、九个步骤：

第一阶段是准备阶段：

- 确定复盘的主题、范围、参加人；
- 确定复盘会议的时间、地点；
- 提前进行资料准备。

第二阶段是引导阶段：

- 说明复盘的目的、程序与规则；
- 按顺序引导团队进行讨论；
- 对于有学习价值的，深入挖掘。

第三阶段是推进复盘并取得成果：

- 整理复盘结果并与他人分享；
- 跟进行动计划的实施，协调解决问题，提供资源协助；
- 评估并讨论后续改进措施。

（三）例行复盘

作为一种有效的学习方法，复盘可以应用于个人成长、特定事件、项目、组织运行、战略等场景，做到小事及时复盘、大事阶段性复盘、事后全面复盘。

组织能力的提炼及积累也来自复盘，总结组织过去的成功经验与失败教训，形成文化、价值观、行为规范、能力标准等。

1. 个人成长复盘

个人成长背后也有"721"规律，即70%靠工作实践，20%靠与他人交流，10%靠正式培训与知识学习。复盘是对工作实践进行"反刍"，起到举一反三、快速进步的作用。

个人成长复盘的要点包括：

- 把握重点；

- 先僵化，后优化；

- 记录要点并定期回顾；

- 习惯成自然。

工作中，有的员工仅做过一次工作就能掌握方法，几次实践后就能精通，而有的员工却陷入了低水平的循环，这种差异的背后就是前者通过复盘得到了经验，而后者徒增了经历（如图 18 - 1 所示）。

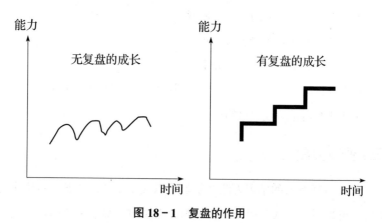

图 18 - 1　复盘的作用

2. 特定事件复盘

所谓特定事件复盘，指的是在工作与生活中，每做完一件事或活动，就迅速召集相关人员，趁热打铁进行快速回顾、总结。不是所有事情都值得专门耗费时间进行复盘，但是对以下四种情况可以进行特定事件复盘：

- 新的事：摸索经验教训，为下次做准备。

- 重要的事：所需资源多，协调部门多，结果影响大，需要格外慎重。

● 未达预期的事：反映了个人或团队需要提升和改进的地方。

● 有学习价值的事：新组建或有人员变动时，通过复盘让成员快速进入工作状态。

复盘结束后，应当开展知识管理，形成指南、操作手册、案例整理、行动学习议题等，使得个人、团队的知识转变为组织的共享知识。

3. 项目复盘

在工作进行了一个有意义的阶段后（如刚完成一个重要工程的筹建，一个公司的重组，一次并购或市场推广），可以花一些时间回顾过去发生的事情，总结经验，为别人及自己以后做参考。

项目复盘可通过以下步骤展开：

（1）召开会议，找到项目的核心参与者，确定会议引导人；

（2）重温项目的目标和结果，以及过程中的计划执行情况；

（3）询问过程中成功的地方并总结做法、经验；

（4）询问过程中可以改进的地方，找到改进建议；

（5）再次回顾项目过程，确保无重大遗漏；

（6）制订下一步计划，整理并共享复盘成果。

4. 组织运行复盘

组织机构随着业务的变化而变化，但经过一段时间后，组织变革是否实现了其设立初衷，鲜有企业进行回顾。组织运行复盘就是应用复盘的方法，建立一套组织效能评估的模型及指标体系，对组织运行的投入、过程、产出进行分析，通过事后评估的方式优化组织设置。组织运行复盘的过程包括以下步骤：

（1）组织效能模型搭建，借鉴经典的组织能力、效能评估模型，如麦肯锡 7S 模型、韦斯伯德六盒模型等，或根据企业实际设计模型，明确评价标准及计算方式。

（2）数据收集阶段，量化型指标通过设计数据收集模板，统计近期数据；评价型指标通过设计好的量表收集相关数据；其他指标通过访谈、问卷、资料分析等方式收集相关资料。

（3）指标评价阶段，量化型指标根据收集的数据计算相应得分；评价型指标采用量表法或专家会议法得出最终分数。

（4）分析汇总阶段，根据指标及相应的权重计算最终评估结果。

（5）成果展示阶段，通过仪表盘、雷达图等方式显性化地展示评估结果，分维度开展分析，科学定位、评估组织的经营管理质量和发展潜力，为企业资源配置决策提供依据，同时给出组织后期的优化改进意见，帮助提升效能。

5. 战略复盘

"定战略"是一把手的核心职责，为此战略复盘也应该由一把手亲自主导、推动。可以在季度末或年底时，高管团队聚在一起，按照复盘引导的一般逻辑，对照季度初或年初确定的战略和目标，回顾实际执行的情况，对这个过程发现的重要问题进行研讨，审视它们对企业的战略与目标可能有哪些影响。

对于小企业，虽然不必有正式的会议安排，但一把手一定要和自己的核心团队及骨干，及时、充分、坦诚地对企业的近期目标、现状、内外变化和困难等进行探讨。选准一个切入点，快速行动，然后尽快进行复盘，从"试错"中学习，并迅速调整。进行战略复盘应做到以下几点：

（1）反思目标。战略执行一段时间后，应对经营数据和各项重大任务、项目的执行情况与目标进行对比，寻找差距，并利用鱼骨图等方法找到差距形成的原因，最终归纳为五个以内的核心原因。

（2）环境分析。再次对外部宏观环境、行业、市场、竞争对手、客户需求等进行分析，对于内部运营、组织、人才队伍、文化等因素，明确其变化及变化对组织或部门带来的影响，在有必要的情况下对目标进行修正。

（3）策略升级。明确差距及挑战后，战略复盘最核心的环节就是找到创新性的解决方式，按照"战略稳定、战术灵活；目标稳定，路径灵活"的原则，在会议中进行引导与催化，适当时可借助外部咨询机构进行培训并分享案例，高管团队通过团队共创、头脑风暴、欣赏式探寻等方式，在内部沟通碰撞，以找到问题解决方案，并达成共识。

（4）行动计划。明确后的战略实施路径应当落实为行动计划，对各个重大专项任务明确责任人、所需资源、关键里程碑节点及评估指标等，确保执行到位。

二、内部人才市场与汰换计划

（一）内部人才市场含义

无论国有企业还是民营企业，仍存在人员能上不能下、能进不能出的现象，这种人才板结会损害队伍活力，打击优秀人才的积极性，影响公司的发展。

所谓内部人才市场，就是在企业内部构建分层分类的人才市场，通过建立配套的绩效考核、薪酬激励、培训、晋升等机制，吸引、激励优秀人才，满足公司业务用人需求，实现人才有序流动，保障公司快速发展。

建立内部人才市场主要是用来建立内部人才池，配套企业内部汰换计划，配套企业的激励、奖惩、问责等机制，保证能者上、庸者下、劣者汰，形成良好的用人导向和氛围。

以内部人才市场为基础，构建"职位能上能下、薪酬能高能低、人员能进能出"机制，可以激励约束干部和员工，提高公司内部人才的流动性，调动大家的工作积极性。

（二）内部人才市场建设方法

首先要建立公司内部人才中心，考核等级为"待提升"的员工，应进入人才池，成为"待岗员工"。

待岗期间，员工仅享受基本工资，不享受绩效工资和年终奖。

待岗后，由综合办公室统一组织培训，培训合格后，由员工与各部门自行协商入职，薪酬重新核定。

无部门吸纳者，由公司统一安排，拒不服从公司安排的"待岗员工"，解除劳动合同。

内部人才市场运行示例如图 18-2 所示。

三、以文化反思推进自我超越

（一）反思框架

为鼓励自我批判、自我超越，企业应建立例行的自我反思框架，一般自我反思框架包括反思目标与原则、反思形式与流程、反思内容、反思结果应用等维度。

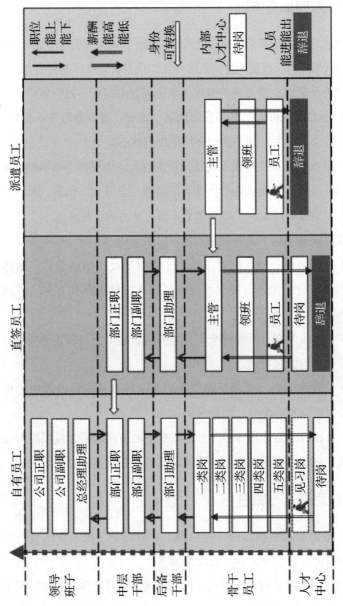

图 18 - 2 某企业内部人才市场运行示例

（二）反思目标与原则

反思是企业的变革契机和发展动力源，要通过提升组织核心竞争力、增强团队战斗力、促进人才成长等维度，提升公司整体的核心竞争力。

进行反思时，要正视并解决组织的问题和短板，倾听客户需求，关注行业动态，不断优化组织管理机制、流程、管理制度等，持续改进，打造适应快速多变、竞争激烈环境的组织核心竞争力。

有效的反思，拒绝安于现状、狂妄自大，要促进干部不断反思、自省，与时俱进，要能提升个人能力。塑造一个开放、包容，具有学习精神、变革精神的高素质、高凝聚力、高战斗力的干部队伍。

反思要遵循以下基本原则：

● 问题解决原则。反思不是为了揭露短处、制造矛盾，而是为了发现问题、分析问题，提出解决问题的建设性思路和方案，并制订改进计划。

● 全方位原则。反思是全方位进行的，是由公司领导带头，自上而下、全员参与的公司活动。

● 长效性原则。干部反思应成为企业成长和发展过程中的长效机制，反思活动不是临时、短期性的。

● 系统性原则。为保障干部反思机制的有效运行，反思应与干部绩效考核、述职、薪酬激励、培训发展、干部管理等模块联动。

（三）反思形式与流程

反思的形式多种多样，包括网上社区讨论、民主生活会、标杆学习、宣誓大会、反思大会、员工投诉等。

（1）网上社区讨论。公司在公司内网和移动媒体上，建立网上讨论社区，员工针对实际问题提出各种批评意见，由人力资源部负责将这些意见分类整理，编辑成册，供公司干部及相关部门进行反思。

（2）民主生活会。人力资源部定期组织员工召开民主生活会并确定讨论主题，由各部门一把手组织部门内部讨论，形成对公司管理的反思意见。

（3）标杆学习。公司每年都会在内部立项若干标杆学习课题，帮助部门或员工认清自己的现状以及与标杆的差距，提出并实施改进方案。标杆可以企业内部操作为基准，也可以领先企业、竞争对象、最佳流程为基准，通过辨识标杆的标准，确立目标绩效标准与改进措施。

（4）宣誓大会。公司每年组织奋斗者宣誓大会、干部自律宣誓大会、干部反思宣誓大会等，并将"干部反思"写入宣誓誓词。

（5）反思大会。在干部选拔、任职资格评价、绩效评价、价值观评价等过程中，增加自评环节，先自评再他评，使员工自我反思常态化。此外，人力资源部应定期（每季度一次）组织对某一特定事件进行反思，这些事件可以是员工投诉或建议、外部客户投诉、内部或外部与奋斗者相关的文章、事件或者观点。

（6）员工投诉。员工可以通过公司网络平台、媒体或邮件对各类问题进行投诉。

（四）反思内容

反思内容主要围绕制度流程、思想和行为三个方面展开，具体有组织反思和个人反思两个维度。

1. 组织反思

组织反思就是从组织角度进行反思，包括公司、客户、部门协同、本部门、团队等各个层面。

● 公司层面。对公司管理机制、管理流程、企业文化等方面进行反思和建议。

● 客户层面。针对客户满意度调研、客户投诉、反馈意见，反思对客户的服务流程、服务方式、服务质量、服务及时性、服务内容等，以及日常工作是否以客户为导向。

● 部门协同层面。部门间协同是否高效、顺畅，是否有扯皮、推诿现象，是否存在本位主义。

● 本部门层面。是否有效履行了部门使命，是否实现了部门职能和定位要求，并为公司创造了价值。

● 团队层面。针对团队凝聚力、团队氛围、团队能力提升、人尽其才、关怀下属等方面进行反思。

2. 个人反思

个人反思就是从经理人个人角度进行反思，包括动机、态度、行为、能力、学习成长等各个方面。

● 动机方面。个人职业发展与部门和岗位工作是否一致；对公司、部门价值观是否认同；个人希望取得的目标是什么，如何实现。

● 态度方面。工作态度是否积极主动、具备大局意识；是否问题导向、目标和结果导向；是否有团队精神，乐于奉献。

● 行为方面。性格特点是什么，对工作造成了哪些影响；日常工作中需改进、提升的行为是什么；与人沟通、问题思考、工作行为方式的哪方面存在问题，如何改进。

● 能力方面。是否清楚岗位定位、工作内容、工作流程等；能否有效胜任岗位工作要求，完成工作任务。

● 学习成长方面。个人优势和不足是什么，如何发挥长处，弥补短板；学习成长计划是什么；遇到的困难是什么。

针对反思本身，要开展评价，公司领导、人力资源部要根据反思的全面性、深刻性和改进计划的有效性与操作性进行评分，并撰写意见，督促提升。

（五）反思结果应用

根据反思活动，对公司组织流程和管理制度进行改进，对公司战略及文化理念进行优化。总结反思案例集和合理化建议，统一制订培训计划。

1. 反思案例集

将组织反思和个人反思的问题和思考撰写成反思案例，评选反思深刻、具备代表性的案例，形成反思案例集。反思案例集作为后续经理人学习提升和反思活动的参考，有利于后人避开前人所犯的错误。

2. 合理化建议

根据组织的反思活动，总结对公司流程、管理机制、运行方式、文化建设等方面的合理化建议。

针对现实问题，提出能提高质量、降低成本或优化管理等可操作实施、可固化的改进建议。

3. 工作改进与能力提升计划

根据组织反思和个人反思，提出工作改进计划，并落实到具体行动中；根据干部的个人反思活动，明确自身优劣势和提升目标，制订有针对性和操作性的个人能力提升计划。

4. 培训计划

针对干部存在的不足，公司制订培训计划，包括课程开发、行动学习、外部考察等内容。

5. 与绩效挂钩

干部反思的得分与其年度考核结果挂钩；不具备自我反思能力的干部，原则上年度考核不能为优秀。

第十九章

人力资源管理数字化：大势所趋

随着数字化时代的到来，企业面临全新的机遇与挑战，企业人力资源也面临着新改革趋势。要在这场革命中实现企业数字化转型，将数字化转型融入人力资源管理，是实现企业转型不可或缺的重要一环，这是企业人力资源管理创新发展的新方向，人力资源数字化甚至将成为企业数字化转型升级的关键抓手。

人力资源管理数字化并不是一个新话题。从 1968 年起，部分厂商陆续进入数字化领域，直到 2013 年之前，传统商业智能产品一直是人力资源数字化的主流。回顾整个数字化转型的变革历程，可以分为四个阶段：第一阶段是数据整理阶段，使用办公软件手工制作报告；第二阶段是数据呈现阶段，通过 HR 系统，以软件制作报告；第三阶段是数据分析阶段，通过 HR-BI 体系，在平台展示报告；第四阶段是数据判断阶段，使用 HR-AI 体系，以趋势预测报告。这样的变革趋势不仅体现了数据处理能力的数字化与智能化，也反映出了员工能力需求、工作场所、工作形式与工作成果的演变与发展。

一、人力资源宏观"数字六化"

从宏观上讲，人力资源管理数字化的主要表现形式可以分为六类：

● 管理决策数据化。头部企业的人力资源部门开始组建人力资源数据团队，引入数据分析技术，为各层级的管理决策提供更多数据支持。

● 信息获取便捷化。个人或企业通过对技术的学习与应用，可以在头绪繁乱的局面中通过理性分析提出行动方案。

● 生产生活虚拟化。近距离感受虚拟与现实连接所带来的生产力和效率的巨大提升。帮助企业实现更快速的生产和更高的产品质量。

● 远程办公常规化。视频会议的蓬勃发展，冲击了人们的思想观念，在不知不觉中改变了人们的工作环境，成就了新型的工作模式——远程办公。

● 工作生活一体化。科技发展让企业员工通过聊天框进行收发信息、语音对讲、视频通话以及共享文件资料等团队协作活动。

● 员工服务自助化。越来越多的企业开始打造员工自助系统和实时在线处理平台，在关注员工体验的同时提高了效率。

从员工生命周期来讲，人力资源数字化转型将员工生命周期划分为七大步骤：人才甄选、员工入职、日常运营、学习发展、薪酬福利、绩效管理、人才管理，并通过在这七个步骤的循环渗透全面提升员工工作体验，保障数据信息连贯准确。

二、人力资源微观"数字七化"

（一）人才甄选数字化

技术加持情况下，人才甄选全流程都发生了很大的变化。首先，从职位发布来讲，渠道与内容都得到了极大的丰富。相较于过去，如今有招聘网站、小程序、微信、微博、抖音、领英等多种形式的线上信息传输渠道，发布内容也可以有文字、图片、视频等多种形式。其次，简历的筛选方式也从手工筛选向机器人智能筛选转变，例如星展银行近年推出的人工智能招募系统 JIM（Jobs Intelligence Maestro）极大地缩短了筛选时间，筛选一位应聘者原来需要 32 分钟，而今只需 8 分钟，对于应聘者提出的全部问题，JIM 甚至可以回答其中的 96%，这也是星展银行转型的最佳案例之一。再次，面试的辅助手段也有所进步，面试方式从原先的面对面到如今的远程视频，面试官判断受面者的手段从原先凭经验和感觉转向了黑科技，更为精准高效。最后，测评方式进一步丰富，除传统纸质版测试外，还发展出了线上测试、游戏式测试等多种方式。

（二）员工入职自助化

通过身份认证、个人资料提交、入职表格填写、劳动合同签署等线上操作流程完成入职，技术的应用带来了员工入职效率的质的飞跃。员工入职自助化如图 19 - 1 所示。

其中，在劳动合同签署流程中，电子签名是重要的一环，它也是企业需要充分利用大数据的优势、尽可能将企业的日常业务电子化的典型代表。电子签名是通过密码技术对数据电文进行电子化的签名。电子签名，即电子签字加密码技术，具有防篡改、防伪造、可验证的特点。电子签名可以有效避免如下情况：故意用左手签字，或让别人代签字，事后否认；换掉某一页，涂改某一页等。电子签名作为企业数字化转型的底层基础设施，既提升了安全可靠性又实现了降本提效。

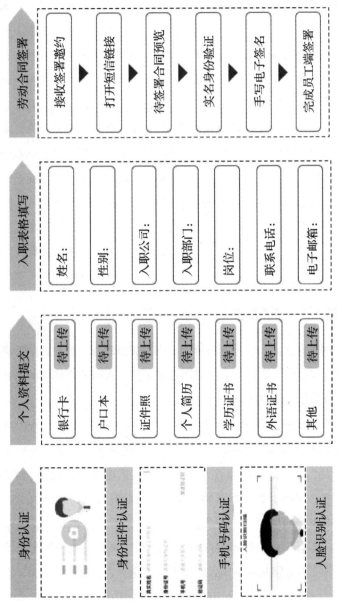

图 19－1 员工入职自助化

(三) 日常运营便捷化

员工可以便捷地办理与自身有关、与工作有关的各类事宜，包括领取领用、沟通协作、申请审批、个人中心四个方面。

- 领取领用：办公用品领用、福利领取、报销申请、员工证明申请。
- 沟通协作：IT 智能客服、机票酒店预订、用车申请、年度体检。
- 申请审批：加班申请、出差申请、外出申请。
- 个人中心：个人信息变更、考勤打卡、培训学习、薪酬中心。

通过日常运营管理效率的提高，将企业各个管理板块的工作中心从传统简单重复的工作中转移到参与企业管理、增加企业价值的决策分析上来。

(四) 学习发展灵活化

一方面，员工的入职培训与在职培训的方式和内容均发生了变化。培训方式从线下固定时间的机械化培训转变为线上灵活碎片化的智能虚拟培训。培训内容更为丰富，不仅与工作内容有关，还与发展趋势、风险控制、自身成长有关。

另一方面，员工的学习成长也发生了变化。通过岗位说明与六维能力雷达图的配合，精准提炼岗位需求，设计岗位地图，并配套针对性的岗位课程，从而设计出明晰的员工横向与纵向发展路径。

(五) 薪酬福利可视化

薪酬福利可视化就是将人力资源数据、绩效与激励数据、业务数据以公开透明的形式发布，实现员工全程参与、实时跟踪业绩完成情况，可以有效避免薪酬福利错发、漏发现象。薪酬福利可视化如图 19-2 所示。

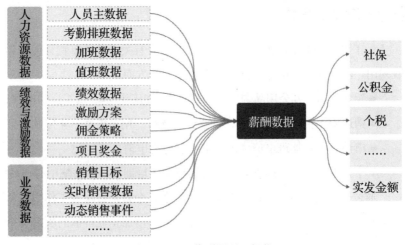

图 19 - 2　薪酬福利可视化

以销售岗位为例，通过数据可视化，可以实现新客户销售达成率与业绩完成率的动态更新，员工能够了然自身的业绩情况，并同步计算出基于业绩所获得的激励收益数据，对薪资明细结果可能出现的错误及时反馈并更正。具体如图 19 - 3 所示。

（六）绩效管理自动化

以某银行的数字化绩效管理平台为例，通过绩效计划、绩效沟通、绩效考核、绩效应用四个步骤实现绩效管理。其中，绩效计划包括发布考核方案、制订考核计划、确定考核方式、选择考核模型、设定考核指标。绩效沟通包括方案公示备案、计划沟通确认、过程在线指导、结果调整申诉、线上监督检查。绩效考核包括获取考核数据、计算考核得分、生成考核结果、清算绩效工资、计入人力系统。绩效应用包括绩效工资发放、岗位综合评价、职务职等晋升、人才选拔使用、行为检测分析。在绩效管理过程中，基于计算机自动化数据处理技术，可以实现精准定义指标与模型，并进行个性化配置。具体如图 19 - 4 所示。

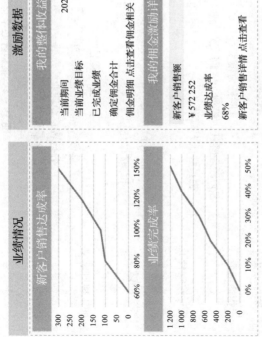

图19-3　销售岗位数据可视化示例

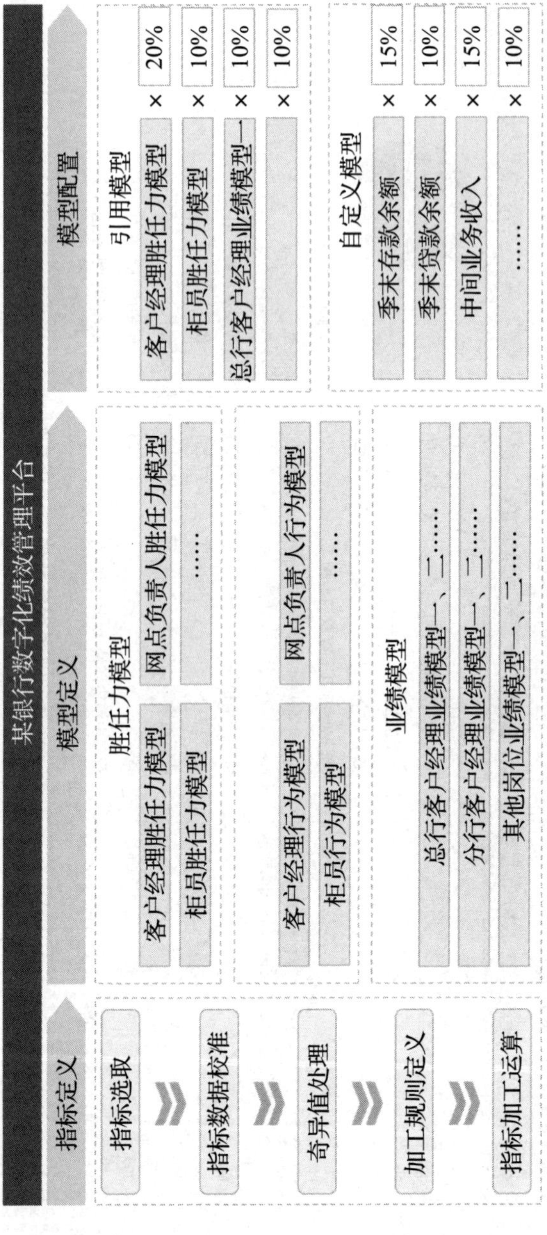

引用模型				
客户经理胜任力模型	×	20%		
柜员胜任力模型	×	10%		
总行客户经理业绩模型一	×	10%		
	×	10%		
自定义模型				
季末存款余额	×	15%		
季末贷款余额	×	10%		
中间业务收入	×	15%		
……	×	10%		

模型配置

胜任力模型

客户经理胜任力模型	网点负责人胜任力模型
柜员胜任力模型	……

业绩模型

客户经理行为模型	网点负责人行为模型	总行客户经理业绩模型一、二……
柜员行为模型	……	分行客户经理业绩模型一、二……
		其他岗位业绩模型一、二……

模型定义

某银行数字化绩效管理平台

指标定义
指标选取
指标数据校准
奇异值处理
加工规则定义
指标加工运算

图 19 - 4　某银行数字化绩效管理平台

除此以外，企业人才评价也能够通过数字化转型实现线上操作。以某银行智慧人才评价框架为例，通过在线测评、动态 360 度评价、系统自动获取、KPA 评价与标准动作评价，得出能力 KCI、业绩 KPI、行为 KBI 三个关键指标数据，随之进一步得出人才评价结果，极大节省了人力和物力，实现了人才评价的高效精准。具体如图 19 – 5 所示。

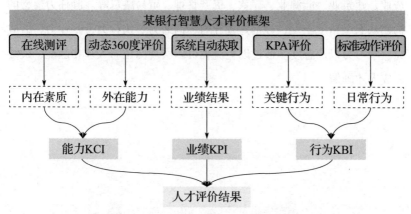

图 19 – 5 某银行智慧人才品评价框架

（七）人才管理标签化

以某银行企业级人才信息库为例，首先通过信息维护、业绩考核、360 度评价、能力测评对人才进行画像，提炼人才标签，例如熟悉客群、熟悉产品、岗位、专业技能、胜任力、性格特质等。其次根据企业标准对贴好标签的人才进行遴选评定，实现分类入库并加以动态管理，定期进行人才盘点，将最终结果转化为员工全景视图，打造公司人才库，以满足日常高效的查询统计分析及业务系统调用需求，实现人才互用共享与智能推荐。

　　人才画像的前置流程包括岗位分类、岗位标签设置、专长标签设置及胜任力模型构建。以某银行岗位人才画像为例，岗位类别可分为前中后台，其中，前台岗位包括对公客户经理、对公经营管理、对私客户经理等，中后台岗位包括人力资源管理、财务管理、金融科技等。岗位标签有公司业务、机构业务、小企业业务、资金结算等。专长标签包括制造业、建筑业、能源业、存款、资产管理、贸易融资等。胜任力模型的构建从七个角度出发，分别是领导力、沟通力、执行力、专业力、适应力、学习力以及态度。通过以上流程可以实现岗位与人才相匹配，最终完成人才画像。

图书在版编目（CIP）数据

战略人力资源管理架构 / 张小峰，吴婷婷著. -- 北
京：中国人民大学出版社，2024.1
ISBN 978-7-300-32184-4

Ⅰ. ①战… Ⅱ. ①张… ②吴… Ⅲ. ①人力资源管理
Ⅳ. ① F243

中国国家版本馆 CIP 数据核字（2023）第 172473 号

战略人力资源管理架构

张小峰　吴婷婷　著

Zhanlüe Renli Ziyuan Guanli Jiagou

出版发行	中国人民大学出版社	
社　　址	北京中关村大街 31 号	**邮政编码**　100080
电　　话	010 - 62511242（总编室）	010 - 62511770（质管部）
	010 - 82501766（邮购部）	010 - 62514148（门市部）
	010 - 62511173（发行公司）	010 - 62515275（盗版举报）
网　　址	http://www.crup.com.cn	
经　　销	新华书店	
印　　刷	北京联兴盛业印刷股份有限公司	
开　　本	890 mm × 1240 mm　1/32	**版　　次**　2024 年 1 月第 1 版
印　　张	16.375 插页 2	**印　　次**　2025 年 5 月第 3 次印刷
字　　数	402 000	**定　　价**　89.00 元

版权所有　　侵权必究　　印装差错　　负责调换